D1436993

Yvonne Hoebe

Bruiden van Oranje

Karakter Uitgevers B.V.

© 2004 Yvonne Hoebe
© 2004 Karakter Uitgevers B.V., Uithoorn
Omslag: Studio Jan de Boer

ISBN 90 6112 832 3
NUR 688

Inhoudsopgave

Woord vooraf

Mijn interesse voor de koninklijke familie is er van jongsaf aan wel geweest. Trouw keek ik elk jaar op Koninginnedag naar de defilés op Soestdijk. Het echte sprookje kon ik er misschien niet aan afzien, maar toch fascineerde die grote familie mij wel. De beker die ik op de lagere school kreeg ter gelegenheid van het huwelijk van Prinses Beatrix en prins Claus heb ik lange tijd in mijn bezit gehad. Tijdens het ontzetfeest in mijn geboorteplaats Alkmaar was een keer koningin Juliana aanwezig. Als een van de majorettemeisjes mocht ik toen een showtje geven, terwijl zij op enkele meters afstand van ons stond. Zij applaudisseerde en wat mij opviel was dat ik haar zo klein en ook wel dun vond. Enkele jaren later, toen ik voor de krant werkte, was er een bezoek van koningin Beatrix aan Schagen, Anna Paulowna en Breezand. Ik mocht verslag doen en verbaasde mij over al die persmensen die als een kudde vee achter haar aanliepen. Toen kon ik niet bevroeden dat ik twintig jaar later als verslaggever alle 'blijde intredes' van Máxima Zorreguieta en prins Willem-Alexander zou moeten verslaan. Tijdens het bezoek van het verloofde paar aan de provincie Zuid-Holland gingen zij een stukje fietsen. Voor Máxima geen gemakkelijke opgave, vooral toen zij een heuveltje op moest. Ik riep haar toe: 'Een andere versnelling Máxima, dan gaat het makkelijker', waarop zij mij radeloos aankeek en antwoordde: 'Ik weet niet waar die zit…'

Het van dichtbij meemaken van het huwelijk op 2-2-2002 was voor mij een ware belevenis. Bij zo'n stukje geschiedenis zijn, dat doet zelfs de meest koele kikker iets. Geschiedenis, een van de weinige vakken waar ik zonder al te veel problemen altijd een voldoende voor haalde. Een gelijkenis met prins Willem-Alexander, want geschiedenis was ook zijn favoriete vak.

In het boek heb ik geprobeerd de geschiedenis van 150 jaar Bruiden van

Oranje zo interessant mogelijk weer te geven. Veel naslagwerk, veel oude boeken en zelfs vergeelde kranten die verschenen ter gelegenheid van de inhuldiging van koningin Wilhelmina heb ik doorgespit. Ik denk dat er in 150 jaar geschiedenis van de Oranjes niet veel veranderd is. Huwelijken blijven altijd aanleiding tot veel gespreksstof, al gaat het alleen maar over de jurk die de bruid draagt en of de partner wel van goede huize komt.

Met veel plezier en vooral met een enorm goed gevoel heb ik dit boek geschreven. Telkens met in mijn achterhoofd de gedachte aan mijn op 15-jarige leeftijd overleden dochter Denise. Zij zal nooit een bruid meer zijn. Aan haar draag ik *Bruiden van Oranje* dan ook op. Zodat haar naam en mijn naam onlosmakelijk aan elkaar verbonden zijn.

Maar ook de naam van mijn overleden vader, Cor van Staten, want hij geloofde onvoorwaardelijk in zijn oudste dochter. Zonder hem was mijn levensweg heel anders verlopen. Wat had ik hem dit boek graag willen overhandigen. En wat zou hij trots geweest zijn!

Evert Santegoeds, hoofdredacteur *Privé*, bedank ik voor zijn wijze adviezen en steun. Hij was degene die zei: 'Moet je doen, zo'n boek, dat leest iemand over honderd jaar nog.'

Yvonne Hoebe-van Staten,
Mei 2004
Anna Paulowna.

Hoofdstuk 1

Prinses Marianne:
persona non grata

Wat een vurig en intens gewenst kind! Prinses Wilhelmina Frederika Louisa Charlotte Marianne, dochter van erfprins Willem Frederik van Oranje, de latere koning Willem I, en zijn vrouw Wilhelmina van Pruisen, brengt met haar geboorte op 9 mei 1810 in Berlijn weer wat vreugde in het uit Nederland verbannen gezin.

Zij zijn gevlucht naar Berlijn omdat hun vaderland is bezet door de Fransen. Het Koninkrijk Holland is gesticht door Napoleon Bonaparte en zijn jongere broer Louis zit op de troon. Eerst is er nog sprake van vriendschap tussen Willem Frederik en Bonaparte, maar in 1806 breekt de oorlog uit tussen de Fransen en de Pruisen en Willem kiest voor de Pruisen. Hij wordt gevangengenomen en later weer vrijgelaten, maar zijn bezittingen is hij kwijt. En zo kon Willem zich herenigen met zijn gezin in Berlijn.

Als niemand meer rekent op herstel van de Oranjes, keert toch nog onverwacht het tij. De Russische veldtocht van Napoleon in 1812 mislukt en in 1813 wordt hij verslagen bij Leipzig. Op 29 maart 1814 legt Willem I de eed op de grondwet af en op 21 september 1815 wordt hij ingehuldigd.

Maar zo ver is het nog niet op het moment dat prinses Marianne wordt geboren, het zonnestraaltje in huize Oranje. Vier jaar lang was er verdriet geweest, eerst om het overlijden van de zesjarige prinses Pauline, en toen over het doodgeboren kindje twee jaar later. De hoop om ooit nog een gezond dochtertje ter wereld te brengen, heeft Wilhelmina van Pruisen al opgegeven. Weliswaar zijn er twee zoons, Willem Frederik Lodewijk en Willem Frederik Karel, maar een dochter was toch meer dan welkom. Begrijpelijk is de vreugde als er toch nog een meisje geboren wordt. Eindelijk kan haar moeder, die door de kleine Marianne liefkozend Mimi genoemd wordt, met haar dochtertje pronken. Zij laat haute couture-jurkjes voor haar ontwerpen in Parijs, doet grote strikken in het donker krullende haar en neemt de kleine meid overal mee naartoe. Het prinsesje is mooi om te zien en lief in de omgang, maar duldt weinig tegenspraak en haar eigen willetje is wet. Wie had toen kunnen bevroeden dat deze prinses ooit persona non grata aan het hof zou zijn?

Lievelingsplekje

Al in de eerste jaren van haar jeugd blijkt Marianne een vrolijk en opgewekt kind met een zonnig karakter. In gezelschap houdt zij ervan om in de belangstelling te staan. Zij is goed ontwikkeld en weet over alles mee te praten. Reken maar dat het kleine knappe en vertederende meisje door haar grote broers en ouders flink verwend wordt. Zij weet iedereen om haar vingers te winden en niemand kan echt boos op haar worden.

De eerste jaren van haar leven brengt zij door in Berlijn of op de Poolse landgoederen van haar vader. Als eenmaal de rust in Nederland is wedergekeerd verhuist het koninklijk gezin naar 's Gravenhage en Brussel. Prinses Marianne is het liefst op Paleis Het Loo, in de bossen van Apeldoorn laat haar vader zelfs een boerderijtje voor de prinses bouwen. Dit is Mariannes lievelingsplekje, tussen de dieren en de natuur, waar zij zichzelf kan zijn. Opvallend is dat de prinses zich graag tussen de 'gewone' mensen begeeft. Zo is zij bijvoorbeeld dik bevriend met boerin Vrouw van Loenen, die het boerderijtje op Het Loo beheert. Tot aan haar dood heeft Marianne een briefwisseling met 'haar boerin' onderhouden.

Van kinds af aan weet Marianne dat zij, in tegenstelling tot haar twee oudere broers, nooit en te nimmer op de troon zal komen. Dat geeft haar een zekere vorm van vrijheid en tegelijkertijd ook een vrijbrief om zich niet altijd aan de regels van het hof te houden. Zo ook op liefdesgebied. Als een losbandige vlinder fladdert zij van de ene liefde naar de andere. Al op 15-jarige leeftijd wordt zij aan diverse adellijke heren gekoppeld, van wie sommigen zelfs denken zich met haar te kunnen verloven. Marianne lacht om alle geruchten en zet keer op keer haar zoveelste geliefde aan de kant, om een week later weer aan iemand anders arm op het hofbal te verschijnen. Even lijkt het serieus te worden als een flirtpartij met de markies de Thouars, die als hofpage bij haar vader werkzaam is, is bestemd op een echte relatie uit te lopen. Als hofpage heeft Thouars veel privileges. Hij is een soort particulier assistent van de koning en mag zelfs bij familiegelegenheden aanwezig zijn. En zo bloeit de liefde tussen de twee op, al is deze van korte duur, want ook hij wordt door Marianne plotseling aan de kant gezet. Het speeltje markies verveelt haar alweer. Haar broers spreken haar soms vermanend toe en haar ouders zijn ten einde raad. Wat moet er ooit van deze prinses terechtkomen? Tot op een dag in 1828 de levendige Marianne met de 28-jarige Zweedse prins Gustaaf Vasa thuiskomt. Eindelijk een huwelijkskandidaat die de goedkeuring van haar familie weg kan dragen.

Oogappel

Marianne is smoorverliefd op haar droomprins en smeekt haar vader om zo snel mogelijk toestemming te geven voor het huwelijk. Die heeft zo zijn bedenkingen omdat Marianne in zijn ogen nog steeds zijn kleine meisje is. Hij kan zich niet voorstellen dat zijn oogappel straks naast die Zweedse kannibaal in bed zal liggen. 'Laat het niet gebeuren', zou hij zelfs in zijn gebeden hebben gesmeekt. En zijn gebeden worden verhoord. Er steken namelijk nogal wat politieke problemen de kop op. De vader van de Zweedse prins Gustaaf Vasa is de verjaagde koning Gustaaf IV van Zweden. De nieuwe Zweedse koninklijke familie Bernadotte verzet zich tegen de door Gustaaf gebruikte titel prins van Zweden en zijn toekomstige troonpretenties. De dreiging van de regerend koning Karel Johan om alle betrekkingen te verbreken geeft de doorslag. Geen troon, geen huwelijk en Marianne moet in het begin van 1829 de verloving verbreken.

De levenslustige en vlinderachtige Marianne laat zich echter niet uit het veld slaan. Al was Gustaaf haar eerste grote liefde, opnieuw gaat de prinses op jacht. Deze keer zoekt zij het in de familiekring. Neef Albert, prins van Pruisen, lijkt een geschikte kandidaat. Zijn sprekende persoonlijkheid en flamboyante uitstraling doen de prinses smelten. Een echte vrouwenveroveraar! Zijn onvolkomenheden ziet zij op dat moment niet: liefde maakt blind! Dat Albert tegelijkertijd ook nog andere vrouwen het hoofd op hol brengt lijkt Marianne niet te deren. De prinses is in de ban van haar huwelijk.

Zij trouwen op 14 september 1830. Boze tongen beweren dat Albert alleen zijn jawoord heeft gegeven voor het geld van Marianne. Hij neemt haar aanwezigheid op de koop toe en al enkele maanden na het huwelijk knoopt hij een verhouding aan met een van de hofdames. Toch worden er in de loop der jaren zo'n vijf kinderen geboren. In 1831 Charlotte, in 1832 een zoon die kort na de geboorte sterft, in 1837 Albert, in 1840 een dochtertje dat na enkele weken dood in haar wiegje ligt, en in 1848 Alexandrine. Het wordt steeds duidelijker dat het huwelijk een mislukking is. Van enige liefde is absoluut geen sprake. De losbollige prins Albert verwaarloost zijn vrouw niet alleen, maar beledigt haar zelfs en steekt zich diep in de schulden om zijn tientallen liefjes te kunnen onderhouden. Marianne heeft geld genoeg en Albert weet er wel raad mee. Langzaam maar zeker komt Marianne achter het dubbelleven van haar echtgenoot.

Nu was het in die tijd niet echt makkelijk om een huwelijk te verbreken, zeker niet als je broer inmiddels koning van Nederland is geworden. Een vrouw had zich in de negentiende eeuw maar te schikken naar haar echtgenoot, zelfs als hij overspelig was. Zolang de normen van fatsoen maar niet werden overschreden. Van een vrouw werd verwacht dat zij oppassend was, zich voornamelijk met huishoudelijke zaken bezighield, op de achtergrond bleef en vooral haar mond niet open deed. Daar was Marianne de vrouw niet naar, zij was voor haar tijd onvoorstelbaar geëmancipeerd.

De beslissing om Albert definitief te verlaten valt haar niet makkelijk. Niet vanwege haar liefde voor hem, die is toch al weg, maar zij maakt zich wel zorgen om haar kinderen. Als zij echter ontdekt dat Albert een verhouding met haar eigen hofdame Rosalie von Rauch is begonnen, is de maat vol. In 1845 verlaat zij zonder haar kinderen Berlijn en vertrekt naar Italië, waar zij een groot landgoed koopt. Haar weloverwogen besluit heeft echter grote gevolgen. De familie van Albert neemt het haar hoogst kwalijk dat zij haar gezin in de steek heeft gelaten, de jongste is nog geen drie jaar oud op het moment dat zij Berlijn verlaat. De gevolgen blijven dan ook niet uit. Marianne krijgt een verbanningsdecreet opgelegd, waardoor Pruisisch grondgebied verboden terrein wordt. Aanvankelijk kan Marianne zich daar nog in vinden en heeft er niet veel moeite mee, tot het moment dat zij in 1848 naar de openbare belijdenis van haar dochter Charlotte wil. Ook het huwelijksfeest van Charlotte, die in 1850 trouwt met hertog Georg II van Saksen-Meiningen, mag zij niet bijwonen. Niet alleen de banden met het Duitse Hof waren verbroken, ook het Oranjehuis wilde niets meer weten van de prinses. Koningin Anna Paulowna, echtgenote van haar broer Willem II, ontzegt Marianne de toegang tot het paleis en de vrouw van haar jongere broer, prinses Louise, geeft te kennen dat zij het bezoek van haar schoonzus niet langer meer op prijs stelt.

Leven in zonde
Marianne heeft intussen wel de buitenplaats Rusthof in Voorburg gekocht, waar zij op 8 mei 1848 haar intrek neemt om zo de zomermaanden in Nederland door te brengen. Al heel snel blijkt dat Marian-

ne een liefdesverhouding heeft met haar getrouwde lakei/palfrenier Johannes van Rossum. Marianne blijft bij haar broer koning Willem II zeuren om een scheiding en uiteindelijk geeft hij toe, ook omdat prins Albert graag van zijn vrouw af wil om te trouwen met de niet-adellijke Rosalie von Rauch. Enkele maanden na de scheiding trouwt hij dan ook met Rosalie. Een huwelijk met Johannes zit er niet in. Zijn wettige vrouw Catherina Keijzer stemt nimmer toe in een scheiding en dus leven de twee geliefden in grote zonde.

In Voorburg voelt Marianne zich thuis. Omringd door kamerdienaars, kameniers, lijfartsen, koetsiers, palfreniers en haar minnaar Johannes geniet zij op Rusthof. Toch blijft de reislust opspelen, heel Europa wordt aangedaan met in haar kielzog Johannes van Rossum. Hij is inmiddels opgeklommen tot haar persoonlijk assistent. De prinses heeft vaak bijna onuitvoerbare verlangens waar wel altijd gevolg aan moet worden gegeven. Zo wil zij dineren aan een zeer chique gedekte tafel, wenst 's morgens geholpen te worden met aankleden en duldt absoluut geen enkele tegenspraak. Johannes schikt zich in zijn lot, maar menig Nederlands gezant of consul ziet de komst van de prinses met angst en beven tegemoet. Haar tegenspreken is uit den boze. De wil van de prinses is wet. Wie daar geen rekening mee houdt krijgt de wind van voren en kan vertrekken.

Naast deze reizen vindt Marianne gelukkig wel de rust op Rusthof, waar zij al het landgoed Leeuwenstein heeft en ook nog Buiten Noorderhof als logeerruimte aankoopt. Op het Oosteinde koopt zij het Klein Rusthof voor haar zoon Albert, die het echter een 'kippenhok' noemt en slechts één keer in al die jaren zijn moeder bezoekt.

Van roddels trekt Marianne zich niets aan. Als zij maar even de gelegenheid krijgt verschijnt zij weer in de hofkringen. Dit tot grote ergernis van de Oranjeclan. Zo organiseert koningin Anna Paulowna in 1848 overhaast een groot hofbal op het moment dat zij hoort dat Marianne de waterpokken heeft. Niemand verwacht dat een doodzieke Marianne zal verschijnen. De omstreden en koppige prinses verschijnt wel en besmet honderden gasten, zelfs haar broer koning Willem II.

En dan blijkt het onoverkomelijke, Marianne is zwanger van haar minnaar Johannes. Als de prinses gevolg zou geven aan het protocol, zou zij afstand moeten doen van de baby, net zoals in de vorige eeuwen met andere onechte Oranjekinderen is gebeurd. Marianne moet hier niet aan denken. Zij wil dit kind, geboren uit liefde, graag zelf opvoeden. Lang nadenken hoeft zij niet. Zij besluit Nederland te verlaten en haar heil te zoeken in het buitenland. De schande voor de Oranjes zou te groot zijn als Marianne haar kind in Nederland ter wereld brengt. Op 2 juli vertrekt zij aan het boord van het stoomschip Willem I, dat haar via Frankrijk naar Lissabon brengt. Marianne is dan ruim zes maanden zwanger en de bootreis valt haar zwaar. Uitgeput en kilo's afgevallen komt zij uiteindelijk in Lissabon aan. Daar wacht haar een feestelijke ontvangst door de koninklijke familie. De prinses krijgt een rondrit door de stad aangeboden en in een rijtuig met vier paarden bespannen rijdt zij door de Portugese hoofdstad. Ondanks dit onthaal blijft Marianne niet lang in Lissabon en zij reist door naar Sicilië. Op 30 oktober 1849 komt na een zware bevalling, die zij bijna met haar leven moest bekopen, haar zoon de bastaard Johannes Willem van Reinhartshausen, ter wereld. De jongen draagt niet de naam Van Rossum, dit omdat zijn vader nog getrouwd is met Catherina Keijzer. De vader is de koning te rijk en ook Marianne houdt veel van dit kind, dat echt uit liefde is geboren. Een paar maanden heeft zij nodig om te herstellen van de zware bevalling voordat de reis wordt voorgezet. Lange tijd verblijft het verliefde en gelukkige ouderpaar met hun zoontje in Marianne's Romeinse villa Celimontana. Even probeert het gezin in Nederland een leven op te bouwen, maar de haat tegenover de afvallige prinses wordt steeds erger en nergens worden zij gastvrij ontvangen. De verbitterde prinses, die toch op meer steun van haar familie had gerekend, verlaat Nederland om er nooit meer terug te keren.

Er wordt driftig gezocht naar een echt 'thuis' voor de kleine Johannes. Uiteindelijk wordt na lang zoeken het slot Reinhartshausen in Erbach gekocht van graaf Clemens van Westfalen. Een sober en eenvoudig slot met veertig kamers omgeven door ruim 67 hectare wijngaarden en bossen. Wie niet beter zou weten, zou denken dat hier een gelukkig klein gezinnetje woont. Gelukkige ouders met hun zoontje. Prinses Marianne houdt zich bezig met kunstenaars en gasten. Haar kunstschatten brengt zij onder in een speciaal ingericht museum. Verder geeft zij feesten en is de perfecte gastvrouw.

Confrontatie met de dood
Het leven op Reinhartshausen is vredig en gelukkig, tenminste in de beginjaren. Al spoedig wordt Johannes overvallen door depressies. Hij voelt zich nutteloos en vraagt zich af of hij Marianne wel echt gelukkig kan maken. Zonder familie en zonder haar oudere kinderen die slechts sporadisch op bezoek komen. Vooral als zij bericht krijgen dat haar dochter Charlotte in het kraambed is overleden overheerst het verdriet. Marianne is ontroostbaar, dagenlang sluit zij zich op in een van de riante kamers van het kasteel. Johannes heeft problemen met de veranderingen van zijn tot nu toe sterke geliefde en raakt depressief. Dan slaat het noodlot toe: tijdens de kerstdagen in 1861 wordt Marianne geconfronteerd met de dood. De kleine Johannes krijgt hoge koorts. De hofarts wordt er direct bijgehaald en hij constateert roodvonk. Op kerstavond blijft de moeder bij haar doodzieke kind waken en bidt dat zijn koorts zal zakken. Helaas, op kerstochtend blaast het kleine kind zijn laatste adem uit en sterft in de armen van zijn moeder. Het jongetje wordt begraven in Erbach in de nieuwe Evangelische Kerk. Op de sarcofaag laat Marianne de woorden 'Ruhe sanft, liebling' graveren. Zowel Johannes als Marianne zijn ontroostbaar. Hun kind, uit liefde gemaakt en geboren, is er niet meer. Voor wie moeten zij nu verder leven? Marianne zoekt troost in het geloof en als zij over haar overleden zoontje praat zijn haar standaard woorden altijd: 'Mijn laatste vreugde was de kleine Johannes.' Haar enige vreugde is haar ontvallen, hij was slechts 12 jaar oud. Johannes raakt in een nog diepere depressie, voor hem hoeft het allemaal niet meer. Marianne, zelf ook intens verdrietig, weet niet hoe zij hem moet troosten. Ieder gaat er op zijn eigen manier mee

om, Johannes raakt in een steeds dieper dal en Marianne stort zich juist in andere bezigheden. Het begrip en respect voor elkaar lijken ver weg en zij raken steeds verder van elkaar verwijderd. Toch is hun liefdesband zo groot dat zij wel bij elkaar blijven. Marianne, een zakenvrouw op en top, zoekt afleiding in het uitbreiden van haar bezittingen. Steeds meer aankopen en verkopen maken haar rijker en rijker. Toch laat zij ook de minderbedeelden meedelen in haar rijkdom. Zo schenkt zij 60.000 gulden aan de Evangelische gemeente en gaat ook iedere bedelaar die naar het slot komt niet zonder een goed gevulde beurs weer naar huis.

Twee jaar lang proberen Johannes en Marianne de draad van het leven weer een beetje op te pakken. Het lukt ze slechts deels, vooral Johannes ziet het nut van het leven niet meer in. Hij wordt depressiever en depressiever en komt uiteindelijk zijn bed niet meer uit. Hij is enorm verzwakt en als hij begin april 1873 ook nog eens geveld wordt door hoge koortsen lijkt er geen redding meer mogelijk. Acht dagen achtereen, dag en nacht, zit Marianne aan zijn bed. Ze fluistert hem lieve woordjes in, probeert hem moed in te praten, maar tevergeefs. Op 10 april 1873 sterft haar geliefde in haar armen. Een verboden romance van 24 jaar was voorbij. Wat moest zij verder zonder haar geliefde minnaar en zonder haar geliefde zoon? Ook haar andere kinderen ziet zij nooit meer. Marianne vraagt zich af of het leven nog wel zin heeft. De kracht in haar is weliswaar groot, maar toch blijft zij gebroken en eenzaam achter. Johannes wordt begraven op het kerkhof van Erbach, vlak achter het slot Reinhartshausen. Het liefst had Marianne haar geliefde laten bijzetten in het mausoleum van haar zoon, maar de kerkenraad vindt dat niet gepast. De buitenechtelijke verhouding van de prinses en Van Rossum kan niet in het graf verder gaan. Dagelijks bezoekt zij het graf, maar vindt er geen troost, alleen verdriet.

Wel krijgt Marianne steun uit onverwachte hoek. Haar kinderen bekommeren zich weer enigszins om haar. Met name met Albert heeft zij een goede verstandhouding. Met Alexandrine verloopt het contact stroef en wordt uiteindelijk ook weer verbroken. Ook ontstaat er een hechte band met de weduwe van haar vader, gravin Henriëtte. Koning Willem III bezoekt zijn tante een enkele maal en bij de uitvaart van koningin Sophia is Marianne voor een kort bezoek uitgenodigd op Paleis Huis ten Bosch. Later bekommert zelfs koningin Emma zich om de persona non grata Marianne en nodigt haar regelmatig uit voor een bezoek aan Nederland.

Zo lang het nog kan blijft Marianne reizen, maar toch is zij in haar laatste jaren het liefst op slot Reinhartshausen, te midden van haar kunstverzameling, museum en wijngaarden. Haar gezondheid laat haar steeds vaker in de steek, haar benen willen niet meer en uiteindelijk belandt zij in een invalidenwagentje. Op 29 mei 1883 komt een einde aan een avontuurlijk, maar vaak ook ongelukkig leven van deze rebelse prinses. Geheel naar eigen wens wordt zij bij haar geliefde Johannes begraven in Erbach. Ook vandaag nog legt haar grafmonument getuigenis af van haar vorstelijke afkomst en van haar oprechte geloof.

Een buitenbeentje in de Oranjefamilie, een vrouw die haar tijd ver vooruit was. Door haar betrokkenheid bij minderheden, haar weldadigheid en generositeit, werd zij door het volk op handen gedragen. Prinses Marianne is een Oranje die niet snel vergeten zal worden. Zelfs de koninklijke familie eert haar tot op de dag van vandaag, zo blijkt uit het feit dat koningin Wilhelmina in haar werkkamer in Paleis Noordeinde een portret had hangen van Marianne. En dit portret is inmiddels verhuisd naar de werkkamer van koningin Beatrix in Huis ten Bosch...

Hoofdstuk 2

Koningin Sophia:
bedrogen en geliefd

Uit de vriendschap tussen prins Willem Frederik George Lodewijk, de latere koning Willem II, en de Russische tsaar Alexander I, wordt de basis gelegd voor het huwelijk met grootvorstin Anna Paulowna. De tsaar is al enige tijd op zoek naar geschikte huwelijkskandidaten voor zijn zussen Catharina en Anna. Toevalligerwijs heeft Willem Frederik net een blauwtje gelopen bij de Britse prinses Charlotte. Hun verloving wordt weliswaar bekendgemaakt in december 1813, maar Charlotte laat het op het laatste moment afweten. Als reden geeft zij op dat zij er niets voor voelt om afwisselend in Engeland en Nederland te moeten gaan wonen. Achteraf blijkt dit een grote leugen want in werkelijkheid geeft zij niets om Willem. Jaren later noemt zij hem zelfs spottend 'die akelige Hollander met zijn spillebeentjes'. De prins van Oranje is even teleurgesteld en voelt zich vooral in zijn eer aangetast. Toch is hij ook weer snel over het liefdesverdriet van dit gearrangeerde huwelijk heen.

In vorstelijke kringen wordt in deze jaren verondersteld dat het zeker van politiek belang is dat de prins van Oranje trouwt met een tsarendochter. Enig Russisch bloed is voor het nageslacht en de voortzetting van de Oranjes meer dan welkom. Op uitnodiging van de Russische tsaar Alexander I gaat hij eind november 1814 naar St. Petersburg. Daar ontmoet hij voor het eerst de grootvorstin Anna. Van enige liefde is echter nauwelijks sprake. Liefde of niet, het huwelijk moet doorgang vinden. Willem kiest echter eerst voor een korte carrière in het leger en keert in 1816 terug naar St. Petersburg om te trouwen. Het huwelijk wordt voltrokken op 21 februari 1816 in de hofkerk van het Winterpaleis in St. Petersburg.

Over de voortzetting van het nageslacht hoeft men zich in Nederland geen zorgen te maken. Als de grootvorstin en haar echtgenoot op 18 september hun entree maken in Amsterdam is zij al in blijde verwachting. Erfprins Willem Alexander Paul Frederik Lodewijk wordt geboren op 19 februari 1817 om halfelf 's avonds in het Koninklijk Paleis in Brussel. Hij krijgt nog drie broers, Alexander (1818), Hendrik (1820) en Ernst Casimir (1822). Deze laatste overlijdt vier maanden na zijn geboorte. Twee jaar later wordt er een zusje geboren, Sophie.

Drama

Als zijn grootvader Willem I in 1840 aftreedt wordt Willem Alexander kroonprins. Hij is inmiddels al getrouwd met zijn nichtje Sophia Frederika Mathilde van Wurtemberg. Zij is geboren in Stuttgart op 17 juni 1818 en dochter van Willem Frederik Karel van Wurtemberg en grootvorstin Catharina Paulowna van Rusland, dochter van de tsaar van Rusland, Paul I. Haar vader is koning Van Wurtemberg. Als het kleine meisje slechts een half jaar oud is, speelt zich in haar jonge leventje al het eerste drama af. Plotseling overlijdt haar moeder. Vader Willem Frederik blijft achter met twee jonge dochters en doet een beroep op familielid Katarina van Wurtemberg. Zij is gehuwd met Jerôme Bonaparte, de neef van Napoleon, en neemt de zware taak van moeder op zich. Zij heeft zelf al twee kinderen, Napoleon en Mathilde. Sophia kan het goed vinden met haar neef en nicht en zij groeien als broers en zussen met elkaar op. Door deze intense vriendschap ontstaat bij Sophia ook een grote liefde voor de Franse cultuur en de zaak van de Bonapartes.

De actieve jonge prinses krijgt niet bepaald een strenge koninklijke opvoeding. Zij groeit op in een vrijzinnige hofsfeer, waarin ze de zorgen van een eigen moeder moet ontberen. Tante Katarina probeert de moederrol zo goed mogelijk te vervullen, maar kan de slimme en vooral eigenzinnige Sophia niet zo goed de baas. Als er kattenkwaad wordt uitgehaald, is het telkens nichtje Mathilde die de schuld krijgt, terwijl Sophia het kwaad heeft aangericht en de werkelijke dader is. De band tussen de twee meisjes is echter zo innig en oprecht dat Mathilde haar nichtje nooit en te nimmer verraadt. Want zij weet dat de straf die zij krijgt vaak door Sophia weer wordt goedgepraat. Het komt er ook inderdaad meestal op neer dat Sophia haar nichtje vrijpleit en samen giechelen zij dan om hun boze moeder en tante. De band tussen de twee meiden blijkt er een te zijn voor het leven, zij zijn hartsvriendinnen. Als Sophia later koningin is ontstaat dan ook een frequente correspondentie tussen de twee nichtjes die opgegroeid zijn als zussen.

Ondanks het gemis van haar eigen moeder heeft Sophia een onbezorgde jeugd. Af en toe probeert haar vader Willem Frederik enige invloed uit te oefenen op zijn slimme en intelligente dochter. Zij voelt echter precies aan hoe zij haar papa moet bespelen. Zo laat zij blijken zich te interesseren voor staatszaken en windt papa met mooie en intelligente woorden zo weer om haar vingers. De koning stimuleert de intellectuele ontplooiing van zijn begaafde en voor indrukken vatbare dochter. Zij wenst altijd meer te weten en heeft een behoorlijke filosofische en historische kennis. Met haar leergierige houding gaat studeren haar erg makkelijk af en met veel ambitie en groot gemak ziet Sophia haar toekomst zonnig tegemoet. Een huwelijk komt af en toe wel ter sprake, maar alle plannen en eventuele huwelijkskandidaten wuift zij weg. In het geheim is zij namelijk verliefd op een medestudent, maar die heeft geen blauw bloed en kan dus nooit met de prinses trouwen.

De voltallige familie Van Wurtemberg houdt in de zomer van 1837 een langdurige vakantie in de badplaats Scheveningen. Weliswaar is er geen innige familieband met de Oranjes, maar toch zoekt Willem Alexander zijn nichtje een keer op. Hun eerste ontmoeting is op het zonovergoten strand van Scheveningen. Het is warm en broeierig weer en de vader van Sophia krijgt plotseling een idee: Willem Alexander is een uitstekende partij voor zijn dochter. De prinses denkt daar anders over. Zij vindt de prins weliswaar een aardige jongen, maar tegelijkertijd iemand zonder goede manieren en slechts matig onderlegd. En vlinders in haar buik krijgt zij al helemaal niet van deze magere prins.

De eerste ontmoeting is dan ook niet echt een succes. Willem Alexander is daarentegen wel onder de indruk van Sophia. Hij vindt haar mooi, streelt haar lange donkere lokken en kijkt diep in haar sprekende bruine ogen. De vader van Sophia roemt alle voordelen van Willem Alexander, maar Sophia ziet een huwelijk toch echt niet zitten. Zonder enige liefdesverklaring keert zij na de zomer weer terug naar Stuttgart.

Surrogaatmoeder

Wat zij niet weet is dat haar vader en de prins veelvuldig per brief met elkaar contact hebben. Dan komt Willem Alexander in juni 1839 naar Stuttgart en vraagt haar vader met Sophia te mogen trouwen. Eerlijk gezegd een formaliteit want het huwelijk is dan al een vaststaand feit. In de briefwisseling van de winter daarvoor is het huwelijk op papier al beklonken. Wat doet Sophia toch besluiten om geen verzet meer te bieden tegen het huwelijk met Willem Alexander? Diep in haar hart voelt zij wel iets voor haar neef. Niet zozeer om zijn persoon, maar meer om de achtergronden van zijn familie, die nauw verbonden zijn met haar verleden. Als zij trouwt met Willem Alexander en in Nederland gaat wonen kan er een goed contact zijn met grootvorstin Anna Paulowna, de zus van haar overleden moeder. Tenminste, dat denkt Sophia op het moment dat zij nog geen kennis heeft gemaakt met Anna Paulowna. Zij hoopt dat haar aanstaande schoonmoeder een soort surrogaatmoeder voor haar zal zijn. En tegelijkertijd verheugt zij zich op alle verhalen van haar aanstaande schoonmoeder over haar eigen moeder die zo jong moest sterven.

Helaas, grootvorstin Anna Paulowna is het helemaal niet eens met het op handen zijnde huwelijk en doet er juist alles aan om deze echtverbintenis tussen neef en nicht te voorkomen. Heftig en soms zelfs geëmotioneerd verzet zij zich tegen de huwelijksplannen. De band tussen Anna en haar zo jong overleden zus Catharina was heel slecht en met de komst van Sophia zou Anna weer herinnerd worden aan haar gehate en gevreesde zus. Bovendien wijst de grootvorstin het huwelijk af omdat zij vreest dat uit deze verbintenis geestelijk minder volwaardige kinderen komen. De bloedband zou de stabiliteit van het nageslacht in gevaar kunnen brengen. Anna Paulowna is star in haar mening en zij zal deze ook na het huwelijk niet bijstellen of wijzigen. Integendeel, zij blijft bij haar standpunt.

Sophia, de dochter van haar zus, is niet de ideale huwelijkskandidaat voor haar oudste zoon, de prins van Oranje. En dat laat zij ook duidelijk blijken. Zo besluit zij, tot ergernis van koning Willem II, niet af te reizen naar Stuttgart. Daar wordt op 18 juni 1839 in het koninklijk paleis het huwelijk voltrokken. Grootvorstin Anna Paulowna schittert door afwezigheid bij het huwelijk van haar oudste zoon. Een smet op dit koninklijke huwelijk, het begin van veel ellende.

Kanonschoten en klokgelui
Sophia van Wurtemberg komt dan ook nog even in opstand tegen haar vader, die achter haar rug het huwelijk heeft geregeld. Uiteindelijk geeft zij de strijd op en schrijdt op 18 juni 1839 aan de arm van haar vader het koninklijk paleis in Stuttgart binnen. Het paleis is omgetoverd tot kerkelijke trouwzaal. Er is voor deze gelegenheid een altaar opgericht in het midden van de zogeheten Marmorsaal. Op het altaar staat een crucifix uit de slotkapel en op de gouden schaal liggen de trouwringen. De imposante Marmorsaal is met goud en rood ingericht, met grote kroonluchters met kaarsen en een roodfluwelen knielbank. De glimmende marmeren vloer is zo glad dat menig huwelijksgast uitglijdt. Tijdens de inzegening door hofpredikant dominee Von Grüneisen klinken er kanonschoten en klokgelui.

De gasten verheugen zich op de maar liefst vijf dagen durende huwelijksfestiviteiten. Pracht en praal is de hoofdmoot tijdens dit koninklijke huwelijk. Allereerst is er de huwelijksplechtigheid in het paleis van Stuttgart. Sophia is nerveus, maar Willem Alexander lijkt stoïcijns. Hij is blij eindelijk met de vrouw van zijn dromen te trouwen. Een droom die na het huwelijk echter snel uit elkaar zal spatten. Van enige wederzijdse liefde is toch geen sprake, zo blijkt later. Op het moment van het jawoord voelt hij zich ook gesterkt door de aanwezigheid van zijn vader, koning Willem II. Deze is opvallend ontspannen, juist omdat hij even aan het juk van grootvorstin Anna Paulowna is ontsnapt. Ook de voltallige Wurtembergse koninklijke familie is aanwezig, evenals een aantal Wurtembergse en Nederlandse autoriteiten.

Even is er een incident dat nog lange tijd nagalmt. Hofpredikant Von Grüneisen verbindt het paar in de echt volgens de ritus van de Evangelisch-Lutherse kerk. In zijn toespraak memoreert de predikant de Slag bij Waterloo. Dat schiet de 25-jarige neef van Sophia, Jerôme Bonaparte, in het verkeerde keelgat. Tenslotte is keizer Napoleon zijn oom en hij wordt niet graag herinnerd aan diens ondergang. Met veel bombarie en kabaal verlaat hij demonstratief de zaal. Geschrokken kijkt Sophia om en ziet haar neef razend weglopen. Even krijgt zij het te kwaad en rollen de tranen over haar wangen. Willem Alexander begrijpt er niets van, hij denkt dat Sophia ontroerd is vanwege de toespraak van de hofpredikant. Eventjes hoopt hij zelfs dat zij toch om hem geeft en daardoor haar tranen niet kan bedwingen. Helaas, de zilte tranen van Sophia zijn voor haar lievelingsneef Jerôme, met wie zij een innige band heeft opgebouwd. Hij is namelijk een Bonaparte en die zijn voor Sophia bijna heilig verklaard.

Een dag na de huwelijksplechtigheid rollen opnieuw tranen over de wangen van Sophia. Van haar kersverse echtgenoot Willem Alexander krijgt zij te horen dat de geplande huwelijksreis niet doorgaat. Als veroorzaker van dit verdriet wordt zijn moeder Anna Paulowna aangewezen. Zij heeft haar zoon gesommeerd direct terug te komen naar Nederland. Een huwelijksreis van maanden, zoals zij zelf wel heeft genoten, wordt hem verboden. Anna Paulowna trouwde in februari 1816 en kwam pas in augustus van hetzelfde jaar naar Nederland. Zo'n langdurige huwelijksreis zit er voor Willem Alexander en Sophia dus niet in. Om het verdriet enigszins te verzachten krijgt de kersverse bruid wel een schitterende parure van parels van Willem Alexander cadeau.

Onwettig huwelijk

Eenmaal terug in Nederland wacht Sophia de volgende teleurstelling. Uit de krant moet zij vernemen dat haar huwelijk in feite onwettig is. Er is verzuimd het huwelijk ten stadhuize af te kondigen en het is zo dus niet rechtsgeldig. De kwade genius lijkt grootvader Willem I te zijn. Deze is ontstemd over de tegenwerking van Koning Willem II. De afgetreden koning wil trouwen met de Belgische katholieke gravin d'Oultremont, maar er is veel oppositie tegen dit huwelijk.

Het jonge paar komt via Arnhem en Utrecht op 16 juli aan op Paleis Huis ten Bosch. De ouders hebben voor de volgende dag een rijtoer en feestelijke intocht geregeld. Sophia heeft geen zin, vooral niet omdat haar schoonmoeder Anna Paulowna haar direct al negeert. Toch stapt zij de volgende dag in het rijtuig, bespannen met zes paarden, om een tocht door Den Haag te maken. Het enthousiasme waarmee zij ontvangen wordt – duizenden belangstellenden staan langs de route – doet haar goed. Sophia krijgt een warm gevoel voor de uitzinnige Nederlanders en met enig enthousiasme en hoop op een goede toekomst neemt zij haar intrek in het paleis aan het Haagse Plein.

Al enkele dagen na haar aankomst in Nederland gaat Sophia aan de slag in het paleis. Zij besteedt veel zorg aan de inrichting en probeert met kunst en schilderijen een eigen stempel te drukken op de inrichting. Opvallend is dat zij door de hofmedewerkers wordt afgeschilderd als een charmante en attractieve vrouw. Sommigen verbazen zich erover dat zij zelfs aandacht heeft voor de privé-zaken van haar medewerkers. Iets wat heel uitzonderlijk is in een tijd waarin de afstand tussen personeel en werkgever onvoorstelbaar groot is.

Zo goed als Sophia omgaat met haar personeel, zo slecht blijkt al heel snel haar huwelijk. Als zij begin 1840 in verwachting is, merkt zij al dat haar echtgenoot haar ontrouw is. Er komt haar ter ore dat hij regelmatig een bordeel in Amsterdam bezoekt, waarop zij direct haar maatregelen neemt. Zij stuurt een staatsiekoets met zes paarden naar Amsterdam en laat de koets pal voor de deur van het bordeel wachten. Dat geeft een enorme oploop in het kleine straatje en iedereen is er direct van op de hoogte dat de prins zich vermaakt met dames van lichte zeden.

In alle eenzaamheid baart Sophia op 4 september 1840 haar eerste kind Willem Nicolaas Alexander Frederik Karel. Het enige compliment dat de prinses krijgt van haar echtgenoot is dat het in ieder geval een troonopvolger is. Aan die verplichting heeft zij voldaan. Er zijn nu vier generaties Oranjes. Tijdens de doop van baby Willem op 4 november 1840 zijn al deze generaties aanwezig: Willem I, koning Willem II, zijn vader – de latere Willem III – en de baby zelf.

Om geen verwarring te creëren met alle Willems in de familie wordt de baby door Sophia al snel omgedoopt tot Wiwill. Tot grote ergernis van haar echtgenoot is zij stapelgek op haar kleine ventje en verwent zij hem door en door. Het is een moeilijk opvoedbaar kind. Driftbuien zijn hem niet vreemd en zijn woede-uitbarstingen zijn gevreesd. Ook later, op de kostschool Noorthey bij Voorschoten weet men niet goed raad met hem. Maar de liefde van zijn moeder overwint alles. De kleine Wiwill is slim en kiest in conflicten die zijn ouders hebben altijd de kant van zijn moeder.

Sophia staat niet bekend als koket, zij is groot en blond, heeft mooie tanden en kleine welgevormde handen. Zij gaat in Londen bij voorkeur naar diners met interessante tafelgenoten. In Parijs bezoekt zij liever intellectuelen dan couturiers. Een meubel dat alles met kleding te maken heeft is Sophia's kist, die nu in het Moorse kamertje van Rijksmuseum Paleis Het Loo staat. In dit Biedermeiermeubel bewaart Sophia al haar sjaals. De kist is gemaakt in Parijs en voorzien van het wapen van Wurtemberg en Sophia's initialen. Kleding voor zichzelf en haar kinderen bestelt zij in Londen. Haar liefde voor mode is vrijwel nihil, al verrast zij soms met een uitbundige en opvallende creatie. Zo verschijnt zij op een bal in een zilveren japon, met daarover een met diamanten bestikte tuniek, op het hoofd twee vleugels van zilvergaas, met diamanten en bloedkoraal geborduurd. Haar prioriteiten liggen niet in de kleedkamer en de Parijzenaren gniffelen om haar 'eeuwige rode japonnen'.

Sophia hunkert soms terug naar Wurtemberg en haat het vlakke Nederlandse landschap. Vooral op druilerige, grijze dagen snakt zij naar de liefelijke heuvels van Wurtemberg of de Zwitserse Alpen. Ook de geboorten van haar twee andere kinderen Maurits (1843) en Alexander (1851) kunnen haar niet gelukkig maken. De verhouding tussen Sophia en Willem wordt steeds slechter. Over de opvoeding van de kinderen hebben zij onophoudelijke meningsverschillen die meestal uitlopen op gigantische ruzies en scheldpartijen. Sophia geeft haar kinderen een voor die tijd vrij moderne opvoeding, waar Willem juist veel lijfstraffen tegenover zet.

Sophia wil dood
Sophia uit haar droeve gevoelens vaak tegenover haar hartsvriendin en nicht Mathilde. Aan haar vertelt zij dat zij vreselijk lijdt en zich in het leven voortsleept. Haar grootste wens is om dood te zijn. Vooral de driftbuien en onberekenbare wispelturigheid van haar echtgenoot, die er zelfs niet voor terugdeinst zijn vrouw lichamelijk te mishandelen, maken haar leven tot een hel. Niet voor niets wordt hij door menigeen koning Gorilla genoemd. Nicht Mathilde Bonaparte adviseert haar wat

frivoler gekleed te gaan, misschien kan zij zo Willem nog verleiden.

Behalve dat Sophia steeds vaker in onmin leeft met haar echtgenoot, lijken ook de familiebanden met Willem II en Anna Paulowna steeds slechter te worden. Dat is zeker ook te danken aan Willem Alexander, die in onmin leeft met zijn vader. De opvattingen van de kroonprins staan haaks op die van Willem II, waardoor het ene conflict het andere volgt. Zo komt het tot een uitbarsting tussen vader en zoon als Willem Alexander zijn vader vertelt afstand van zijn erfopvolgingsrecht te willen doen ten gunste van zijn dan 8-jarige zoon Willem. Willem Alexander is tegenstander van de grondwetsherziening. De koning kan zijn besluit om afstand te doen niet accepteren en ook Sophia is ziedend. Zo sterk is Wiwill niet en zij wil hem, voorzover dat mogelijk is voor een troonopvolger, een onbezorgde jeugd geven.

Willem Alexander trekt zich terug en vertrekt op 20 januari 1849 naar Engeland en Schotland. Hij heeft geen zin zijn vader nog onder ogen te komen. Onverwacht sterft Willem II op 17 maart 1849 en dan moet Willem wel terug. Even baalt de prins. Hij voelt zich prettig in Schotland, waar hij zelfs een maîtresse heeft. Toch aanvaardt hij zijn plicht en zet op 21 maart 1849 als Koning Willem III in Hellevoetsland voet op Nederlandse bodem.

Tijdens de inhuldiging blijkt hoe populair de koning, maar zeker ook zijn vrouw koningin Sophia, is. De charmante en knappe Sophia komt de Nieuwe Kerk binnen met aan haar hand haar twee zoontjes. Een van de aanwezigen stapt uit de rij en kust haar sleep. De eerste maanden van het koningschap zijn voor koningin Sophia al direct een hel. Er wordt verhuisd naar Paleis Noordeinde, een plek waar zij niet kan wennen. De entourage van Paleis Noordeinde spreekt haar niet aan en de bemoeienissen van haar man irriteren haar. Terwijl zij op officiële verplichtingen verwacht wordt, ligt thuis het ernstig zieke kind Maurits. Sophia probeert er zoveel mogelijk te zijn voor haar jongste kind. Op het moment dat hij op 4 juni 1850 overlijdt aan de gevolgen van een hersenvlies-ontsteking is koning Willem III niet aanwezig. De verwijten die hij van Sophia krijgt zijn niet mis. Zij vindt dat haar man veel betere deskundige hulp voor haar zoontje had moeten inroepen en zijn verzorging niet aan enkele verpleegsters en de in haar ogen ondeskundige hofarts Everhard had moeten overlaten. Het echtpaar groeit verder uit elkaar, van enig respect is geen sprake meer en de verstandhouding wordt steeds slechter.

Even lijkt er een verzoening ophanden als op 25 augustus 1851 liefdes-baby Alexander wordt geboren. Het is helaas van korte duur. Op 9 augustus 1852 verlaat de koningin halsoverkop het land. Zij heeft een lange reis naar haar familie in Stuttgart gepland. De koning eist dat de kinderen thuisblijven en bij het afscheid van zijn moeder is Wiwill ontroostbaar. Hij krijgt echter van zijn robuuste vader een pak rammel en wordt met harde stem tot de orde geroepen.

Heimwee
Ruim een half jaar blijft Sophia weg, maar heimwee naar haar kinderen doet haar besluiten terug te keren naar Nederland. In het vervolg wijdt zij zich aan liefdadigheid, vooral op het gebied van de volksgezondheid. Zo steunt zij de oprichting van een school voor zwakzinnige kinderen in Den Haag, bezoekt ze ziekenhuizen en stimuleert de moderne ziekenverpleging in ons land. Een goede vriendin van haar is Florence Nightingale. De vrouwen voelen zich sterk tot elkaar aangetrokken en corresponderen over gezondheidszaken. Sophia heeft Florence leren kennen toen zij in 1857 Engeland bezocht. Sophia heeft één grote wens: een kinderziekenhuis stichten. Deze wens gaat tijdens haar leven niet in vervulling. Jaren na haar dood wordt in Rotterdam het Sophia Kinderziekenhuis gesticht, ter nagedachtenis aan koningin Sophia.

Al zijn Willem en Sophia in 1855 gescheiden van tafel en bed, de zilveren bruiloft wordt in 1864 gewoon in het openbaar gevierd, zij het alleen voor de buitenwereld. Verder leidt Sophia in Nederland een vrij geïsoleerd leven. De enige van de familie met wie zij op goede en zelfs vertrouwelijke voet leeft, is prins Frederik, de zoon van koning Willem I en Wilhelmina van Pruisen. Hij is getrouwd met zijn nichtje Louise en woont in het voor hem gebouwde paleis op de hoek van de Korte Voorhout en de Boskant. Hij vertegenwoordigt zijn neef Willem III bij officiële gelegenheden en is de verzoener van de familie. Zo treedt hij als bemiddelaar op in de conflicten met prinses Marianne en is hij ook koningin Sophia tot grote steun. Juist omdat ook hij twee zoons op jonge leeftijd heeft verloren, is zijn band met Sophia sterk. Hij adviseert haar om bij Willem te blijven, maar wel apart te gaan wonen. Een scheiding van tafel en bed is het gevolg. De koningin vertrekt naar Huis ten Bosch in Den Haag en de koning is meestal te vinden op Paleis Het Loo, waar hij geniet van het leven als landheer.

De koningin bekommert zich uitsluitend om haar kinderen. Zij probeert erop toe te zien dat Wiwill goed onderwijs krijgt. Over de jongste zoon Alexander maakt zij zich grote zorgen. Hij lijdt aan een ernstige lichamelijke handicap. Hij heeft een zeer zwakke rug en moet een korset dragen. Door dit zware korset loopt hij ook nog eens een leverbeschadiging op en heeft dus een zwakke gezondheid. De koningin moet er niet aan denken nog een kind te verliezen en waakt over hem als een moederkloek. Opvallend is dat Alexander een levendige wetenschappelijke en artistieke belangstelling heeft, volgens de koningin van haar geërfd.

Sophia begrijpt dat haar isolement onvermijdelijk is, alleen haar geestelijk overwicht houdt haar op de been. In familiekring ontsnapt haar menigmaal een minachtend krenkend woord over de geringe intellectuele belangstelling van haar man en zijn buitenechtelijke escapades. Door haar vriendschap met Europese vorstenhuizen wordt zij in Europa als een figuur van formaat beschouwd. Zij beheerst vijf moderne talen en omringt zich met geleerden en ontwikkelde mensen om zo nog meer kennis te vergaren. Zo nodigt zij de oriëntalist Julius Mohl en de historici Ranke, Lecky en Motley vaak uit ten paleize. Van de urenlange gesprekken steekt zij veel op. In de loop van haar leven bouwt zij een kring correspondenten op in allerlei landen om haar kennis uit te breiden.

Gravin is te min

Er is nog weinig contact met echtgenoot Willem III. Alleen als er een huwelijkskandidaat voor de oudste zoon Wiwill wordt gezocht, mag Sophia meedenken. Sophia is het met Willem eens dat een kroonprins eigenlijk een prinses moet trouwen. Zij raadt haar zoon aan het leven wat serieuzer te nemen. Wiwill reageert verrassend en vertelt zijn moeder dat hij in het leven niet op zoek is naar geluk maar naar genot. De koningin is verbijsterd. Toch neemt zij haar zoon mee naar allerlei koninklijke feesten en hofbals in Europa. Alle eventuele koninklijke huwelijkskandidaten worden afgewezen, want Wiwill is verliefd op een Franse actrice en hij verhuist tot groot verdriet van zijn moeder naar Parijs. Zij maakt zich grote zorgen om hem. Wiwill leidt namelijk aan suikerziekte en door zijn ongeregelde leven is het gevaar van coma duidelijk aanwezig.

Dan komt Wiwill met gravin Anna Mathilde van Limburg Stirum op de proppen. Hij is verliefd, maar koningin Sophia is razend. Zo'n gravinnetje is te min voor haar zoon, de prins van Oranje. De relatie blijft bestaan, maar als Wiwill in Parijs de beest uithangt en dit Anna Mathilde ter ore komt, verbreekt zij de relatie, tot grote vreugde van koningin Sophia.

De gezondheid van de 59-jarige koningin wordt steeds slechter. Niet alleen lijdt zij aan een hartkwaal, maar ook haar nieren geven problemen. Koning Willem III kijkt niet naar haar om, hij heeft het te druk met zijn minnaressen. Eenzaam blijft zij achter op Paleis Huis ten Bosch, waar uiteindelijk op 3 juni 1877 een einde komt aan het leven van de eens zo levendige en geestige vorstin. De koningin wordt volgens haar wens in haar bruidsjapon, bedekt met haar tulen bruidssluier, opgebaard op de chaise-longue, waarop zij zo vaak had liggen lezen. In deze bruidsjapon wordt zij ook begraven, om aan te geven dat haar leven feitelijk eindigde op haar huwelijksdag.

Sophia heeft een moeilijk leven vol bitter zelfbeklag achter de rug. Het verdriet van een overleden kind, de frustraties van een ongelukkig huwelijk en het schrijnende heimwee naar haar vaderland Wurtemberg hebben haar het leven niet makkelijk gemaakt. Nooit zou zij zich hebben kunnen bedenken dat haar echtgenoot koning Willem III een andere jonge vrouw wel gelukkig kon maken.

Haar dood in 1877 was een opluchting voor Willem III. Nu kon hij op jacht naar een nieuwe vrouw. Wie is de volgende Oranjebruid voor de dan al 62-jarige koning?

Hoofdstuk 3

Koningin Emma:
redder van het Koningshuis

Kort na het overlijden van koningin Sophia is Willem III direct weer op vrijersvoeten. Tijdens zijn slechte huwelijk heeft hij al veel minnaressen gehad, dus niemand kijkt ervan op dat de koning direct weer op zoek gaat. Enkele maanden na het overlijden van Sophia wordt hij verliefd op de operazangeres Eleonore d'Ambre. Hij schroomt er niet voor om samen met haar in de openbaarheid te treden. Zo woont zij enige tijd in huize Welgelegen in Rijswijk en wordt door Willem zelfs onwettig verheven tot gravin d'Ambroise. Zij maken plannen voor een verloving, maar er is in Nederland zoveel tegenstand dat de koning beseft dat Eleonore nooit zijn vrouw kan worden. Echt breken met haar doet hij niet, zij blijft zijn maîtresse. Diverse kandidaten passeren de revue, maar de ware wordt niet gevonden.

In de zomer van 1878 reist hij naar Waldeck om daar op zoek te gaan naar een tweede echtgenote, ondanks dat hij er nog steeds een geheime liefde met Eleonore op na houdt. Zijn oog valt op prinses Pauline van Waldeck-Pyrmont, maar zij moet niets van hem hebben. Al snel krijgt de koning meer belangstelling voor haar bijna 20-jarige zus, prinses Emma. Zij is dochter van George, vorst van Waldeck en Pyrmont en Helena, prinses van Nassau. De moeder van Emma is de achterklein-dochter van prinses Carolina, de zuster van stadhouder Willem V.

Adelheid Emma Wilhelmina Theresia, prinses van Waldeck-Pyrmont, is geboren op 2 augustus 1858. Zij groeit op in het kasteel van Arolsen met vijf zussen en een broer: Sophie, Pauline, Marie, Helene, Friedrich en Elisabeth. Het is een harmonieus gezin dat zeer aan elkaar gehecht is. Mama Helena is de spil van de familie en haar dochters willen graag in haar voetsporen treden. Zij beschikt over een grote begaafdheid om met mensen om te gaan.

Ontroostbaar

Emma's oudste zus Sophie lijdt aan tuberculose en de familie reist vaak naar Oostenrijk en Zwitserland. De schone lucht moet goed zijn voor Sophie, die daar misschien kan genezen van haar ziekte. Ook Frankrijk wordt aangedaan, maar zelfs het gezonde Franse klimaat kan niet helpen. Op 15-jarige leeftijd sterft de oudste dochter en de familie is ontroostbaar. De dood van haar zusje laat een grote indruk op Emma achter en zij besluit zich haar leven lang in te zetten voor mensen die aan deze vreselijke ziekte lijden. Ondanks het verdriet van de zo jong overleden dochter zijn de ouders van Emma streng in hun opvoeding. Al op jeugdige leeftijd moeten de kinderen meehelpen in het huishouden en krijgen zij allerlei taken in en rond het slot. Er is een Engelse gouvernante en van haar krijgt Emma onderwijs. Verder zijn een gouverneur, een kinderjuffrouw en twee hofdames verantwoordelijk voor de dagelijkse gang van zaken. Handwerken leert Emma van haar moeder en na veel lessen kan zij zelf borduurpatronen ontwerpen. Verder heeft Emma teken- en schilderlessen. Er heerst altijd veel drukte en gezelligheid bij de weliswaar niet zo vermogende maar wel gastvrije en hartelijke familie.

Als Emma op 15-jarige leeftijd in het Evangelisch-Lutherse kerkje van Arolsen belijdenis van haar geloof doet, denkt zij erover na om in de verpleging te gaan. Aanleiding is het overlijden van haar zuster. Maar zover is het nooit gekomen. Emma krijgt een ander beroep in de schoot geworpen.

Het plaatsje Arolsen heeft geen hotel en alle gasten die het kasteel bezoeken mogen daar ook logeren. Zo ook koning Willem III, die duidelijk op vrijersvoeten is. Hij is op zoek naar een jonge vrouw, in navolging van zijn broer Hendrik, weduwnaar van de in 1872 overleden prinses Amalia van Saksen Weimar-Eisenach. Deze kinderloze prins trouwt in het voorjaar van 1878 met de 22-jarige prinses Maria van Pruisen. Als mijn broer een jonge vrouw kan versieren, moet het mij ook lukken, zo zal de koning gedacht hebben. Op 28 juli 1878 wordt hij op het station van Pyrmont met veel egards ontvangen. Een rijtuig brengt hem naar het slot, waar vorstin Helena in gezelschap van haar in roze geklede dochters Pauline en Emma hem hartelijk ontvangt. Al direct is er een prettige sfeer en Willem III doet er alles aan om de dames te vermaken. Pauline heeft enige weerstand tegen de koning, zij vindt hem niet zo aantrekkelijk. Diep in haar hart is zij verliefd op graaf Alexis Van Bentheim-Steinfurt. De koning merkt dat hij gevoelens krijgt voor Emma. Hij bewondert haar vooral om haar innerlijke schoonheid. Haar schranderheid en grote goedheid en haar jongemeisjesuitstraling raken hem diep. De twee zijn de hele dag in elkaars gezelschap, maken lange wandelingen en Emma haalt de koning zelfs over een uitkijktoren te beklimmen. Geen eenvoudige opgave voor een man die de 60 al gepasseerd is. De koning laat zich niet kennen, doet enthousiast mee aan enkele balspelen en stapt zelfs nog op een paard om een ritje door de bossen te maken. Hoe kan een meisje van net twintig jaar ongecompliceerd verliefd zijn op een man, driemaal zo oud als zijzelf? Toch houdt Emma van de koning, tenslotte kan hij heel innemend zijn, ziet hij er goed uit en is hij gewoon smoorverliefd op Emma.

Vastomlijnde plannen zijn er niet als de koning terugreist naar Nederland, maar hij heeft wel de belofte gedaan terug te komen. De koning heeft het goed te pakken en slechts een maand later is hij terug op Arolsen. Dan worden er spijkers met koppen geslagen. De besprekingen gaan echter niet over één nacht ijs. Emma eist van haar toekomstig echtgenoot dat hij onmiddellijk breekt met zijn minnares Eleonore. De koning stemt toe en stuurt zijn grote liefde vanuit Duitsland een telegram dat zij per direct moet vertrekken. Eleonore gaat terug naar haar geboorteland Frankrijk, met uiteraard een grote som geld als schadeloosstelling. Emma ziet haar toekomst als koningin echt als een roeping en is trots dat huize Waldeck-Pyrmont dankzij haar ook in de geschiedenisboeken van Nederland zal worden vermeld. Haar ouders zijn gelukkig, een betere partij hadden zij voor hun dochter niet kunnen wensen. Over een paar maanden is Emma koningin van Nederland, weliswaar ten koste van haar jeugd...

Met haar 20 jaar is zij een schoonheid. Meestal beeldschoon gekleed in een japon met sleep en een ingesnoerde taille die smaller lijkt dan hij in werkelijkheid is, door de horizontale draperieën. Emma's kapsel is op haar achterhoofd in krullen vastgezet en van opzij lijkt het min of meer een afspiegeling van het roksilhouet. Juist in deze tijd is het verwerken van kant erg populair. Blouses, onderrokken en japonnen worden rijkelijk met kant gegarneerd en avondjaponnen zijn soms helemaal van kant.

Troonopvolger

Koning Willem III is maar wat blij met zijn jonge, moderne bruid en hoopt vurig dat zij hem nog een troonopvolger kan schenken. Diep in zijn hart weet hij dat het voortbestaan van het huis van Oranje inmiddels een hachelijke zaak is geworden. Weliswaar heeft hij twee zoons, Wiwill en Alexander, maar beiden ziet hij niet zo snel op de troon. Wiwill mag de vrouw van zijn dromen niet trouwen en van de ziekelijke Alexander wordt gefluisterd dat hij meer van mannen dan van vrouwen houdt. In de toekomst zal blijken dat de koning een vooruitziende blik heeft. De 39-jarige Wiwill overlijdt op 11 juni 1879 aan een verwaarloosde longontsteking. In combinatie met zijn suikerziekte en de ongezonde levenswijze wordt deze longontsteking hem fataal. Zijn broer Alexander overlijdt op 21 juni 1884 aan de ziekte tyfus op slechts 33-jarige leeftijd.

De verloving van Emma en Willem wordt op 30 september 1878 bekendgemaakt. Het is dan al feest op Slot Arolsen, want de ouders van Emma vieren tegelijkertijd hun 25-jarig huwelijksfeest. Op de dag van de verloving neemt Emma haar verloofde mee naar een kinderbewaarplaats. Daar vraagt zij graaf Dumenceau haar naam en de datum van het huwelijk in haar ring voor de koning te laten graveren. Ook de koning laat zich niet onbetuigd. Hij geeft schilderes Eleanor Bell opdracht de ouders van Emma te schilderen zodat zij altijd een herinnering aan hen heeft als zij in Nederland woont. Er zijn volop festiviteiten op het slot. Er wordt een diner georganiseerd en een receptie voor de hofhouding. Manden vol bloemen worden er voor prinses Emma bezorgd, afkomstig uit de tuin van Het Loo en in opdracht van koning Willem III gestuurd. In Nederland gaat het anders. Daar is het enthousiasme behoorlijk getemperd. Niemand heeft echt vertrouwen in de koning, tenminste wat zijn liefdesescapades betreft. Een man van ruim 60 jaar die trouwt met een meisje van net 20 jaar, dat is toch op zijn minst wonderlijk te noemen. Ook zijn zoons zijn diep ontstemd. Zij nemen het hun vader zeer kwalijk dat hij zo kort na het overlijden van hun moeder hertrouwt. En dan nog wel met iemand die hun zusje had kunnen zijn.

Emma is een snelle leerling

Emma heeft er alle vertrouwen in en legt de negatieve reacties met groot gemak naast zich neer. Met een enorme wilskracht stort zij zich op de Nederlandse taal. Zij krijgt les van dr. L.R. Beijnen, die haar behalve de taal ook de Nederlandse geschiedenis en aardrijkskunde leert. Emma is een snelle leerling. Al spoedig spreekt zij de Nederlandse taal, weliswaar met een Duits accent. Als de prinses eenmaal iets bekender in Nederland is, wordt de mening over haar bijgesteld. Kranten schrijven lovend over haar, roemen haar blozende gelaatskleur en haar geestigheid. Zij wordt afgeschilderd als een vrouw met grote kwaliteiten. Willem III heeft een engel in huis gehaald. Wel wordt er getwijfeld of koning Willem III, gezien zijn leeftijd, nog wel een kind bij haar kan verwekken. En kan Emma deze tot nu toe losbandige koning wel in bedwang houden, of blijft hij de liefde even zo vrolijk buiten de deur zoeken? Vanaf het begin van haar relatie met Willem heeft Emma duidelijk aangegeven dat zij niet over zich laat lopen en komt zij er eerlijk voor uit hoe zij over bepaalde zaken denkt. Het is onvoorstelbaar: een vrouw van 20 jaar die de verre van gemakkelijke Willem in toom weet te houden en zelfs naar haar hand weet te zetten.

Zo heeft Emma geëist om in haar geboorteplaats in het huwelijk te treden. Op dinsdag 7 januari 1879 – er ligt zelfs een laagje sneeuw en het is ongeveer 4 graden onder nul – wordt het huwelijk tussen Emma en Willem gesloten. Allereerst is er in de besloten sfeer van de zitkamer van het slot de plechtigheid van het burgerlijk huwelijk. Daar wordt Emma koningin van Nederland. Een historisch moment dat door Willem bezegeld wordt met een lief gebaar: hij schenkt zijn bruid een medaillon met grote diamant met daarin zijn portret. Bij de kerkelijke inzegening zijn weliswaar veel verwante Duitse vorstenhuizen aanwezig, maar de twee zoons van de koning ontbreken. Zij laten bewust verstek gaan. Erger nog, uit protest houdt de prins van Oranje de luiken van zijn paleis aan de Kneuterdijk drie dagen gesloten. Ook Prins Hendrik, de broer van de koning, is niet aanwezig, wegens ziekte.

De kapel waar het huwelijk wordt voltrokken, bevindt zich in een van de zijvleugels van het slot, op verzoek van Emma versierd met dennengroen en palmtakken met witte en rode rozen. Bij binnenkomst wordt het bruidspaar toegezongen met het 'Heilig, heilig ist Gott der Herr'. Dominee Scipio doet de preek en weet zelfs de koning te ontroeren als hij memoreert aan de ouders van Willem III. Toch doet zijn preek een beetje komisch aan. Het lijkt wel of de predikant spreekt tegen iemand van 20 jaar in plaats van tegen de ruim zestigjarige koning van Nederland. Ook Emma is aangedaan en op het moment van het jawoord biggelen de tranen over haar wangen. Als het huwelijksformulier is voorgelezen knielt het bruidspaar om de zegen in ontvangst te nemen. Aan het eind van de plechtigheid biedt de grootmeester van de koning, graaf Schimmelpennick, de jonge koninklijke Oranjebruid een ruiker rode rozen aan. Deze rozen zijn afkomstig uit Nederland.

Na alle officiële huwelijksplechtigheden volgt een receptie met aansluitend diner in de rode zaal van het slot. Drie dagen achtereen is het feest met toneelvoorstellingen en concerten ter ere van het huwelijk. Op 10 januari moet Emma afscheid nemen van haar geboortegrond. Het valt haar zwaar om helemaal alleen naar het onbekende Nederland te gaan aan de zijde van een in haar ogen bejaarde man. Gelukkig voor Emma gaat haar goede vriendin Emma Kreusler, die benoemd is tot eerste hofdame, met haar mee. Deze hartsvriendin trouwt later met de Amsterdamse bankier Hendrik Schuurman, maar tot aan de dood van Emma blijft zij de vertrouwelinge van de koningin.

Slim verstand

Emma en de koning komen na het huwelijk per trein naar Nederland. Op het moment dat zij stapvoets rijdend de grens van Nederland passeren, ontkurkt de koning een fles champagne en heet zijn bruid welkom op Nederlands grondgebied. Emma is op die dag gekleed in een japon van witte zijde, gegarneerd met bont en oranjebloesem. Tot ieders verbazing is de koning echt verliefd op haar en lijkt hij zijn wilde haren eindelijk kwijt te zijn geraakt. Wie had dat gedacht, een man van 62 jaar die het voor het eerst van zijn leven serieus neemt met de huwelijkse trouw. Helaas voor het pasgetrouwde stel zijn het geen ontspannen en vrolijke wittebroodsweken. Op 13 januari wordt de hofrouw afgekondigd. Prins Hendrik, de broer van de koning, is in Luxemburg overleden aan complicaties van mazelen. Op 27 januari wordt Hendrik in Delft begraven. Willem III is aanwezig, Emma echter niet. De bezoeken aan diverse steden in Nederland worden uitgesteld en pas in april maakt Emma kennis met haar nieuwe vaderland. Nederland is blij met zo'n jonge koningin en zij wordt dan ook overal met veel enthousiasme onthaald. Achter haar zachte stem en vriendelijke, ronde gezicht gaan echter veel wilskracht en een slim verstand schuil. Zij wenst geen tijd te verspillen aan vrijblijvende gesprekken met jongelui, alleen degenen die nuttig werk doen mogen aan de koningin worden voorgesteld.

Emma schikt zich snel in het leven aan het hof en ziet ook de gunstige kanten. Zo krijgt zij van de koning veel japonnen die bij de meest chique modehuizen in Parijs en Brussel besteld worden. In 1896 koopt Emma onder de naam van Gravin van Buren in Venetië kant bij M. Jeserum & Cia. Huize Nicaud uit Parijs krijgt de grootste kledingopdrachten van de koningin. Emma is modebewust. Zij laat voor het huwelijk van haar zuster Helena in 1882 een spectaculaire roodfluwelen japon met Engelse hofsleep ontwerpen. Deze sleep is erg in de mode en een loopt vanuit de lage rug tot aan de grond.

Veel commentaar is er op de taal die de koningin gebruikt. Zij spreekt Nederlands, terwijl zij toch moet weten dat er aan het hof uitsluitend Frans wordt gesproken. Emma spreekt het Frans zelf voortreffelijk, maar aan een Nederlands hof wordt Nederlands gesproken, zo stelt zij. De invloed van Emma op Willem is groot. Hij lijkt iets minder nors te worden en iets meer begrip te hebben voor de regering en zijn medewerkers aan het hof. Veel mensen zijn bang voor hem: Emma niet. Zij cijfert zichzelf soms wel weg, maar wordt nooit slaafs ondergeschikt aan hem. Dankzij haar tact worden meningsverschillen nooit op de spits gedreven. Emma is goed tegen haar veel oudere echtgenoot opgewassen. Eén ding is haar niet gelukt: een normale verstandhouding tussen de koning en zijn zoons. Als op 11 juni 1879 de kroonprins van Oranje in Parijs overlijdt, krijgt Emma een onderhuidse dreun op het moment dat de nieuwe kroonprins Alexander een foto van koningin Sophia in de handen van zijn overleden broer legt. Alsof hij hiermee aan wil geven de nieuwe vrouw van zijn vader niet te willen accepteren. Tenminste, zo voelt Emma het, als zij dit verhaal later van haar man te horen krijgt. Zij heeft de beide zoons van de koning ternauwernood ontmoet en kent haar stiefzoons slechts van naam.

Oranjedynastie gered
Na twee begrafenissen in Delft wordt het de hoogste tijd voor blij nieuws. En dat komt er ook als in maart 1880 bekend wordt gemaakt

dat koningin Emma in 'gezegende staat' verkeert. De grootste wens van koning Willem III gaat in vervulling als hij, op een leeftijd waarop hij al grootvader had moeten zijn, weer vader wordt. Vanzelfsprekend zijn er boze tongen die beweren dat Emma niet in verwachting is geraakt van koning Willem III maar van iemand anders. Dat de door allerlei kwalen geteisterde koning nog een kind kan verwekken is een wonder en er wordt openlijk getwijfeld aan zijn vaderschap. Gesuggereerd wordt dat een knappe garde-officier de natuurlijke vader van het prinsesje is. Ook de particulier secretaris van Emma, jonkheer S.M.S de Ranitz, is wel eens ter sprake gekomen. Een DNA-test was er in die tijd nog niet, dus de geruchten worden direct in de kiem gesmoord en niemand heeft ooit kunnen bewijzen dat de op 31 augustus 1880 geboren Wilhelmina Helena Pauline Maria niet de dochter van koning Willem III zou zijn. Zeker is wel dat Emma in ieder geval de Oranjedynastie heeft gered. Zonder haar was het geslacht waarschijnlijk uitgestorven. Toch wordt in Nederland lauw gereageerd op Wilhelmina's geboorte. Zij had eigenlijk een jongen moeten zijn. Emma wil haar dochter niet zelf voeden en huurt hier voedsters voor in. Stevige boerenvrouwen komen naar het paleis en verdienen zo een aardig zakcentje.

Eindelijk leert koning Willem III een gezinsleven kennen en geniet daar ook volop van. Het duurste speelgoed wordt voor Wilhelmina aangeschaft en op Het Loo heeft zij een klein chalet als speelhuisje. Hij noemt zijn dochter tegenover iedereen die het horen wil 'een prachtig kind.' Iedere middag om vijf uur komt Emma met haar keurig aangeklede dochtertje naar zijn werkkamer. Dan leeft de oude vader zich uit met zijn dochtertje. Hij laat haar paardrijden op zijn rug en samen met haar bouwt hij van dominostenen de mooiste kunstwerken om ze daarna weer gierend van het lachen om te gooien. Samen vouwen zij scheepjes van papier die te water worden gelaten in de badkuip. Zo'n liefhebbende papa zou ieder kind zich wensen. Langzamerhand gaat de gezondheid van de koning achteruit. Hij heeft suikerziekte en een nierkwaal. Over regeringsproblemen maakt hij zich niet zo druk, het is vooral

Emma die zich daarmee bemoeit. Zij heeft een goed inzicht in staatszaken.

Geitenmelkkuur

Regelmatig is er tijd voor uitstapjes. Emma gaat graag met Wilhelmina en Willem naar Duitsland. Als zij in juni 1884 voor een geitenmelkkuur in Beieren zijn, krijgen zij bericht dat kroonprins Alexander op 21 juni overleden is aan de gevolgen van tyfus. Terwijl de kroonprins in Den Haag ligt opgebaard, is de koning niet van plan zijn vakantie te onderbreken. Emma probeert haar man te overtuigen om terug te keren naar Nederland, maar hij weigert. Even maakt Emma kennis met een andere kant van Willem, een kant waar zij geen begrip voor kan opbrengen. Pas als het koninklijk gezin op 15 juli terug in Nederland is, wordt de uitvaart vastgesteld op 17 juli om negen uur 's morgens. Niemand kan de prins nog zien, de kist is al enige weken gesloten. Koningin Emma is niet aanwezig bij de uitvaart van haar stiefzoon. Zij heeft Alexander slechts één keer ontmoet, toen hij onverwacht in de zomer van 1879 naar paleis Noordeinde kwam om zijn vader te bezoeken en daar oog in oog kwam te staan met Emma. Een handkus was het enige contact. Er werd geen woord gezegd. De koningin had het graag anders gewild en zij begrijpt Alexander ook wel. Na zijn dood is zij het ook die zijn persoonlijke bezittingen overhandigt aan relaties en goede vrienden. De koning is minder gevoelig; hij laat de spullen van zijn zoon veilen.

De gezondheid van de koning gaat steeds meer achteruit. Emma omringt hem met goede zorgen en de kleine Wilhelmina is hun zonnestraaltje. Ondanks zijn slechte gezondheidstoestand wordt zijn 70ste verjaardag nog groots gevierd. Helaas, of achteraf misschien wel gelukkig, zegt hij op het laatste moment de feestelijke rijtoer door Den Haag af. Emma en Wilhelmina stappen wel in het rijtuig, waarvan de paarden op de Scheveningse weg plotseling op hol slaan. De mensen die langs de route staan zijn geschokt. Emma zit doodsbleek in de kussens, het kleine prinsesje huilt. De rit wordt wilder en wilder en dan is daar vlak bij Noordeinde een koetsje van een Haagse arts. Als de koetsier Anton Kabbelaar in de verte de paarden ziet aankomen, grijpt hij in. Hij springt van de bok en gaat midden op de weg staan. Als de schuimbekkende paarden komen aangerend, heft Anton zijn zweep en brengt de op hol geslagen paarden voor het koninklijk rijtuig tot stilstand. De koningin en haar dochtertje komen er zonder kleerscheuren van af. Wilhelmina is nog dagen aangeslagen maar haar moeder houdt het hoofd koel.

De kleine Wilhelmina wordt door Emma volgens de Duitse methode opgevoed. Zij krijgt thuis les van de Engelse gouvernante mrs. E. Saxton Winter en haar moeder houdt haar vorderingen goed in de gaten. Iedere dag moet er door de gouvernante worden gerapporteerd en bij problemen grijpt Emma direct in. Emma leert haar dochter handwerken en knutselen met leer. Ook krijgt Wilhelmina les van meester Gediking. Hij is degene die koningin Emma wegstuurt uit het leslokaal, omdat zij Wilhelmina alleen maar in de war brengt.

De gezondheidstoestand van de koning verslechtert met de dag en op zondag 23 november 1890 heeft hij maar liefst 42 graden koorts. Om kwart over zes 's ochtends overlijdt Willem III. Emma weet wat haar te doen staat. Allereerst brengt zij haar dochtertje op de hoogte van het overlijden van haar vader. Zij vertelt haar dat zij nu koningin is en voortaan met majesteit zal worden aangesproken. De tienjarige koningin wordt direct geconfronteerd met de dood als zij door Emma wordt verplicht bij het sterfbed van haar vader te zitten. Op 4 december wordt Willem III bijgezet in de grafkelder van de Oranjes in Delft.

Emma is na de dood van de koning regentes van het koninkrijk en legt op 8 december 1890 de eed op de grondwet af. Op de jonge leeftijd van 32 jaar is zij al weduwe en haar dochter koningin van Nederland. Vanaf deze tijd draagt zij meestal een weduwenkap en kleedt zij zich uitsluitend in zwarte, grijze en mauve japonnen. Na de rouwperiode gaat zij

de huismuts dragen, die bestaat uit een frame van ijzerdraad, met daarop een lang stuk kant dat op het hoofd met spelden geplooid wordt.
Twee stroken hangen aan de achterkant naar beneden. Als de dag vor-
dert worden de stroken langer gemaakt zodat de plooien niet teveel uit
gaan zakken. De muts moet dus verschillende malen per dag opnieuw
worden geplooid.

Een leven in een gouden kooi

In haar werk gaat zij voortvarend van start. Zo eist zij wekelijkse besprekingen met de leden van het kabinet. Met Wilhelmina trekt zij door het
land om zo goodwill voor de Oranjes te kweken. Zij laat zich de wet niet
voorschrijven en als iets haar niet zint, gaat zij ertegenin. Emma is een
vrouw die met haar tijd meegaat en niemand te kort wil doen. Regelmatig bezoekt zij haar familieleden in Duitsland en neemt Wilhelmina
mee op reis. In Arolsen voelt zij zich thuis, al mist zij haar moeder vorstin Helena, die op 27 oktober 1888 is overleden.

Nu Emma alleen voor de opvoeding van haar dochter staat, doet zij er
alles aan om de slechte eigenschap van haar man bij haar kind de kop
in te drukken. Dat betekent voor Wilhelmina een jeugd die zij zelf later
omschrijft als 'een leven in een gouden kooi'. Emma is doodsbenauwd
dat de jonge koningin ook maar iets in haar karakter zou hebben van de
Romanovs. Een beetje tegenstrijdig als je bedenkt dat zij uiteindelijk
toch een huwelijk arrangeert waarbij de Romanov-banden nog worden
versterkt. Wilhelmina is een kleinkind van Anna Paulowna, maar haar
toekomstig echtgenoot Hendrik van Mecklenburg-Schwerin is het ach-
terkleinkind van Anna's oudere zus Helena. Maar zover is het nog niet
als Emma en Wilhelmina proberen zo normaal mogelijk door te leven
na het overlijden van Willem III. Het is verbazingwekkend dat Emma
het altijd over de koningin heeft als zij over haar dochter praat. Het
jonge meisje snapt daar niets van. Vroeger dacht zij dat haar voornaam
prinses was en nu wordt ze aangesproken met mevrouw of majesteit.
Emma, die door haar dochter liefkozend 'moesje' wordt genoemd, geeft

Wilhelmina een strenge opvoeding, zelfs met een zekere hardheid. Soms is er even tijd voor ontspanning, dan mag Wilhelmina met haar poppen spelen. Wel wordt haar geleerd met de poppen te spelen alsof het levende wezens zijn. Emma heeft een dubbele functie, die van het moeder zijn van een kind dat koningin is en bovendien regentes zijn voor die koninklijke dochter.

Persoonsverheerlijking

De inhuldiging van Wilhelmina in 1898 is voor Emma de bekroning van de periode als koningin-regentes. Zij heeft het Oranjehuis in haar regentesperiode weer een gerespecteerde plaats gegeven. Ook de banden met buitenlandse koningshuizen zijn aangescherpt, vooral met de Engelse koningin Victoria is een hechte band ontstaan. Op haar veertigste jaar neemt de regentes afstand ten gunste van haar dochter Wilhelmina. De jaren hebben hun tol geëist. De regentes is door een gebrek aan beweging behoorlijk gezet geworden en niets herinnert meer aan die levenslustige vlinder die op 20-jarige leeftijd haar jawoord gaf aan de koning van Nederland. Nederland wil niet zomaar afscheid nemen van Emma. Er wordt een nationale commissie opgericht, die geld inzamelt voor een afscheidsgeschenk. Het eindbedrag van de inzameling is driehonderdduizend gulden, voor die tijd een indrukwekkend bedrag. Emma wil het geld een waardige bestemming geven in de vorm van een liefdadig doel. Bij zijn dood heeft Willem de buitenplaats Oranje-Nassau Oord aan Emma nagelaten. Zij wil hier een sanatorium vestigen ter nagedachtenis aan haar zus Sophie, die op jonge leeftijd aan tuberculose is gestorven. Op 26 oktober 1901 gaat het sanatorium in Renkum open. Naast het geld van de inzameling stort Emma zelf ook een aanzienlijk bedrag en mede door haar toedoen wordt er bij het Oranje-Nassau Oord ook een kapel gebouwd en zorgt Emma er ook voor dat het personeel een goed pensioen kan opbouwen, wat voor die tijd erg vooruitstrevend is. Tuberculose en Emma blijven nauw met elkaar verbonden, denk daarbij aan de jaarlijkse Emmabloemcollecte, die in 1910 voor het eerst wordt gehouden. Emma blijft actief op het gebied van de zorg. Zij wordt beschermvrouwe van het kinderziekenhuis in Amsterdam, een erebaan. Haar medeleven beperkt zich niet alleen tot de zieken. Op een koude winterdag loopt zij met een presenteerblaadje met koffie naar een soldaat die bij haar paleis op wacht staat. Een lief gebaar, zo is Emma. Zij houdt absoluut niet van overdreven gedoe en persoonsverheerlijking.

Miskraam

Een volgende taak wacht. Emma gaat op zoek naar een geschikte huwelijkskandidaat voor haar dochter. In de zomer van 1900 gaan zij regelmatig samen naar Duitsland en het is geen verrassing als hertog Heinrich van Mecklenburg-Schwerin ten tonele verschijnt. Hij staat bij Emma op het lijstje en in oktober 1900 wordt er verloofd, gevolgd door de bruiloft op 7 februari 1901. Ziezo, weer een zorg minder, denkt Emma. Later blijkt het huwelijk een groot misverstand en is de bemiddeling een grote fout van Emma geweest. Tenminste, zo voelt zij het zelf. Wel blijft Emma de eerste tijd na haar aftreden de grote adviseur voor haar dochter. Zij trekken veel samen op, al gaat de koningin-moeder in de zomermaanden op Paleis Soestdijk wonen en in de winter op het paleis aan de Lange Voorhout in Den Haag. Langzaam maar zeker trekt de koningin-moeder zich terug. Er zijn zorgen over Wilhelmina, die miskraam na miskraam krijgt. Emma vreest dat zij nooit de rol van grootmoeder zal mogen vervullen. Eind 1908 is er weer hoop. Wilhelmina is weer in verwachting en dit keer gaat alles goed. Op 30 april wordt prinses Juliana geboren. Het leven van Emma krijgt een nieuwe dimensie. Koningin Wilhelmina is vaak op reis en dan is Emma de aangewezen persoon om op haar kleindochter te passen. Voor Juliana is het een feest om bij oma te zijn. Spannende verhalen, verkleedpartijen, picknicks in de tuin, niets is oma Emma te dol. Voor haar kleinkind is ze veel minder streng dan voor haar eigen dochter.

De zeventigste verjaardag van Emma wordt een feest. Zelf vindt zij het belangrijker dat zij een halve eeuw Nederlands staatsburger is. Langzaam maar zeker beginnen de jaren voor de koningin-moeder te tellen. Zij krijgt moeite met lopen, haar doofheid verergert en vaak heeft zij last van bronchitis. En dan gaat het plotseling mis. Zondagochtend 11 maart 1934 zit zij op haar eigen plekje in de kerkbank van de Haagse Bethlehemkerk. Kerkgangers maken zich zorgen, want Emma ziet er ziek uit. Thuisgekomen gaat ze direct naar bed. Ze heeft hoestbuien en hoge koorts. Koningin Wilhelmina en prinses Juliana keren overhaast vanuit Apeldoorn terug naar Den Haag en ook Emma's broer, Friedrich van Waldeck-Pyrmont, komt naar het Lange Voorhout. Wilhelmina en Juliana waken bij hun doodzieke moeder en oma. Te midden van haar dierbaren en geliefde medewerkers slaapt zij op 20 maart 1934 om kwart over acht 'zacht en kalm' in. Zij wordt opgebaard in een wit gewaad in het ledikant waarin zij is gestorven op de tweede verdieping van het paleis. Op haar hoofd heeft zij het zo herkenbare witte weduwenkapje. Op haar bed liggen bloemen van de leden van de hofhouding. De avond voor de begrafenis komen Wilhelmina en Juliana voor een laatste afscheid. De rouwkamer is gevuld met bloemen, gestuurd door vorsten en staatslieden uit alle delen van de wereld. Dan volgt de dodenwacht in de vestibule van het paleis aan het Lange Voorhout. De belangstelling is groot; negentigduizend mensen nemen afscheid. De begrafenis is op dinsdag 27 maart in de Nieuwe Kerk in Delft. Langs de route staat het publiek rijen dik. Emma van Waldeck-Pyrmont leeft voort in de herinnering. Zij was degene die de Oranjedynastie redde. Haar enige dochter Wilhelmina heeft veel te danken aan haar moeder, maar kiest toch haar eigen weg…

Hoofdstuk 4

Koningin Wilhelmina: volkomen eenzaam!

Regentes Emma is al geruime tijd op zoek naar een huwelijkskandidaat voor haar dochter Wilhelmina. Er is haast bij, want alle mannelijke troonopvolgers zijn gestorven en alleen Wilhelmina kan het Oranjehuis nog redden. Het is van belang dat Wilhelmina zo snel mogelijk trouwt en kinderen krijgt. Wilhelmina aanvaardt op 31 augustus 1898 om half-zes 's middags, precies achttien jaar na haar geboorte, in Den Haag de troon. Op 6 september wordt Nederlands eerste regerende vorstin in de Amsterdamse Nieuwe Kerk ingehuldigd. Op haar uitdrukkelijke wens zit haar moeder naast haar op het podium, dicht in haar nabijheid. Toch voelt de nieuwe koningin zich erg eenzaam. Haar belevenis op dat moment geeft zij later weer met de woorden: 'Een gevoel van leegte en volkomen eenzaamheid maakte zich van mij meester.'

Direct na de plechtigheid valt de jonge vorstin haar moeder om de hals en kust haar onstuimig. Nee, niet ten overstaan van het publiek, maar in de beslotenheid van het Paleis op de Dam. Enige vorm van emotie mag je nooit aan je onderdanen laten zien, zo is Wilhelmina van jongs af aan verteld. De jonge koningin heeft nog een verrassing voor haar moeder. Uit dank voor de 'aan het vaderland bewezen diensten' verleent Wilhelmina koningin Emma namelijk het Grootkruis van de Orde van de Nederlandse Leeuw en het Grootkruis van de Orde van Oranje-Nassau.

Er wordt veel verwacht van de jonge koningin, maar als belangrijkste opdracht moet er zo snel mogelijk worden gezocht naar een huwelijkskandidaat. Want als Wilhelmina niet trouwt en er komen geen kinderen, dan is het gedaan met het voortbestaan van het Huis van Oranje. Met het overlijden van kroonprins Alexander is Wilhelmina de enige dunne draad om de dynastie te redden.

Haar moeder Emma doet er alles aan om een geschikte huwelijkskandidaat voor haar dochter uit te zoeken. De ware Jacob is niet zo snel gevonden, hij moet namelijk aan strenge voorwaarden voldoen. Eis is dat de toekomstige echtgenoot van Wilhelmina uit een regerend vorstenhuis komt, maar hij mag geen troonopvolger zijn. Verder is het wenselijk, of eerlijk gezegd noodzakelijk, dat hij tot de protestantse kerk behoort en uit een politiek correct land komt. Ook zijn gezondheid moet in orde zijn. Hij mag geen aanwijsbare erfelijke aandoeningen hebben. Daarbij moet de Nederlandse neutraliteit, de hoeksteen van de buitenlandse politiek gedurende vele jaren in de 19^e eeuw, gehandhaafd blijven. Een huwelijk met een prins uit het huis Hohenzollern, dat in het verleden vaak een huwelijkskandidaat geleverd heeft, zou bijvoorbeeld de ongewenste indruk kunnen geven dat Nederland toenadering zoekt tot de Pruisen. Bovendien is Emma geen groot vriend van de Hohenzollern. Haar oom heeft in 1866 gedurende de Pruisisch-Oostenrijkse oorlog de 'verkeerde' kant gekozen en is na de nederlaag van Oostenrijk gestraft met het verlies van zijn hertogdom. Dit heeft Emma keizer Wilhelm I nooit vergeven.

Op zoek

Het is geen geheim dat Emma al geruime tijd aan het rondkijken is. Op het gouden bruiloftsfeest van Wilhelmina's oom en tante, het echtpaar Van Saksen-Weimer, heeft zij al kennisgemaakt met Johann van Mecklenburg-Schwering. Emma en Wilhelmina komen ook in gesprek met Adolf en Heinrich, de twee halfbroers van de hertog, die direct al een goede indruk op hen maken. De informatie die Emma heeft ingewonnen over de op 19 april 1876 geboren hertog is gunstig. En zo heeft

Emma de namen van de jongens al in het achterhoofd als zij samen met Wilhelmina in de zomer van 1900 een vakantie houden in Duitsland. In het vorstendom Schwarzburg-Rudolstadt brengen zij een beleefdheidsbezoek aan de regerend vorst. Deze is niet thuis en de honneurs worden waargenomen door zijn moeder. Zij vertelt dat haar jongste kleinzoon, de inmiddels 24-jarige Heinrich Wladimir Albrecht Ernst, hertog van Mecklenburg-Schwerin, bij haar in Thüringen komt logeren. Dat kan geen toeval zijn en Emma besluit direct haar vakantie met enkele dagen te verlengen. De tweede kennismaking van Wilhelmina en Heinrich is echt een succes. Beiden vinden elkaar aardig en praten urenlang. Emma laat hen gaan in de hoop dat het liefde op het eerste gezicht is. Er wordt gewandeld, gepicknickt en het tweetal krijgt de kans elkaar steeds beter te leren kennen. Even lijkt er nog roet in het eten gegooid te worden als er een tweede huwelijkskandidaat op de proppen komt. Het is prins Frederik Willem van Pruisen, de achterneef van de Duitse keizer, een knappe jongeman die er alles aan wil doen om Wilhelmina het hoofd op hol te brengen. Helaas voor hem is de koningin al gevallen voor de charmes van Heinrich. Er lijkt niets aan te merken op de jonge hertog en ook zijn afkomst kan de goedkeuring wegdragen. Via zijn overgrootmoeder heeft hij zelfs Romanov-bloed in de aderen, zoals Wilhelmina via haar grootmoeder. Hij komt uit een gezin van vier kinderen en kan in ieder geval op meer natuurlijke kinderjaren terugzien dan zijn bruid. Hij heeft het Vitzhum-gymnasium in Dresden met goed gevolg doorlopen. Daarna gaat hij in het leger, doet in januari 1896 zijn officiersexamen en treedt in actieve dienst in Potsdam als luitenant in het Garde-Jäger-Bataillon. Na een korte periode in dienst verzoekt hij om op non-actief te worden gesteld, omdat hij zich wil wijden aan het bestuur van zijn hertogdom.

Liefde op het eerste gezicht is het zeker, maar toch moet Wilhelmina afscheid nemen van deze eerste grote liefde. Al snel blijkt dat zij hem erg mist. Als hij in het najaar terugkomt voor een volgende kennismaking, worden zij het in korte tijd eens. Zij kunnen niet wachten om hun verloving bekend te maken. Moeder Emma heeft een grote invloed gehad op de keuze van haar dochter. Zij heeft alle goede eigenschappen van de 24-jarige Heinrich opgesomd en zijn karakter wel heel erg rooskleurig omschreven. Zo is hij een redelijk ruiter en houdt hij van jagen. Waar hij Wilhelmina direct mee betovert is zijn vingervlugheid: Heinrich is een amateur-goochelaar die op feesten en partijen graag even de kaarten tevoorschijn haalt om ze daarna zo snel mogelijk weer weg te toveren. Verder is Heinrich een gemoedelijke edelman die graag een sigaartje rookt en een glas bier tot zich neemt. Karaktereigenschappen die mama Emma wel aanstaan. En al mag en wil Wilhelmina zelf beslissen, de mening van haar moeder speelt wel degelijk een grote rol.

Op 12 oktober 1900 verloven Wilhelmina en Heinrich zich in Duitsland en op de 16e van dezelfde maand wordt de verloving op Paleis Het Loo bekendgemaakt. Wilhelmina straalt, zij is echt gelukkig. De naam Heinrich wordt vernederlandst, vanaf nu is het Hendrik. En daarmee wordt direct het eerste conflict geboren. De Mecklenburgse regering eist dat Heinrich zijn Duitse nationaliteit behoudt en dus ook zijn doopnaam. Verder lijkt het de Duitsers verstandig dat Wilhelmina na haar huwelijk de Duitse nationaliteit aanneemt. Een onaanvaardbaar voorstel voor de Nederlandse regering. De meningsverschillen lopen hoog op en er lijkt niets anders op te zitten dan de verloving te verbreken. Wilhelmina is ontroostbaar. Zij houdt van haar Hendrik, maar ook van haar vaderland. Moet zij nu alweer kiezen? Uiteindelijk gaan de Mecklenburgers overstag, al komen zij direct met een volgende eis. Voor Hendrik als aanstaand prins-gemaal moet er zeker een redelijk staatsinkomen worden uitgekeerd. En daar is de Nederlandse regering het weer niet mee eens. Deze vindt dat de toelage die hij van zijn familie ontvangt ruim voldoende is. Wilhelmina neemt het heft in handen en wijst een uitkering uit de staatskas ook af. Uit haar eigen vermogen keert zij haar toekomstig echtgenoot ieder jaar 100.000 gulden uit. Ook de Duitse keizer Wilhelm II is ziedend over de verloving. Hij ziet liever dat de eigengereide Wilhelmina een kandidaat kiest uit zijn eigen familie zodat hij in het rijke buurland de belangen van Duitsland kan behartigen. De keizer probeert het nog met brieven die hij steevast begint met:

'Meine liebe Cousine', maar zonder resultaat. Wilhelmina wil Hendrik en daar blijft het bij, wat de buren ook zeggen.

De voorbereidingen voor het huwelijk gaan door en de datum wordt officieel vastgesteld op 7 februari 1901. Er moet veel geregeld worden. Voor het eerst treedt een regerend vorstin in het huwelijk. Een koninklijke bruiloft die plaatsvindt op Nederlandse bodem: een situatie die in de wet niet is geregeld. Bepaald wordt dat Hendrik de titel van prins-gemaal krijgt en dat de kinderen de naam Oranje-Nassau voor die van hun vader zullen voeren. Hierdoor wordt voorkomen dat op den duur het huis Mecklenburg-Schwerin aan het bewind komt. De naam Oranje moet voor Nederland behouden blijven.

Prins-gemaal

Al ruim een week voor het huwelijk beginnen de festiviteiten. Naast de nodige diners en concerten zijn er veel ontvangsten, waarbij het bruidspaar bedolven wordt onder de cadeaus. Wilhelmina bemoeit zich in deze weken maar weinig met staatszaken. Zij is dolgelukkig en kan niet wachten tot de dag waarop zij haar jawoord aan Hendrik mag geven. Het is verbazingwekkend hoe goed Hendrik en Wilhelmina met elkaar overweg kunnen. Koningin-moeder Emma is blij dat haar dochter even haar overheersende karakter op een laag pitje heeft gezet en Hendrik de kans geeft om zich als prins-gemaal te presenteren.

Wilhelmina is de makkelijkste niet en niemand weet dat beter dan haar moeder. De 20-jarige koningin heeft zich al vanaf haar vroegste jeugd moeten voorbereiden op haar koningstaken. Hierdoor heeft zij nooit een echte jeugd gekend. Zij wordt opgevoed door gouvernantes die elkaar om het jaar afwisselen. Wilhelmina mag zich niet hechten en moet als toekomstig koningin leren onafhankelijk van anderen door het leven te gaan. Naar school gaan is er ook niet bij voor haar, zij krijgt thuis les van meester Frederik Gediking. Als klasgenootjes heeft zij haar poppen, afkomstig uit dure Parijse winkels. Het is bijna niet voor te stellen: een kleine frêle prinses in haar eentje in de leskamer met een docent tegenover zich en een gouvernante naast zich. Wilhelmina klaagt nooit, zij is niet anders gewend. Op 10-jarige leeftijd wordt Wilhelmina koningin als haar vader koning Willem III op 23 november 1890 overlijdt. De dood van haar vader is een drama voor Wilhelmina en zal haar hele verdere leven beïnvloeden. Zij krijgt plichten en moet altijd klaarstaan om die plichten uit te oefenen. Hoewel zij haar koninklijke taken pas op haar 18^e jaar mag uitoefenen – Emma wordt regentes – verandert de voorbereiding op het koningschap haar leven drastisch.

Eenzame opvoeding
In haar jeugdjaren draagt Wilhelmina meestal smetteloze witte jurkjes met brede stroken en schouderlintjes, witte glimmende lakschoentjes en haar lichtblonde haar geknipt in pagemodel. Haar karakter is erg wisselend; soms heeft zij sombere buien om een paar uur later weer spraakzaam en gezellig te zijn. Er zijn momenten dat zij in tranen uitbarst, in zichzelf is gekeerd en kortaf doet. Door haar eenzame opvoeding en het sporadische contact met andere kinderen is Wilhelmina uiteindelijk uitgegroeid tot iemand die moeite heeft met normaal menselijk contact. Het enige gemeende liefdevolle contact dat zij heeft is met haar lievelingshond Well en haar pony Baby. Soms komt zij in contact met 'gewone mensen', zoals de hondenverzorger, de poppenmaker, de tuinman en de koetsier. Die doen vrij normaal tegen haar. Zodra zij echter buiten de beschermde paleistuinen komt buigt iedereen diep voor Wilhelmina. Zij kent het gewone volk alleen als een grijze massa van wuivende en juichende mensen. Zij leeft in een streng isolement of zoals zij het zelf later in haar memoires noemt: 'de gouden kooi'. Muzikaal is de koningin niet en de pianolessen worden dan ook snel gestaakt. Wel heeft zij veel talent voor tekenen. Dat is wel gebleken na haar aftreden toen er verschillende schilderijen van haar werden geëxposeerd. Emma bepaalt hoe zij wordt opgevoed, zij zorgt ervoor dat haar dochter goed wordt voorbereid op haar koninklijke taak. Er wordt een kennismakingsprogramma afgewerkt en iedereen krijgt de twee koninginnen in alle uit-

hoeken van het land te zien. Het lijkt een soort hernieuwd kennismakingsbezoek met Nederland. Als 11-jarige is zij in 1891 aanwezig bij het staatsbezoek van keizer Wilhelm II en keizerin Augusta aan Nederland. Er volgt een tegenbezoek in 1892 en Wilhelmina gaat ook mee op staatsbezoek bij de bejaarde koningin Victoria in Engeland.

Van haar moeder heeft Wilhelmina de ziekelijke vrees voor infecties geërfd. Wie bij de koningin toestemming voor een audiëntie krijgt wordt ook direct verzocht de laatste drie weken niet meer met iemand in aanraking te komen die mazelen of een andere besmettelijke ziekte heeft. Was dat wel het geval, dan werd de audiëntie geweigerd. Van haar voorvaderen heeft Wilhelmina ook bepaalde eigenschappen. Zo bezit zij het impulsief onberekenbare van haar vader en van haar overgrootvader Willem I heeft zij de voorkeur voor wit en zwart. De karaktertrek om vooral moedig en flink te zijn heeft zij van grootvader Willem II.

Op 16-jarige leeftijd doet de koningin haar belijdenis en treedt toe tot de Nederlands-hervormde kerk. Vanaf die tijd noemt haar moeder haar volwassen en behandelt haar ook als zodanig. Haar uiterlijk verandert. Zij draagt het haar opgestoken, de hoeden worden nog groter en pompeuzer en de rokken worden langer. De gouvernantes en verzorgsters maken plaats voor hofdames en adjudanten. En als zij op 18-jarige leeftijd de zware taak van staatshoofd aanvaardt, wordt Wilhelmina – weliswaar nog een bakvis – gezien als een volwassen vrouw. Door haar raadgevers wordt zij ingewijd in het regeerwerk en is vanzelfsprekend aanwezig bij de opening van de Staten-Generaal. Haar moeder Emma geeft ook raad, maar zwijgt over staatszaken. Dat is een aangelegenheid van het staatshoofd. Wilhelmina proeft een heel klein beetje van het normale leven. Zij wordt uitgenodigd voor toneelvoorstellingen, balletvoorstellingen en feestelijke ontvangsten en diners. Zij maakt reizen naar het buitenland, maar blijft toch vrij beschermd. Een echt normale Hollandse vrouw is zij zeker niet, tenslotte is zij opgegroeid in 'een kooi'. De tralies van die kooi zijn weliswaar verwijderd, maar Wilhelmina is gevormd. Zelfs Hendrik kan daar geen verandering in aanbrengen. Ondanks dat Wilhelmina smoorverliefd is op haar toekomstige echtgenoot neemt zij weinig van hem aan. Wel probeert Hendrik haar enigszins om te vormen en in het begin lijkt dat te lukken. Wilhelmina is gedurende haar verlovingsperiode en de voorbereidingen voor het huwelijk omgetoverd tot een jonge, vrolijke meid die zin heeft in het leven. Zij neemt zelfs dansles, al loopt dat op een fiasco uit. Wilhelmina heeft geen enkel ritmegevoel.

Zij verheugt zich op de toekomst met Hendrik. Een toekomst die zij gelukkig van tevoren niet kan bevroeden, anders had zij zich wel bedacht om op 7 februari 1901 haar jawoord te geven aan Hendrik. Nederland maakt zich in het winterse Den Haag op voor het huwelijk en iedereen wordt erin betrokken. Het land viert feest: de koningin trouwt! Zelfs de armen worden niet vergeten. Zij krijgen extra etensbonnen waar zij een afgepaste portie vlees, rijst, koffie, erwten en bonen of zelfs snoep mee kunnen kopen. Langs de bruidsroute zijn erebogen neergezet en de versierde panden van Sociëteit De Witte en van de firma Pander zijn grote attracties. Haagse weeskinderen van alle gezindten komen in hun zondagse uniformkleding waarop oranje-rozetten gespeld zijn bijeen in de grote zaal van de dierentuin. Een buikspreker treedt op en natuurlijk zijn er krentenbollen en warme chocolademelk.

Het burgerlijk huwelijk wordt om elf uur 's ochtends gesloten in de Witte Zaal van Paleis Noordeinde in Den Haag. Er zijn niet al te veel gasten. Enkele belangrijke verwante vorstenhuizen zijn niet aanwezig, omdat zij in de rouw zijn. Koningin Victoria van Engeland is op 22 januari 1901 overleden en de voltallige Engelse koninklijke familie laat verstek gaan. Tot zijn grote woede is Keizer Wilhelm II niet uitgenodigd. Hij laat zijn ongenoegen blijken door ook geen huwelijksgeschenk te sturen. Er is een speciale regeling getroffen om het burgerlijk huwelijk op Paleis Noordeinde te laten voltrekken. De Witte zaal is in opdracht van Koningin Emma opnieuw gedecoreerd. Minister-president Cort van der Linden is ambtenaar van de burgerlijke stand. De gemeentesecretaris leest de trouwakte voor en deze wordt getekend door het bruidspaar en een groot aantal getuigen. Na het betrekkelijk korte burgerlijk huwelijk volgt eerst een rijtoer door de versierde Haagse binnenstad naar de Grote of Sint Jacobskerk. Acht paarden worden aangespannen om de Gouden Koets, die door het Nederlandse volk in 1898 aan Wilhelmina is geschonken, door de stad te rijden. In de Grote Kerk hebben dan al ruim 1700 genodigden plaatsgenomen. Het bruidspaar neemt plaats tegenover de preekstoel tussen de beide moeders en familieleden in. De andere gasten zitten opzij van het carré. De huwelijksdienst wordt geleid door de hofpredikant dr. G.L. van der Flier. Tijdens de inzegening knielen Wilhelmina en Hendrik neer op een knielbank in zeventiende-eeuwse stijl. Deze knielbank, die is vervaardigd in de stijl van de ook aanwezige stoelen uit de Marotzaal van Paleis Noordeinde, zal ook bij latere bruiloften weer dienst doen. Eronder ligt een fluwelen kleed, door dames uit de Haagse adel bestikt met de wapens van Wilhelmina en Hendrik. Na de toespraak van hofpredikant Van der Flier staan alle aanwezigen op. Het bruidspaar treedt naar voren om elkaar voor de tweede maal het jawoord te geven en de ringen uit te wisselen. Daarna nemen zij geknield de zegen in ontvangst. Buiten staat een uitzinnig publiek te wachten op het moment dat Wilhelmina aan de arm van Hendrik naar buiten komt. Er is in de geschiedenis geen enkel koninklijk huwelijk geweest dat zoveel openbare aanhankelijkheidsbetuigingen in de vorm van defilés en kostbare geschenken heeft gekregen. Een sprookjeshuwelijk zoals dat van de jonge koningin Wilhelmina en haar knappe prins Hendrik spreekt tot ieders verbeelding in het begin van de jaren negentig. Zij worden luid toegejuicht en krijgen een langdurig applaus als de stoet vertrekt naar het paleis. Daar wordt een galadejeuner – een zeer luxe brunch – van maar liefst zeven gangen gehouden. De menukaart is versierd met een monogram van het bruidspaar en een tak met oranjebloesem. Na de 'brunch' wordt het bruidspaar door de moeders vanaf de voorstoep en door de hoge gasten vanaf het balkon van Paleis Noordeinde uitgewuifd. Wilhelmina en Hendrik hebben als liefdesnestje voor hun wittebroodsweken gekozen voor Paleis Het Loo. De liefde is overduidelijk aanwezig tijdens de eerste weken die Hendrik en Wilhelmina samen in alle rust doorbrengen. Zij delen hun liefde voor de natuur en genieten van de rijtoeren op de Veluwe. Hendrik neemt zelf de menleidsels ter hand en laat Wilhelmina genieten. Wilhelmina verrast haar man met een aantal nieuw ingerichte woonvertrekken op Het Loo. Zij ziet dat zich onder zijn spullen, behalve jachttrofeeën, ook een paar olifantenslurfen bevinden. Deze jachtpassie van haar man kan zij niet echt waarderen. Maar verder is het een en al rozengeur en maneschijn tijdens de wittebroodsweken op Paleis Het Loo.

Na enkele weken genieten roept de plicht en op 5 maart worden zij feestelijk ontvangen in Amsterdam. Koningin Wilhelmina krijgt ter gelegenheid van haar huwelijk als 'nationaal huldeblijk' een kostbare set juwelen cadeau, waarin honderden briljanten en saffieren zijn verwerkt. De Amsterdamse bevolking schenkt het jonge bruidspaar een eigentijds zilveren tafelgarnituur ontworpen door Jan Eisenloeffel. De bevolking van Suriname laat zich ook niet onbetuigd, zij schenken een gouden en zilveren tafelstuk in de vorm van een schip, vervaardigd door de firma J.M. van Kempen. Op 9 maart krijgen zij in Apeldoorn een inhuldiging. Er wordt goed op het figuur van de koningin gelet: zou zij al in verwachting zijn?

Wilhelmina is een vrouw van de klok, alles moet stipt op tijd uitgevoerd worden. Laat niet een van de hofmedewerkers ook maar een minuut te laten komen, want dan zwaait er wat. Precies om zeven uur 's morgens verwacht zij haar kamenier op haar slaapkamer. Hij krijgt de orders voor de dag en daarna gebruikt de koningin haar ontbijt. Dan gaat zij aan de slag met regeringszaken. Niemand mag haar dan storen. Na de lunch is er een korte rustperiode van ongeveer een uurtje, waarna zij weer aan het werk gaat tot een uur of tien 's avonds. De koningin heeft op ieder dagblad een abonnement, om goed op de hoogte te blijven van het nieuws. Zij wordt vaak gezien als trots en hoogmoedig, maar heeft een onafhankelijk karakter en een hartstochtelijke aard. Zij heeft een bijzondere eigen vorm van humor die ook Hendrik niet altijd kan begrijpen. Soms is zij vrolijk en enthousiast, soms niet aanspreekbaar. Rechtvaardig is zij wel. Zij stelt aan zichzelf hoge eisen en verlangt dat ook van de mensen om haar heen.

Kinderwens

Prins Hendrik kan de meeste eigenschappen van zijn vrouw wel waarderen, maar trekt zich weinig aan van haar regels. Hij komt altijd te laat, stoort zijn vrouw in haar werkzaamheden en moppert zelfs al zij te lang doorwerkt. Haar humor snapt hij niet altijd, maar hij leert al snel net te doen alsof. Toch is hun huwelijk in de eerste jaren oprecht goed te noemen. Zij hebben veel overeenkomsten, houden van de natuur maar kunnen ook urenlang filosoferen over het leven en het geloof. Als Hendrik voor een paar weken naar zijn familie in Duitsland gaat, beseft Wilhelmina hoeveel zij om hem geeft. Zij mist hem, schrijft hem romantische brieven en is dolgelukkig als hij weer thuis is. Wilhelmina houdt haar echtgenoot buiten de staatszaken en dat is het begin van de breuk. Hendrik verveelt zich en voelt zich een soort onbenul. Weliswaar mag hij zich bezighouden met de administratie van het personeel en de goederen van Het Loo, maar daar heeft hij geen dagtaak aan. Terwijl zijn vrouw het van 's morgens vroeg tot 's avonds laat druk heeft met haar werkzaamheden weet Hendrik niet wat hij met zijn vrije uren moet doen. Wilhelmina heeft daar geen erg in, zij denkt dat Hendrik gelukkig is. De eerste jaren van hun huwelijk is dat ook zo, vooral omdat de kinderwens vanzelfsprekend ruimschoots aanwezig is. De koningin is voor het eerst zwanger in 1902. De blijdschap is onvoorstelbaar groot. Koningin Emma hoopt op een zoon en maakt al plannetjes voor een groot gezin voor Wilhelmina. Het noodlot slaat toe als Wilhelmina wordt getroffen door een ernstige vorm van tyfus en haar kind verliest. Er wordt ook nog eens voor het leven van Wilhelmina gevreesd. Dagenlang heeft zij hoge koorts en ligt ijlend in bed. Doktoren staan machteloos en de angst dat de koningin zal sterven is groot. Hendrik is ten einde raad, wat moet hij zonder zijn geliefde? Haar leven hangt aan een zijden draadje. Na een aantal weken knapt de koningin opeens wonderbaarlijk snel weer op. Om haar herstel te bespoedigen gaat zij op doktersadvies maandenlang kuren in Duitsland. Er volgen in de loop der jaren nog meer miskramen. Langzaam maar zeker geeft zij de moed op en denkt dat haar hartenwens nooit meer in vervulling zal gaan. Ook Nederland vreest dat het huwelijk van Wilhelmina en Hendrik kinderloos zal blijven. Kinderloosheid bij dit koninklijk paar betekent een definitief einde aan het bewind van de Oranjes. Er staan genoeg buitenlandse vorstenhuizen te dringen en het is opvallend hoeveel buitenlandse familieleden ineens een bezoek aan Wilhelmina brengen. Dit tot grote ergernis van de koningin. Zij snapt donders goed waarom er opeens zoveel belangstelling voor haar en haar vaderland is. Waarschijnlijk heeft deze enorme druk om toch maar zo snel mogelijk zwanger te raken juist gezorgd voor een groot aantal miskramen.

En dan is daar de langverwachte mededeling van minister-president mr. Th. Heemskerk. Op 22 december 1908 maakt hij bekend dat over enige maanden de geboorte van een koningskind wordt verwacht. De koningin heeft lang gewacht met de bekendmaking; zij is al ruim vijf maanden zwanger en de hofartsen Roessingh en Kouwer denken dat het nu niet meer mis kan gaan. Het nieuws van haar zwangerschap brengt een golf van enthousiasme door Nederland. Iedereen heeft het over de vorstelijke baby die in april verwacht wordt. Na acht jaar huwelijk is het toch nog gelukt. Ook de koningin, haar moeder Emma en echtgenoot Hendrik zijn in de zevende hemel. Prins Hendrik weet dat er vaak aan zijn mannelijkheid getwijfeld is. Er is een zware last van zijn schouders gevallen nu deze baby het wel lijkt te redden. Prins Hendrik zou door Herr Doktor Friedländer uit Frankfurt behandeld zijn met een kwik- en kalibehandeling, zodat hij kon genezen van zijn syfilis. Ook de veterinair en bacterioloog dr. Jan Poels zou de prins met paardenmiddelen behandeld hebben om zijn kwaal te genezen. Toch wordt er nog getwijfeld aan Hendriks vruchtbaarheid. In het koninklijk huisarchief zou een rapport liggen van lijfarts G.H. Roessingh uit 1903, waarin zwart op wit wordt vastgesteld dat Hendrik door zijn seksuele escapades onvruchtbaar is geworden. Er wordt beweerd dat jonkheer mr. W. Roëll, adjudant van Prins Hendrik, de biologische vader van Juliana is. Zolang dit rapport echter nog achter slot en grendel ligt is niet bekend of Roessingh de waarheid heeft gesproken of dat de behandelingen van dr. Jan Poels en Herr Doktor Friedländer werkelijk geholpen hebben.

De redder van de Oranjedynastie

De angst overheerst tijdens deze zwangerschap. Ondanks de verzekering van de hofartsen dat er nu niets meer mis kan gaan, is Wilhelmina voorzichtig. Onmiddellijk stopt zij met paardrijden en neemt zichzelf zo veel mogelijk in acht. Haar angst om het kind te verliezen neemt neurotische vormen aan. Zij gaat niet meer op reis en als zij per rijtuig rijdt let zij erop dat er alleen over geplaveide wegen wordt gereden, en dan ook nog eens stapvoets. Zijn de wegen te hobbelig, dan stapt zij uit en gaat lopend verder. Zij neemt veel rust en vertoont zich wekenlang niet in het openbaar. Haar hofarts komt iedere dag poolshoogte nemen. Een aangepast dieet moet ervoor zorgen dat de koningin niet al te veel aankomt. Dat valt de vorstin niet makkelijk, want zij houdt erg van lekker eten en kan maar met moeite iets laten staan. Toch probeert zij op haar gewicht te letten, dit alles met het idee dat het kind dat zij straks ter wereld brengt zo gezond mogelijk moet zijn. Tenslotte is ook deze baby weer de redder van de Oranjedynastie. Zo rond de maand april 1909 stijgt de spanning; de baby wordt half april verwacht. De pers stroomt massaal toe naar het paleis en krijgt zelfs eigen kamers. Het wachten duurt lang. Tientallen keren zijn er valse meldingen, maar dan eindelijk op vrijdagmorgen 30 april om tien voor zeven is het zover. Elf dagen na de uitgerekende datum heeft Nederland er een prinses bij. Het grote nieuws wordt in extra edities van alle kranten bekendgemaakt. Buitenlandse familieleden kunnen het vergeten, hun kans op de Nederlandse troon is verkeken. De feestvreugde is enorm, cadeaus stromen binnen op paleis Noordeinde. Koningin Wilhelmina is moe maar gelukkig, koningin-moeder Emma kan haar gelukstranen niet bedwingen en prins Hendrik is door het dolle heen. Tegen eenieder die het horen wil roept hij: 'Een prinses, een prinses!' Onmiddellijk laat hij per telegram het goede nieuws aan zijn moeder in Schwerin doorgeven. Op 1 mei 1909, een dag na de geboorte, maakt Hendrik de namen bekend als hij zijn dochter inschrijft bij de burgerlijke stand van Den Haag. Haar namen, Juliana Louise Emma Maria Wilhelmina, zijn bewust gekozen. Haar roepnaam, Juliana, herinnert aan Juliana van Stolberg, de moeder van Willem van Oranje. Louise komt van Louise de Coligny, de vierde vrouw van Willem van Oranje. De moeder van prins Hendrik is vernoemd met Maria en de namen Emma en Wilhelmina behoeven geen nadere uitleg. De uitzinnige Nederlandse bevolking moet nog een tijdje wachten voordat zij de kroonprinses voor het eerst te zien krijgt. Op 5 juni wordt zij gedoopt in de Haagse Willemskerk. De rit naar de kerk wordt gemaakt in de Gouden Koets, duizenden belangstellenden staan langs de kant. Koningin Wilhelmina houdt haar dochtertje zelf ten doop. Ontroerend is het moment na de doop, als Wilhelmina terugloopt naar haar plaats en het prinsesje een kus geeft voordat zij haar aan prins Hendrik overhandigt, die haar ook een kus geeft. Op de terugtocht naar het paleis wordt baby Juliana regelmatig geshowd. Eenmaal in het paleis verschijnen Emma, Wilhelmina en Hendrik voor het raam. Het publiek gaat uit zijn dak als Juliana haar eerste wuifles krijgt. Hendrik en Wilhelmina zwaaien met het armpje van hun dochter naar de uitzinnige mensenmassa.

Hoofdstuk 5

Koningin Wilhelmina, moeder van het vaderland, moeder van Juliana

Koningin Wilhelmina kan na de geboorte van haar dochtertje Juliana maar moeilijk weer aan de slag gaan. Zij laat het prinsesje geen moment alleen en wil het liefst alles zelf doen, ondanks dat er genoeg kindermeisjes op het paleis aanwezig zijn. Wilhelmina is eindelijk, na vijf miskramen en jarenlang tobben, toch nog moeder geworden en daar wil zij ook optimaal van profiteren en vooral genieten. De paleismedewerkers herkennen hun werkgeefster niet meer. De koningin in de rol van liefhebbende moeder, die zelf voor haar kind zorgt en haar belangrijkste werkzaamheden laat liggen. Dat is een complete verrassing! Voordat Juliana geboren werd was er maar één ding belangrijk in het leven van de vorstin: werken en nog eens werken. Nu besteedt zij slechts enkele uren per dag aan staatszaken en houdt zich verder bezig met haar dochtertje. Wilhelmina is intens gelukkig, het moederschap bevalt haar meer dan goed! Urenlang zit zij met de baby op schoot ineen van haar lievelingsstoelen en zingt slaapliedjes. Gelukkig kan Juliana nog niet goed het verschil tussen vals en zuiver horen, want koningin Wilhelmina beschikt nou niet bepaald over een geweldige zangstem.

De eerste maanden na de geboorte voedt de koningin haar kind zelf. Gelukkig kan niemand haar dit werk uit handen nemen. Eindelijk iets helemaal alleen voor zichzelf. Dat zij eventjes niet aan haar eigen werk toekomt, interesseert haar op dit moment niets. Net als de koningin is ook prins Hendrik stapelgek op zijn dochtertje. Het huiselijk geluk is compleet. Al snel komt daar echter weer verandering in. De vorstin wil bijvoorbeeld dat de baby na twee weken in de paleistuin in de kinderwagen wordt rondgereden. Zo kan zij alvast wennen aan de hobbelige wegen richting Grote Kerk in Den Haag als zij over enkele weken gedoopt wordt. Prins Hendrik vindt het maar niets, zijn kleine meisje nu al naar buiten. Het eerste meningsverschil is gerezen en vele zullen nog volgen. Koningin Emma sust de eerste ruzie na de geboorte van Juliana. Oma Emma heeft wel een heel bijzondere rol in de familie. Mocht Wilhelmina voor de 18de verjaardag van Juliana overlijden, dan is zij weer de aangewezen regentes. En zo waakt Emma dan ook goed over het wel en wee van haar eerste en enige kleindochter.

Er komt een moment dat Wilhelmina weer aan de slag moet en zich intensief uren achtereen bezig gaat houden met regeringszaken. Het is geen prettige tijd. De Eerste Wereldoorlog (1914-1918) dreigt en Wilhelmina vreest het ergste. Als de oorlog uitbreekt, is de koningin in Apeldoorn, Hendrik in Scandinavië en koningin Emma in Duitsland. Zo snel mogelijk komen zij terug naar Den Haag. De eerste dagen van de oorlog heeft Wilhelmina het zo druk, dat zij nauwelijks haar bed ziet. Zij overlegt met ministers en houdt de ontwikkelingen scherp in de gaten. Nederland blijft neutraal en dus ook vrij ongedeerd in deze Eerste Wereldoorlog. Zelfs voor Prins Hendrik breekt een drukke tijd aan. Als vice-voorzitter van het Rode Kruis heeft hij onder meer het toezicht op de repatriëring van gewonde krijgsgevangenen. De vorstin gaat geregeld de troepen inspecteren. Zij reist per koninklijke trein of laat zich verplaatsen met paardenkoetsen. De vorstin is sterk; in de oorlogsjaren is zij slechts één keer door griep geveld en moet ze een bezoek aan het door watersnood getroffen Noord-Holland afzeggen. Enkele dagen later komt zij alsnog. Bij de Oranjes is wel een slachtoffer gevallen. Wolrad, de halfbroer van koningin Emma, sneuvelt al aan het begin van de oorlog in Frankrijk. Er zit ook een voordeeltje aan de oorlog. Wilhelmina grijpt de algehele mobilisatie aan om de door haar zo gehate 'kooi' gedeeltelijk af te breken. Veel van haar hofmedewerkers gaan in militaire dienst en daardoor krijgt de vorstin wat meer vrijheid. Ook na de oorlog, als de medewerkers weer in dienst van de hofhouding treden, laat zij duidelijk merken dat het er aan het hof anders aan toe gaat. Wilhelmina wil meer persoonlijke vrijheid en eigen inbreng. Zij beslist zelf wel over haar eigen leven en heeft daar geen advies van de hofmedewerkers bij nodig. Al die medewerkers voor wie handhaving van het protocol een levenszaak is, maken hun ongenoegen kenbaar. Wilhelmina is ongenaakbaar. Hofmedewerkers kunnen zich aanpassen en anders: ingerukt mars.

Controle op Hendrik

Het is na de oorlog geen publiek geheim dat het huwelijk van Wilhelmina en Hendrik al heel wat scheurtjes vertoont. Na de geboorte van Juliana laat Wilhelmina overduidelijk merken dat zij niets op heeft met de avances van haar echtgenoot. Iedere toenadering van zijn kant wordt afgewezen. Hij lijkt aan zijn plicht te hebben voldaan. Hij heeft gezorgd voor een troonopvolger en dat is genoeg. Aan een tweede kind wordt niet meer gedacht. Prins Hendrik wordt op veilige afstand gehouden, letterlijk en figuurlijk. Weliswaar heeft hij enige titels en erefuncties, maar invloed heeft hij op geen enkele wijze. De vorstin heeft twee adjudanten voor haar man aangesteld, mr. dr. W. Röell en jonkheer J. Backer. Wekelijks moeten zij rapport over de gedragingen van Hendrik aan Wilhelmina uitbrengen. De heren zijn een beetje beïnvloed en overdonderd door de mooie praatjes van Hendrik en kunnen geen slecht woord over hem doorgeven. Toch vertrouwt Wilhelmina het niet, zij wil per se weten wat haar man uitspookt en stelt nog drie heren aan om het wel en wee van Hendrik goed in de gaten te houden.

Steeds minder wordt prins Hendrik in het openbaar gezien. Hij gaat afzonderlijk met vakantie en slechts bij hoge uitzondering vergezelt hij Wilhelmina en Juliana bij officiële bezoeken. De enige rol die hij echt goed vervult is die van vader. Hendrik is stapeldol op zijn dochter en laat geen moment onbetuigd om zich met haar te bemoeien. Prins Hendrik is een buitenman in hart en nieren en maakt samen met zijn dochter buitenritjes met de paardenkoets. Tenminste, als koningin Wilhelmina het toelaat. Als zij een slechte bui heeft mag Hendrik niet eens zijn dochter naar bed brengen. Het paar groeit steeds verder uit elkaar en vooral het feit dat hij financieel afhankelijk is van zijn vrouw ergert Hendrik optimaal. Weliswaar hoeft hij niet voor iedere uitgave bij zijn vrouw aan te kloppen – tenslotte heeft hij een regeling waardoor hij wat financiële armslag heeft – toch gaan er verhalen dat de prins iedere ochtend onder zijn ontbijtbordje kijkt in welke bui zijn vrouw deze dag weer is. Is zij goedgehumeurd dan ligt er zeker tien gulden onder zijn bord, maar als zij niet goedgeluimd is dan ligt er geen enkel bankbiljet...

Gouden ketenen

Prins Hendrik is een gezelligheidsmens en zoekt zijn pleziertjes buitenshuis. In het paleis kan hij zijn vrije tijd niet invullen. Hij is beschermheer van de Nederlandse padvinders en vice-voorzitter van het Rode Kruis, maar daaraan heeft hij geen dagtaak. Wilhelmina heeft het te druk met haar werk en Juliana wordt meestal opgevangen door gouvernantes en kindermeisjes. Zinnig werk is er niet voor de prins en in het openbaar laat hij zich steeds vaker gaan. Hij stoort zich niet langer aan Wilhelmina en gaat zijn eigen gang. Weliswaar begeleidt hij haar soms tijdens officiële gelegenheden maar schroomt dan bijvoorbeeld niet om van tevoren een fles whisky leeg te drinken. Vaak komt het voor dat hij tijdens een staatsbanket in slaap valt. Tot overmaat van ramp probeert hij in het openbaar dames te versieren en zelfs te betasten. De prins legt het aan met kamermeisjes en verkoopsters die hij met geld probeert zijn bed in te lokken. Hij wordt betrapt bij intieme contacten met minderjarige jongens en heeft seksuele relaties met militairen. Tijdens een jachtpartij vermaakt hij zich uitstekend met enige dames en wordt verraden door een van de prinsen Von Wied. Deze familie Von Wied had graag op de troon gewild als Juliana niet was geboren. Op het verraad reageert Wilhelmina niet, maar de prins-gemaal is niet gelukkig en soms laat hij dat blijken. Dan roept hij dat hij aan gouden ketenen ligt, een uitspraak die bij sommigen medelijden opwekt.

De ergernis bij Wilhelmina heeft het hoogtepunt bereikt. Bij minister-president P.W.A. Cort van der Linden informeert zij of het mogelijk is om van haar man te scheiden. De minister-president schrikt hiervan en smeekt de vorstin bij haar man te blijven in het belang van volk en vaderland. Dat zijn woorden waar Wilhelmina iets mee kan en die haar raken. Uit vaderlandsliefde zal zij bij haar echtgenoot blijven. Opvallend is dat vanaf die tijd Wilhelmina tegenstandster wordt van echtscheiding en zij onderhoudt geen contacten meer met gescheiden leden van de Europese adel. Zij krijgt het zelfs voor elkaar om de scheiding van tafel en bed van koning Willem III en koningin Sophia uit de geschiedenisboeken te laten schrappen. Nederlandse ministers of diplomaten die gaan scheiden kunnen direct rekenen op ontslag. Om alle schijn op te houden laat Wilhelmina door haar particulier secretaris F.M.L. baron van Geen een roddel verspreiden: 'Het gaat weer goed met het huwelijk van Wilhelmina en Hendrik en er is misschien zelfs sprake van een koninklijke geboorte'. Grote onzin, al jarenlang delen Hendrik en Wilhelmina het bed niet meer en er is dus ook geen enkele sprake van een tweede kind.

Wilhelmina vindt in deze jaren gelegenheid tot inkeer en religieuze verdieping. Zij komt tot rust in de natuur, maakt schetsen en schildert als ze de kans krijgt. Zij heeft er aanleg voor en doet het graag. Het liefst schildert zij de natuur, landschappen zonder mensen en een enkele keer haar lievelingsdieren. Wilhelmina is een godsdienstige vrouw die vaak wordt afgeschilderd als koel en gereserveerd. Deze houding is haar aangeleerd, erin gestampt door haar opvoeders. Uiterste zelfbeheersing lijkt een koninklijke deugd te zijn. In werkelijkheid is Wilhelmina een warmvoelende vrouw met een bruisend karakter. Als zij zich kwaad maakt fonkelen haar ogen. Zij weet zelf hoe koel en afstandelijk zij overkomt, maar zo is zij nu eenmaal opgevoed. Zij is een grote baas, iemand die altijd het laatste woord wil hebben en haar zin wil doordrijven. Behaagziek en ijdel is zij zeker niet; zij leeft erg sober. Ze is in het geheel niet gemakzuchtig, maar denkt wel vaak in zwart-wittermen; een gulden middenweg kent ze niet. Ongeduldig en impulsief mag je haar wel noemen. Wie haar echt kent zal door dat masker heen prikken. Voor Wilhelmina telt maar één ding: het volk. Het volk kan haar hart raken en haar laten jubelen of huilen. Zij is een van de meest markante Oranjes, die alles over heeft voor de Nederlandse zaak zoals zij die ziet. Dat maakt haar geen makkelijke vrouw om mee te leven.

Affaires
De financiële situatie van prins Hendrik wordt steeds pijnlijker en, Wilhelmina's zuinigheid kennende, kan hij op haar niet rekenen. Wat gaat de prins doen om toch aan geld te komen? Hij leent bij vrienden. En dat stelt hen in staat om grote invloed uit te oefenen op de prins. Zij betrekken hem in duistere praktijken en transacties, waardoor de prins nog verder in de financiële problemen komt. Zij bieden hem bijvoorbeeld dure sieraden aan die hij aan zijn minnaressen kan geven. Hendrik steekt het geld dat bestemd is voor liefdadigheid in zijn eigen zak, op aanraden van zijn zogenaamde vrienden. Hij laat zich betalen voor het uitreiken van onderscheidingen van het Rode Kruis. Als hij zijn schulden niet kan terugbetalen of met ongedekte cheques betaalt, nemen veel schuldeisers dit gelukkig op de koop toe. Zij durven de prins niet zomaar aan te klagen en aan te dringen op terugbetaling van geld. En zo gaat het ook met zijn seksuele uitspattingen. Niemand spreekt erover, uit piëteit met het koningshuis of uit vrees voor Wilhelmina. De vorstin is echter wel op de hoogte van Hendriks uitspattingen en stelt hoofdcommissaris Francois van 't Sant aan om prins Hendrik aan banden te leggen en van de buitenwereld af te schermen. Van 't Sant is ingehuurd als een soort chaperon van Hendrik en wordt later zelfs de rechterhand van de majesteit. Hij weet de escapades van Hendrik goed geheim te houden en is daarvoor tot alles bereid. Zo stelt hij zelfs zijn

riante woning aan de keurige Wagenaarsweg beschikbaar voor Hendriks genoegens en selecteert hij hoogstpersoonlijk de vrouwen.

De ene affaire na de andere moet Van 't Sant in de doofpot stoppen en vooral niets aan Wilhelmina laten merken. Wat niet weet, wat niet deert, is blijkbaar het standpunt. Er lopen veel nazaten rond van prins Hendrik, al wordt dat in die tijd niet toegegeven. Het meest bekend is de verhouding van prins Hendrik met Mien Wenneker. Uit deze relatie zouden Stien (1907), Edith (1910), Willem (1916), Albrecht Willem Lier (1918) en de tweeling Aadje en Rietje (1922) geboren zijn. Albrecht Willem Lier krijgt in 1936 te horen dat hij een zoon van prins Hendrik is en dus een halfbroer van Juliana.

Maar er zijn meer vrouwen die vallen voor de charmes van Hendrik. Zo heeft Hendrik een verhouding met Elisabeth Poortman-van Bork, echtgenote van huisarts dr. Karel Arnold Poortman. Geen mooie, maar wel een fascinerende vrouw volgens edellieden die ook een verhouding met haar hebben gehad. Ook deelt hij het bed met Gertrude Duplessis, Sophia Teixeira de Mattos en Alice Louise von Hemert. Al deze buitenechtelijke relaties zijn pas jaren later bekend geworden. Waarschijnlijk is Wilhelmina wel altijd op de hoogte geweest, maar wilde zij er gewoon niets van weten.

Rouw

Tegenover de buitenwereld wordt de schone schijn opgehouden. Er is zelfs nog een groots feest als het echtpaar de zilveren bruiloft viert. Het enige wat Hendrik en Wilhelmina nog bindt is hun dochter Juliana. Beiden houden zielsveel van haar en die gevoelens zijn wederkerig. Even lijkt het echtpaar weer tot elkaar te komen en is er blijkbaar nog sprake van een klein sprankje liefde. Als op een dag koningin-moeder Emma verkouden is, maakt niemand zich daar zorgen over. Koningin Wilhelmina en prinses Juliana logeren in Apeldoorn en krijgen het advies toch maar naar Paleis Soestdijk te komen. Daar treffen zij een doodzieke Emma aan die haar dochter en kleindochter nog maar ternauwernood herkent. Na enkele dagen overlijdt koningin-moeder Emma en koningin Wilhelmina is kapot van verdriet. De moeder aan wie zij zo veel heeft gehad, de enige persoon in haar leven die zij altijd kon vertrouwen, is er niet meer. Prins Hendrik probeert zijn intens verdrietige vrouw te troosten, wat hem slechts gedeeltelijk lukt. Er is sprake van enige toenadering, maar na de begrafenis vervallen beiden weer in het oude patroon en gaat ieder zijns weegs. In het hele land wordt gerouwd, de vlaggen hangen dagen achtereen halfstok. Koningin Emma ligt opgebaard in Paleis Lange Voorhout, waar de bevolking afscheid van haar kan nemen.

Na de begrafenis neemt Wilhelmina het besluit om naar Zwitserland te gaan om bij te komen en het grote verlies te verwerken. De koningin is oververmoeid, zij ziet er slecht uit en hoopt in Zwitserland op te knappen. Juliana is naar Engeland afgereisd terwijl prins Hendrik net weer even terug is in Nederland. En dan slaat opnieuw het noodlot toe: drie maanden na het overlijden van de koningin-moeder overlijdt prins Hendrik op 3 juli 1934. Enige dagen eerder, achter zijn bureau in het Rode-Kruisgebouw, is hij getroffen door een hartaanval. De koningin komt terug naar Nederland maar vindt het niet nodig dat Juliana haar verblijf in Engeland onderbreekt. Er is dagelijks telefonisch contact en de toestand van de prins lijkt aanvankelijk stabiel. Dit duurt slechts enkele dagen, want terwijl hij een praatje maakt met een verpleegster staat het hart van Hendrik opnieuw stil en nu voorgoed. Direct wordt Juliana in Engeland gebeld en met de eerste boot komt zij naar Nederland. Wilhelmina haalt haar dochter van de nachtboot. 's Morgens om zes uur staat zij al op de kade in Hoek van Holland. Huilend valt de prinses haar in de armen. Wilhelmina blijft uiterlijk onverstoorbaar. Weer bestaat het Nederlandse koningshuis slechts uit twee personen: moeder Wilhelmina en dochter Juliana. Het overlijden van Hendrik komt uitgebreid in het nieuws, nooit eerder is er zo veel belangstelling rondom zijn persoon geweest. Wilhelmina weet dat het Hendriks wens was om in het wit begraven te worden. Niet alleen uit religieuze overtuiging, maar ook omdat wit de kleur van de hoop is. Zij laat tijdens een radiotoespraak blijken dat zij toch wel iets heeft gegeven om Hendrik. Zij zegt dankbaar te zijn dat de overleden prins door zijn goede hart, zijn vriendelijkheid en eenvoudige inborst zo veel vrienden heeft gemaakt. Een mening die zij slechts een week volhoudt... Dan vertelt zij aan goede bekenden dat zij verbaasd is over de reactie van het Nederlandse volk dat zo massaal rouwt om haar man. Wilhelmina toont geen enkele ontroering en zegt zeker niet te willen jammeren. Ze wil vooral flink zijn.

Oranjelijntje wordt sterker

Zo langzamerhand wordt het de hoogste tijd dat er gezocht wordt naar een huwelijkskandidaat voor prinses Juliana. Het lijntje Oranjes is weer dun met de twee vrouwen. Een toekomstig echtgenoot voor de prinses moet van hoge adel zijn. In heel Europa wordt gezocht en al spoedig blijkt dat de Zweedse prins Karl de beste papieren heeft, tenminste volgens Wilhelmina. De vonk slaat niet over tussen Juliana en Karl en de zoektocht wordt voortgezet. De prinses is inmiddels 26 jaar en de prinselijke voorraadkamer in Europa is dun bezaaid. Achter de schermen wordt hard gewerkt om een geschikte prins-gemaal te vinden. Als Wilhelmina en Juliana in 1936 in het Oostenrijkse Igls verblijven, komt daar 'onverwacht' ene prins Bernhard von Lippe-Biesterfeld zijn opwachting maken. Op 10 juli 1936 vraagt hij Juliana ten huwelijk en op 8 september wordt de verloving bekendgemaakt. Wilhelmina is in haar nopjes als Juliana op 7 januari haar jawoord geeft. En nu maar hopen op een groot gezin. Deze wens komt uit. Een jaar na het huwelijk wordt prinses Beatrix geboren, spoedig gevolgd door prinses Irene. Het lijntje Oranjes wordt weer een tikkeltje sterker.

Toch hangt er een somberheid over deze jaren dertig. Wilhelmina ziet na een aantal toespraken van Hitler de bui al hangen. Zij voelt vlekkeloos aan wat hij wil: heerschappij over heel Europa. Die wijsheid heeft zij uit zijn boek *Mein Kampf*. Veel gehoor bij de regering krijgt Wilhelmina niet als zij haar angst uitspreekt. Er is geen reden voor ongerustheid, zo wordt zij gesust. Wilhelmina laat zich niet sussen en ligt nachtenlang wakker, wachtend op het moment dat er op haar slaapkamerdeur wordt geklopt met de mededeling dat de oorlog een feit is. Zij gelooft niet dat Nederland zoals in de Eerste Wereldoorlog neutraal kan blijven. Op het kloppen aan de deur heeft zij uiteindelijk niet meer gewacht. Als de Duitse troepen in de vroege ochtend van 10 mei 1940 Nederland binnenvallen, is de voltallige koninklijke familie in de schuilkelder van Paleis Huis ten Bosch. Al snel wijkt de familie uit naar Paleis Noordeinde, omdat dit paleis beter te verdedigen is tegen parachutisten. De koningin ijsbeert door het paleis. Zij wil actie en de stad in om oorlogsgewonden te bezoeken. Het liefst was de koningin naar de Grebbeberg gegaan om daar mee te vechten en misschien wel een heldendood te sterven.

De koningin scheept in op een Brits marinevaartuig in Hoek van Holland. Zij draagt de kapitein op naar Breskens te varen. Zeeland lijkt de plek waar de troepen stand kunnen houden, net als in de Eerste Wereldoorlog. De kapitein ziet dit plan niet zitten, hij weigert om naar Zeeland te varen en zet koers richting Engeland. Daar wachten Juliana, Bernhard, Beatrix en Irene. Prinses Juliana en haar twee dochtertjes reizen door naar het zuiden van Engeland, waar het veiliger is. Prins Bernhard blijft in Londen. De koningin wordt warm onthaald door de Engelse koning George VI en mag een gedeelte van Buckingham Palace bewonen. De veiligheid van Juliana en haar kinderen kan niet langer gewaarborgd worden en het is beter dat zij naar Canada gaan. Wilhelmina is verdrietig bij het afscheid, hoe lang zal zij haar kind en kleinkinderen niet zien? Sterker nog, zal zij hen ooit nog zien? De enige troost die Wilhelmina heeft is haar schoonzoon Bernhard, hij blijft bij haar.

Na het vertrek van Juliana en de kinderen gaat de koningin in het hartje van Londen wonen en werken. Op Eaton Square is het niet echt veilig, deze plek is namelijk een van de doelwitten van de Luftwaffe. Wilhelmina deert het niet. Bij mooi weer gaat zij werken op het balkon en ze moet door de adjudanten naar binnen worden gehaald tijdens luchtalarm. De eerste uitzending van Radio Oranje opent op 28 juli vanuit Londen met een toespraak van koningin Wilhelmina. Daarin geeft zij een verklaring voor haar vlucht naar Londen: 'Omdat de stem van Nederland niet stom kan blijven, heb ik ten laatste het besluit genomen, het symbool van mijn natie, zoals dit in mijn persoon en in de regering is belichaamd, over te brengen naar een plaats, waar het kan voortwerken als een levende kracht, die zich kan doen horen.' Nederland zit aan de radio gekluisterd als Wilhelmina haar volk moed inspreekt. In Londen drukt zij haar eigen stempel op de Nederlandse regering in ballingschap en groeit zij uit tot een nationaal symbool van verzet. Radio Oranje is een spreekbuis in oorlogstijd, miljoenen Nederlanders laten zich door Wilhelmina inspireren en bemoedigen. Zij heeft een onwrikbaar vertrouwen in de eindoverwinning en de bevrijding. Dat is ook wat zij uitdraagt tijdens haar radiotoespraken. Zij is de steunpilaar en het symbool van het verzet. Wilhelmina is de Moeder des Vaderlands. Aan haar vaderlandsliefde hoeft niet langer getwijfeld te worden en zo wordt Oranje behouden voor Nederland.

Wilhelmina heeft het niet makkelijk in Londen. Ze voelt de eenzaamheid nog sterker dan vroeger en soms is zij de overspannenheid nabij. Ver weg van haar volk, van haar raadgevers van het hof en van haar dochter en inmiddels drie kleindochters die zij maar zelden ziet. Toch blijft zij strijdbaar, onverschrokken en vol vertrouwen in een overwinning van de geallieerden. Ondanks al het oorlogsleed en de verschrikkingen tijdens de bezetting in Nederland voelt Wilhelmina zich ook prettig. Eindelijk kan zij, na veertig jaar regering, laten zien een werkelijk vorstin te zijn die haar land dient in alle opzichten. Wie herinnert zich niet de uitspraak van Winston Churchill, die over de Nederlandse koningin zegt dat zij in de collectie politici in ballingschap 'de enige kerel' is.

In juli 1942 stapt koningin Wilhelmina voor het eerst van haar leven in een vliegtuig. Zij gaat haar dochter en kleindochters in Canada bezoeken. Daarna reist zij door naar de Verenigde Staten voor een ontmoeting met president Roosevelt en zijn vrouw Eleonor. Deze vrouw van president Franklin D. Roosevelt wordt wereldwijd geroemd voor haar inzet op het gebied van humanitaire hulp. Als haar echtgenoot Franklin wordt getroffen door polio, richt Eleonor zich meer op de politieke loopbaan van haar man. Tijdens de Tweede Wereldoorlog bezoekt zij veel veldhospitaals in oorlogsgebieden en helpt waar nodig is. Eleonor en Wilhelmina sluiten in de oorlog een vriendschap voor het leven. Ook spreekt Wilhelmina het Amerikaanse Congres toe en ontmoet geëmigreerde Nederlanders in New York City. In juni 1943 vliegt de koningin weer de Atlantische Oceaan over om de doop van haar derde kleindochter Margriet bij te wonen.

Verborgen tranen
Groot is haar ontroering als zij op 13 maart 1945 voet op vaderlandse bodem zet. In het plaatsje Eede in Zeeuws-Vlaanderen is het doodstil als de koningin de met meel gemarkeerde Belgisch-Nederlandse grens passeert. De koningin lijkt onbewogen, maar vertelt later dat ze heeft gehuild. De ooggetuigen, die blijkbaar net zo ontroerd zijn, is dit niet opgevallen. Zij voelt zich in haar element als zij door de drie zuidelijke provincies trekt die op dat moment al zijn bevrijd. Als de Duitsers op 4 mei 1945 capituleren, vestigt zij zich op het buiten Anneville in het Ulvenhoutse bos, enkele kilometers van Breda. Juliana is bij haar. Op die schitterende voorjaarsavond lopen duizenden Bredanaren via de Ginnekense markt in een lange stoet naar Anneville. Daar brengen zij in het licht van de koplampen van enkele auto's een emotionele hulde aan Wilhelmina en Juliana op het bordes. Een onvoorstelbaar emotioneel moment voor de vorstin. Op 6 juli volgt het onvergetelijke weerzien met Den Haag. In een open auto rijdt de koningin de hofstad binnen. Zij en haar hofdame op de klapbankjes en op de ereplaats achterin haar adjudant: soldaat van Oranje Erik Hazelhoff Roelfzema. Dat

zijn weer van die typische hartelijke gebaren van de koningin. Zij vindt het belangrijk dat Erik in stijl zijn woonplaats binnenrijdt.

De eerste na-oorlogse maanden zijn niet eenvoudig voor Wilhelmina. Eerst gaat zij wonen in een villa in Apeldoorn en enkele maanden later huurt zij drie naast elkaar gelegen herenhuizen aan de Nieuwe Parklaan in Scheveningen. Veel zin om naar een van haar paleizen terug te keren heeft zij niet. Op Huis ten Bosch komt zij alleen om te schilderen. Villa Ruygenhoek in de duinen van Wassenaar is het enige plekje waar zij zich prettig voelt. De gasten niet, die worden ontvangen in een koude kamer en krijgen een lauw kopje thee met een uitgedroogd koekje aangeboden. Ook op politiek gebied zit het haar tegen. Zij wil na de oorlog een vernieuwing en een geestelijke eenheid. Haar droom is een ander staatsbestel met een nieuwe grondwet, met daarin uiteraard een grotere macht voor het Oranjehuis. Haar idealistische verwachtingen worden tot haar grote teleurstelling niet vervuld. Er is geen sprake van saamhorigheid onder de Nederlandse bevolking en zelfs het verzet is verdeeld.

De koningin is teleurgesteld en gefrustreerd en wordt daar letterlijk en figuurlijk ziek van. Zij krijgt bronchitis en ischias en heeft last van oververmoeidheid en slapeloosheid. Tot tweemaal toe vraagt zij haar dochter het regentschap waar te nemen. De leeftijd drukt steeds zwaarder en representatieve verplichtingen gaan haar niet makkelijk meer af. Het liefst wil zij vóór haar 68ste verjaardag aftreden om te ontkomen aan de vermoeienissen die verbonden zijn aan de viering van het gouden regeringsjubileum. Onder druk van haar dochter en schoonzoon besluit zij toch nog aan te blijven. Niet voor lang, want in het voorjaar van 1948 spreekt zij tot de politici Drees en Beel de korte historische woorden: 'Ik ga weg'. En daar is geen speld meer tussen te krijgen. Op 4 september 1948, 's ochtends om half twaalf, ondertekent zij de Acte van Abdicatie in de Mozeszaal van het paleis op de Dam. Vanzelfsprekend heeft Wilhelmina alles rond haar aftreden zelf geregeld. Zij eist van haar omgeving absoluut geen neerslachtige of melancholieke houding, maar wil een feestelijke stemming. En wie herinnert zich niet hoe kordaat zij de nieuwe koningin Juliana vanaf het balkon ten overstaan van een reusachtige menigte op de Dam voorstelde?

Geluk in de woonwagen

En weg gaat ze, het liefst voorgoed. Direct na Juliana's inhuldiging vertrekt zij naar haar geliefde huis in de duinen, De Ruygenhoek. Als eerste ontslaat zij de rechercheur van de veiligheidsdienst van het koninklijk huis. Zij wil als strikt privé-persoon verder leven en is nu een ambteloos burger die geen recht op bescherming meer heeft. Omkijken doet Wilhelmina niet meer. Zij schrijft nog wel haar memoires in het boek *Eenzaam, maar niet alleen*. Nog maar zelden komt zij in de openbaarheid, alleen tijdens de watersnoodramp in 1953 laat zij zien met het volk mee te leven. Het lukt haar maar moeilijk zich te ontspannen zoals zij vroeger bijvoorbeeld wel kon tijdens vakanties in Scandinavië. Haar levensavond duurt veertien jaar en wordt gevuld met schilderen, schetsen en geestelijke lectuur en wordt grotendeels doorgebracht in de westelijke vleugel van Paleis Het Loo in Apeldoorn, haar favoriete paleis, midden in de natuur. In de bossen wordt speciaal voor haar een soort woonwagen gebouwd van waaruit zij rustig kan schilderen op diverse plekken. Haar trouwe gezellin juffrouw J. Gellens is altijd bij haar en is haar steun en toeverlaat, later bijgestaan door mevrouw De Beaufort. Ondanks haar hoge leeftijd en haar vele kwalen kan zij nog steeds haar eigen mening geven, zo ervaart een bloemist uit de buurt. Vanuit haar kamer aan de achterzijde van het paleis kijkt zij uit over een groot grasveld. De bloemist adviseert haar om er een mooi gladgeschoren tapijt van te maken, zoals bij een Engelse tuin past. Maar daar komt niets van in; er mag pas gemaaid worden als alle margrieten en andere bloemen uitgebloeid zijn. Wilde bloemen moet je in ere houden en ga je niet van het grasveld maaien. Het kappen van oude bomen wil zij niet zien en dit moet dan ook gebeuren als zij in de winter in Den Haag is. Genieten doet Wilhelmina van de tochtjes met een van haar koetsjes. Het liefst laat zij zich rijden met de zogenaamde zelfrijwagen, een open rijtuig voor twee personen. De koetsier zit achter Wilhelmina en ment de paarden vanaf die plek. De prinses heeft een mooi uitzicht op de paarden en de omgeving. Vaak neemt zij ook nog zelf de leidsels in de hand. Deze tochten heeft zij bijna tot haar dood toe volgehouden, zelfs toen zij in een draagstoel zat en twee lakeien haar het rijtuig in moesten dragen. Altijd werd zij vergezeld door haar hond, de Samojeed Stella.

De prinses wordt zwakker en zwakker en al lijdt zij niet aan een specifieke ziekte, toch gaat zij achteruit. Haar eetlust is weg, zij neemt nog maar mondjesmaat een klein hapje en drinkt slechts af en toe een beetje druivensap. Zij is nog wel helder van geest, maar heeft duidelijk het gevoel dat haar levenstaak volbracht is. Op 28 november 1962 sterft zij op 82-jarige leeftijd een kalme dood. Haar begrafenis heeft zij zelf geregeld: in de uitvaartdienst moet haar geloof in de wederopstanding tot uitdrukking komen. Haar uitvaart is op 8 december, precies 72 jaar nadat koningin-weduwe Emma werd beëdigd als regentes voor haar minderjarige dochter Wilhelmina. Net als de begrafenis van haar man Hendrik, vindt ook de begrafenis van Wilhelmina plaats in het wit. De koets is wit, de paarden hebben witte gewaden, haar dochter en kleindochters zijn in het wit gekleed. Dat symboliseert haar geloof dat de dood een begin is en geen einde. Het is een indrukwekkend afscheid van een vorstin die een echte moeder van het vaderland is geweest.

Hoofdstuk 6

Juliana: ondanks alles haar leven lang bij Bernhard

Koninklijke huwelijken werden tot halverwege de vorige eeuw zelden uit liefde gesloten, daarvoor waren de staats- en dynastieke belangen te groot. Die belangen staan bij koningin Wilhelmina dan ook nummer 1 op het moment dat zij op zoek gaat naar een geschikte huwelijkspartner voor haar dochter prinses Juliana. Terecht beseft zij dat er ook wel liefde in het spel moet zijn. Haar huwelijk met prins Hendrik is een grote mislukking en zo'n leven gunt zij haar dochter niet. Maar of liefde en staats- en dynastieke belangen hand in hand gaan is nog maar de vraag,

Al in 1925, Juliana is dan 16 jaar oud, verschijnt in de Belgische pers de eerste geschikte kandidaat voor de Nederlandse prinses. Het is prins Karel, de tweede zoon van koning Albert. De sluiting van het Schelde-Rijnverdrag tussen België en Nederland zou verband houden met deze verbintenis. Het sluiten van het verdrag wordt door de Eerste Kamer weggestemd en van een eventuele verloving met prinses Juliana is ook geen sprake meer. Detail, maar wel doorslaggevend is dat prins Karel katholiek is en een roomse prins-gemaal op veel weerstand zou stuiten in Nederland. Na haar studie in Leiden begint de tijd te dringen en er moet zo snel mogelijk een geschikte huwelijkskandidaat voor de kroonprinses worden gevonden. Net als iedere koninklijke huwelijkskandidaat moet de toekomstig echtgenoot van prinses Juliana aan heel wat basiseisen voldoen. Hij moet protestants zijn, mag in rang niet lager zijn dan een hertog en mag zeker geen troonopvolger zijn of aanspraken op de een of andere troon laten gelden.

Drie kandidaten staan te trappelen

Zoals de geschiedenis heeft geleerd, zijn de meeste potentiële kandidaten in Duitsland te vinden. Of een Duitser echter bij het Nederlandse volk in de gratie zal vallen is nog maar de vraag want Nederland is in de jaren dertig niet zo Duitsgezind. Wilhelmina gaat op zoek in haar geliefde vakantieland Scandinavië. Kandidaten genoeg, zo blijkt. Allereerst is daar de Zweedse prins Bertil, maar hij ziet niets in de Nederlandse kroonprinses. Karl Bernadotte, een neef van de Zweedse koning, vindt Juliana wel bijzonder en de vooruitzichten op een Nederlands-Zweeds koninklijk huwelijk lijken dichterbij te komen. Wilhelmina gaat niet over één nacht ijs en zij neemt nog even bedenktijd. Zij stuurt haar dochter naar Londen waar zij gast is van graaf en gravin van Athlone. Drie kandidaten staan te trappelen: de markies van Cambridge, de in Engeland wonende Griekse prins Paul en de jonge viscount Rupert Trematon. Het vooruitzicht met een rijke vrouw te trouwen spreekt de heren wel aan. Plotseling overlijdt Prins Hendrik en Juliana vertrekt naar Nederland zonder toekomstig echtgenoot.

Juliana en de Zweedse prins Karl blijven contact houden en de twee jonge mensen ontmoeten elkaar nogmaals in Londen. Tot een overeenstemming komt het niet. Karl, die weet hoe rijk Juliana is, gaat niet akkoord met zijn financiële positie als prins-gemaal en er worden geen verdere pogingen gedaan om het tweetal te koppelen. De jonge Bernadotte trouwt later met een burgermeisje. Een teleurstelling voor Wilhelmina, die had gehoopt dat haar dochter zou trouwen met de Zweed, zodat zij vlak na het huwelijk haar abdicatie bekend had kunnen maken. In deze tijd heeft de koningin het even helemaal gehad met regeren. Zij leeft vaak op voet van oorlog met de regering en hoopt af te treden zodra Juliana getrouwd is. Het blijkt ijdele hoop; Wilhelmina zal pas in 1948 aftreden.

De geruchten blijven aanhouden en al spoedig duikt regelmatig de naam van de Duitse prins Bernhard van Lippe-Biesterfeld op. Niet echt verwonderlijk, want de ouders van Bernhard zijn regelmatig gast van koningin Wilhelmina en prins Hendrik op Het Loo. Prins Bernhard senior en prinses Armgard vertellen over de goede eigenschappen van hun zonen Bernhard en Aschwin en Wilhelmina en Hendrik roemen hun dochter Juliana. Er zijn duidelijk verschillen. Juliana is een ontroerend onschuldig meisje, opgegroeid in het glazen huis van de Oranjes. Bernhard daarentegen is opgegroeid midden in de samenleving, kan aardig de bloemetjes buiten zetten en is ervaren met drank en vrouwen. Daarbij houdt hij van snelle motoren, sportwagens en vliegtuigen. Bernhard Leopold Friedrich Julius Kurt Karl Gottfried Peter, graaf van Biesterfeld, noble seigneur en graaf van Schwalenberg en Sternberg, kortweg prins zur Lippe-Biesterfeld, heeft over titels niet te klagen. Maar of hij de geschikte echtgenoot voor prinses Juliana is?

Bernard zur Lippe-Biesterfeld is een van de ontelbare Duitse prinsen. Hij brengt zijn jeugd door op het landgoed Woynowo, waar Alexis Pantchoulidzew, een Poolse paardenknecht, werkzaam is en zich vaak om Bernhard en zijn broer Aschwin bekommert. Er gaan geruchten dat deze knecht de vader van Bernhard is, maar dat heeft Bernhard in een open brief, gepubliceerd in *de Volkskrant* van 7 februari 2004 ontkend. 'Na het overlijden van mijn – voor alle duidelijkheid: echte – vader in 1934 bleef de kolonel bij ons en was hij tevens meer en meer behulpzaam bij het beheer van Woynowo, het grote landgoed van mijn ouders.' Vast staat in ieder geval dat Alexis jarenlang de vertrouweling van prinses Armgard is, vooral na de dood van Bernhard senior. Prins Bernhard bezoekt kostscholen in Sulechów en Berlijn. Vanaf 1929 studeert hij achtereenvolgens in Lausanne, München en Berlijn. Hij is een echte boemelstudent, maar legt zich na het plotselinge overlijden van zijn vader verbeten toe op zijn studie. In een razend tempo studeert hij af en na enkele maanden stage in Amsterdam krijgt hij een veelbelovende baan bij de Parijse vestiging van het chemieconcern I.G. Farben.

De prins is een harde werker die snel promotie maakt. Hij doet tal van relaties op in diplomatieke en zakelijke kringen. Eén daarvan is de Nederlandse gezant jonkheer dr. John Loudon, die van Den Haag het groene licht krijgt om nadere inlichtingen over hem in te winnen. Inlichtingen die koningin Wilhelmina doen besluiten haar dochter en Bernhard nader te laten kennismaken, een kennismaking die uiteindelijk de eerste aanzet is tot een huwelijk van bijna 70 jaar.

Liefdesvonk

Wanneer de eerste kennismaking tussen de twee precies heeft plaatsgevonden, is nog steeds een geheim van Soestdijk. Vast staat dat zij elkaar voor het eerst gezien hebben ten huize van de familie Fritze aan de Amsterdamse Jan van Goyenkade, maar daar is zeker nog geen sprake van een liefdesvonk. Wilhelmina ziet wel iets in Bernhard en gaat zelf informatie over de Duitse prins inwinnen. Pas daarna geeft zij toestemming voor een ontmoeting die zogenaamd spontaan plaatsvindt op de besneeuwde berghelling van de Alpen in het dorpje Igsl. Vanuit Parijs rijdt Bernhard in februari 1936 in zijn geliefde Ford V8 two-seater naar Igsl. Daar is hij uitgenodigd voor een lunch met koningin Wilhelmina en prinses Juliana. De eerste kennismaking verloopt stroef, maar zodra Juliana en Bernhard samen gaan skiën, slaat de liefdesvonk over. In de dagen die volgen hebben zij regelmatig contact en bij het afscheid belooft Bernhard in het voorjaar naar Nederland te komen. Intussen worden de details besproken. Zo wordt men het eens over een jaarlijkse staatstoelage voor de prins-gemaal (200.000 gulden), de opvoeding van de kinderen en zelfs de bekendmaking van de verloving. De prins moet Nederlands leren en zich verdiepen in de Nederlandse samenleving. Ook wordt van hem verwacht dat hij de Duitse nationaliteit opgeeft en ontslag neemt bij zijn werkgever I.G. Farben. Na zijn huwelijk met Juliana krijgt Bernhard de titel Prins der Nederlanden.

Na de vakantie in Igls blijft er contact tussen Bernhard en Juliana. Wilhelmina bemoeit zich er niet mee en oefent geen druk op haar dochter uit. Integendeel, zij dringt er bij Juliana en Bernhard op aan elkaar goed te leren kennen, voordat zij een definitieve beslissing nemen. De romance ontwikkelt zich positief en het verliefde paar ontmoet elkaar in het diepste geheim in een hotel in Bad Weissenburg in Zwitserland. Het hotel ligt hoog in de bergen en is maar via één weg bereikbaar. Pottenkijkers worden dan ook onmiddellijk gesignaleerd. Bernhard en Juliana hebben hier een paar ongestoorde dagen en zij wandelen, tennissen en praten veel. Wilhelmina spreekt langdurig met Bernhard om hem in te lichten over wat hem allemaal te wachten staat. Uiteindelijk wordt de verloving door Wilhelmina goedgekeurd, al moet die voor Nederland nog even geheim blijven. Juliana is zo blij, dat zij voor het eerst een sigaretje rookt in aanwezigheid van haar moeder, een duidelijk teken van onafhankelijkheid. Eind juni 1936 is prinses Juliana enige dagen in Friesland te gast bij commissaris mr. baron Van Harinxma thoe Slooten. In het diepste geheim – niemand weet hiervan – heeft zij een ontmoeting met Bernhard. Ook in 's Graveland op het buiten Sperwershof van de familie Roëll komen de prinses en haar aanstaande verloofde regelmatig bij elkaar.

Op 8 september 1936 wordt de verloving door koningin Wilhelmina via de radio bekendgemaakt. Bernhard en Juliana nemen zelf ook het woord en Juliana laat blijken dat zij de weg van haar hart heeft gevolgd. Bernhard spreekt in het Nederlands en zegt dat hij gelukkig is met Juliana en haar zal steunen in het leven. Zijn tekst staat, precies zoals hij het moet uitspreken, op een groot bord geschreven. Aan hem de taak om de in een glazen kooi opgegroeide Juliana om te vormen tot een vrouw van de wereld. Want dat Juliana tot aan haar verloving vrijwel niets heeft meegekregen van wat er in de wereld werkelijk gaande is, mag duidelijk zijn als je kijkt naar hoe zij haar jeugdjaren heeft doorgebracht.

Juliana Louise Emma Maria Wilhelmina is het enige kind van koningin Wilhelmina en prins Hendrik. Op haar geboorte, op 30 april 1909, wordt in Nederland met overweldigende geestdrift gereageerd. Als zij niet was geboren, dan zou het Oranjehuis uitgestorven zijn. De prinses heeft het in haar jeugd niet makkelijk gehad met een moeder die als belangrijkste taak het regeren van haar land zag en een vader die ongelukkig was in zijn huwelijk en zijn vertier buitenshuis zocht. De eerste jaren van haar leven merkt Juliana daar gelukkig weinig van; zij weet niet beter. Door haar moeder wordt zij 'ons zonneschijntje' genoemd. Juliana is de enige band tussen Hendrik en Wilhelmina. Haar eerste verjaardag wordt op Het Loo in Apeldoorn gevierd en 's middags maakt zij samen met haar ouders een uitgebreide rijtoer door Apeldoorn. Enkele weken later mag zij voor het eerst de aapjes en olifanten in Artis aanschouwen, onder toeziend oog van haar moeder en verzorgster zuster Marting. Ieder jaar met haar verjaardag komen er nieuwe foto's van het prinsesje zodat Nederland op de hoogte blijft van haar ontwikkelingen. Haar prille jeugd, vooral tijdens de jaren van de Eerste Wereldoorlog, brengt zij voornamelijk door in gezelschap van hofdames. Vooral freule Louise van de Poll neemt de taak van haar moeder grotendeels over.

Kattenkwaad

Al heeft Wilhelmina zich voorgenomen dat haar dochter Juliana anders moet opgroeien dan zijzelf, helaas is er voor spontane ontmoetingen met leeftijdsgenootjes maar weinig ruimte. Het kleine prinsesje lijdt hier niet onder. Zij gaat er niet onder gebukt zeer beschermd te worden opgevoed. De aandacht die zij krijgt kan haar niet altijd bekoren. Juliana gaat al snel mee tijdens officiële bezoeken en loopt dan aan haar moeders hand, gekleed in smetteloos witte jurkjes met grote witte hoeden. Alle blikken die zij op zich gericht voelt ervaart zij als afschuwelijk, zo vertelt zij jaren later. Het gewone leven gaat echt aan haar voorbij. Als een zesjarige naar een gewone school gaan is er voor de prinses dan ook niet bij. Een van de kamers van Huis ten Bosch wordt ingericht als schoollokaal, compleet met vier bankjes en een schoolbord. Daar leert de prinses schrijven en rekenen. Juliana heeft als klasgenootjes drie zorgvuldig uitgekozen jonge meisjes van adellijke huizen: freule Miek de Jong, freule Elisabeth van Hardenbroek en freule Elise Bentinck. De bekende onderwijspedagoog Jan Ligthart zet de schoolopleiding van Juliana op poten en het paleisklasje wordt geleid door mevrouw Cohen Stuart, later opgevolgd door mevrouw Anna van der Reyden, bijnaam Muf. De vakken zijn gelijk aan die van een normale schoolopleiding: rekenen, taal, aardrijkskunde, geschiedenis, tekenen en zelfs handwerken. Het favoriete vak van de prinses is geschiedenis. De vriendschap tussen de drie klasgenootjes en Juliana is hecht, zij zijn echte hartsvriendinnen en vertellen elkaar geheimen. Voor kattenkwaad is de prinses altijd te porren, zij houdt van wilde spelletjes waarbij haar kleding lekker smerig wordt. In 1920 wordt het paleisklasje opgedoekt en begint de middelbareschoolopleiding van Juliana, gedoceerd door dr. J. Gunnink. Het serieuze werk is begonnen, professoren komen aan huis privé-les geven en Juliana wordt klaargestoomd voor het koningschap. Zij krijgt les in exacte vakken, maar ook tekenen en gymnastiek staan op het programma. Juliana is een middelmatige leerling.

Juliana krijgt samen met twintig leeftijdsgenootjes zangles van zangpedagoge Catherina van Rennes. Zingen is geen favoriete bezigheid van de prinses en zij bedenkt soms listige plannetjes om de lessen in de war te schoppen. Later krijgt Juliana vioollessen, maar ook die lopen op niets uit. Op Paleis Het Loo worden de vakanties doorgebracht en daar kan Juliana even afstand nemen van de strenge hofetiquette. Zij ontdekt geheime gangen, bouwt hutten en laat zich verwennen door grootmoeder Emma. Wilhelmina is streng voor haar dochter. De prinses slaapt in onverwarmde slaapkamers en op winterochtenden moet zij eerst het ijs in de lampetkannen breken voordat zij zich kan wassen.

Echte leven
Eenzaam is de prinses in haar tienerjaren zeker. Zij heeft dondersgoed in de gaten dat het huwelijk van haar vader en moeder geen gelukkig huwelijk is. Hendrik en Wilhelmina groeien steeds verder uit elkaar en van enig huiselijk geluk is geen sprake meer. Dat doet Juliana veel verdriet, zij is op beide ouders erg gesteld. Wilhelmina is streng voor haar,

maar kan soms ook heel hartelijk en lief zijn. Met Hendrik gaat de prinses regelmatig op stap. Haar vader begrijpt wat kinderen van haar leeftijd leuk vinden. Hij is ook degene die een reisje naar Engeland voor haar regelt. Daar bezoekt zij haar oude schoolvriendin Miek de Jonge. Juliana valt van de ene verbazing in de andere. Staat er geen lakei achter je stoel tijdens het diner? Noemt iedereen je gewoon bij de voornaam en buigt er niemand als je langsloopt? Het zijn heerlijke weken voor de 14-jarige Juliana die voor het eerst van het echte leven proeft.

Haar eerste officiële taak verricht prinses Juliana op 22 oktober 1925. Zij mag met een eigen schep de eerste aanzet geven tot het graven van het Julianakanaal, dat Maastricht met Maasbracht verbindt. Juliana is een beetje giechelig, waarschijnlijk van de zenuwen. Ze neemt een paar grote scheppen zand op de schop en roept dan enthousiast: 'Zal ik het hele kanaal maar graven?' Wilhelmina vindt die spontaniteit van haar dochter maar niets en spreekt haar daarop aan. De prinses begrijpt haar moeder niet en zegt dat ze het gewoon gezellig vindt om onder de mensen te zijn en ongedwongen met hen te praten. Juliana probeert met haar gedrag een 'gewoon mens' benaderen en zo de afstand tussen haar en het volk te verkleinen. Zij wil nu eenmaal als een gewoon mens zijn en ook zo behandeld worden.

Wat haar kledingkeuze betreft is Juliana al op jonge leeftijd zeer progressief. In haar studententijd past zij zich aan. Zij verschijnt in charlestonkleding en doet met de mode mee. In 1928 draagt zij volgens het laatste Parijse dictaat een pothoed en loopt daarmee zeer zelfbewust met haar studiegenoten over straat. Zij is geen slanke den en het is opvallend dat de vorm en stofkeuze van haar kleding haar molligheid juist accentueren.

Prinses Juliana moet na haar middelbareschooltijd vanzelfsprekend verder studeren. Bij hoge uitzondering, en tot dan toe ook nog niet voorgekomen, mag deze 18-jarige koninklijke telg naar Leiden. Een historische beslissing! Juliana gaat met haar gevolg en drie medestudenten in Katwijk wonen, waar twee villa's zijn gehuurd. Hofdame jonkvrouw A.M. baronesse Bentinck, grootmeester mr. dr. T.A.C. graaf van Lynden van Sandenburg en kamerheer mr. J.C. baron Baud behoren tot haar hofpersoneel. Juliana krijgt ook een eigen staatsinkomen, dat tweehonderdduizend gulden per jaar bedraagt. De prinses is inmiddels lid van de Raad van State en belijdend lid van de Nederlands-hervormde kerk. De tijd in Leiden ervaart zij als een tijd van vrijheid, al is die beperkt. Even weg van onder moeders vleugels voelt als een riante luxe. Vooral de gezelligheid van het met elkaar wonen is voor Juliana een prettige bijkomstigheid. De prinses is actief lid van de Vereniging van Vrouwelijke Studenten in Leiden. Zij studeert van het najaar van 1927 tot en met januari 1930. Zij legt geen tentamens af en doet ook geen examen. De studie wordt afgerond met een eredoctoraat in de letteren en wijsbegeerte. Dit moet gezien worden als een aardig gebaar van de universiteit, maar de prinses vraagt zich af waar zij dat aan te danken heeft. De prinses doet alsof zij er blij mee is, maar liever had zij een normale studie gevolgd, zonder speciale behandeling. Belangrijk is wel dat de prinses geproefd heeft van het normale leven. Zij is onder de mensen gekomen en heeft zelfs kritiek leren uiten.

Huwelijk

Koningin Wilhelmina vindt dat de Leidse tijd lang genoeg heeft geduurd en laat haar dochter terug naar het paleis komen. De onbezorgde jaren van de prinses zijn voorbij, tot haar grote verdriet. Nu begint voor haar de ernst van het leven. Zij wordt secretaresse van haar moeder, maar dat baantje bevalt haar niet. Als zij wordt gevraagd om erevoorzitter te worden van het Nationaal Crisis Comité hoeft zij geen moment na te denken. Dit crisiscomité zorg ervoor dat de vele werklozen toch op de een of andere manier geholpen worden, hetzij met etensbonnen of een pakket met voedsel. Juliana laat het niet bij mooie woorden alleen. Zij werkt hard mee op het kantoor van het crisiscomité en pakt alles aan. Zij neemt de telefoon aan, verricht eenvoudige kantoorwerkzaamheden en brengt hoogstpersoonlijk de post naar de brievenbus. Wat voelt de prinses zich nuttig! Door dit werk krijgt zij kijk op het echte leven en wordt steeds zelfstandiger. Thuis loopt het niet zo lekker. Grootmoeder Emma overlijdt en enkele maanden later prins Hendrik. Twee gebeurtenissen die diep ingrijpen in het leven van Juliana. Jarenlang is Emma haar vertrouwelinge geweest, haar lieve oma bij wie ze altijd terecht kan. Het afscheid van haar vader valt haar nog zwaarder. Een opvallend gebaar is dat zij de trouwring die Wilhelmina na het overlijden van Hendrik bij hem heeft afgedaan, weer aan zijn vinger schuift. Ook het kruisje dat de prins altijd draagt gaat mee in de kist. De prinses zal de man die altijd zo'n grote plaats in haar hart heeft ingenomen en die zij altijd roemde als 'de goede mens, die mijn vader was', erg missen.

In dezelfde tijd wordt er ook aangedrongen op een huwelijk. De ministerraad maakt zich zorgen en geeft voorzitter dr. H. Colijn opdracht hierover met Wilhelmina te praten. Colijn peinst er niet over, maar gelukkig is het de koningin zelf die jhr. Mr. F. Beelaerts van Blokland, vice-president van de Raad van State, opdracht geeft eens rond te kijken. Zelf houdt zij ook haar ogen en oren goed open en na diverse mislukkingen verschijnt de Duitse prins Bernhard zur Lippe Biesterfeld ten tonele. Slechts enkele maanden na de eerste kennismaking wordt de verloving bekendgemaakt. Een uitbundig feest breekt los in Nederland en in Den Haag defileren op zaterdag 12 september de aanhangers van Oranje langs de koninklijke familie. Ook de moeder en broer van prins Bernhard zijn aanwezig. Het defilé duurt van vijf uur 's middags tot acht uur 's avonds. Ruim zeventigduizend mensen schuifelen voorbij. Paleis Noordeinde verandert in een bloemenzee en postzakken vol gelukwensen worden het paleis binnengesjouwd. De kaasdragers van Edam bieden een enorme kaas aan en meisjes van de huishoudschool bakken een taart. De verlovingsfeesten duren tot en met dinsdag 29 september. 's Avonds bedankt Juliana in een radiotoespraak voor de 'menselijke, broederlijke en zusterlijke wijze' waarop Nederland met prins Bernhard en haar heeft meegeleefd. Nederland raakt niet uitgepraat over de spontane Bernhard, die breed lachende jongeman met bril en witte anjer in het knoopsgat.

Spanningen met Duitsland

De festiviteiten rondom de verloving zijn voorbij en de voorbereidingen voor het volgende hoogtepunt zijn al in volle gang. De bruiloft moet plaatsvinden op donderdag 7 januari 1937, dezelfde datum waarop Juliana's grootouders Willem III en koningin Emma in 1879 in de echt zijn verbonden. Het feest kan beginnen! Vanaf 1 december doorloopt het verloofde paar op de fiets en in de auto een uitgebreid feestprogramma. Het toekomstig bruidspaar gaat op zaterdag 19 december 1936 in het Haagse stadhuis in ondertrouw. Burgemeester mr. S. de Monchy is voor deze gelegenheid gepromoveerd tot ambtenaar van de burgerlijke stand. De ondertrouwakte wordt door Juliana en Bernhard met een gouden veer getekend. Het bruidspaar neemt alvast een kijkje in de trouwzaal waar zij over ruim drie weken elkaar het jawoord zullen geven. In de sfeer van een duizend-en-één-nachtsprookje wordt in Den Haag de oudejaarsnachtviering gehouden. Een hoogtepunt, dat even verstoord wordt door een politiek incident. Op 5 januari brengen sommige Duitse gasten, waaronder familieleden, bij het spelen van het Duitse en Nederlandse volkslied tijdens een galavoorstelling de Hitlergroet. Zichtbare ontzetting bij prinses Juliana en prins Bernhard, al doet de vorstin alsof zij niets heeft gemerkt. De spanningen met Duitsland blijven voelbaar. Zo laat Hitler, vlak voor het huwelijk, de paspoorten van de drie Duitse bruidsmeisjes innemen. Prins Bernhard stuurt een speciale koerier naar Hitler met het verzoek de bruidsmeisjes onbelemmerd de grens te laten passeren. Zijn verzoek wordt ingewilligd en de prinsessen Sieglinde van Lippe Detmold, Elisabeth van Lippe Detmold en Sophie van Saksen Weimar zijn op tijd voor het huwelijk.

Het ziet er slecht uit op de dag voor het huwelijk. Er giert een zuidwesterstorm over Nederland. De weersverwachting van het KNMI voor de volgende dag geeft een krachtige wind, betrokken tot zwaarbewolkt en tijdelijk opklarend aan. En dan is het donderdagochtend 7 januari. 's Nachts heeft het nog langdurig geregend, maar 's morgens is er een strakblauwe lucht. Voor de plechtigheden laat Juliana door jonkheer ir. W.G. Roëll een krans met witte aronskelken op het graf van haar vader in de Nieuwe Kerk in Delft leggen. De gouden koets met daarin het bruidspaar vertrekt om 11 uur 's morgens vanaf Paleis Noordeinde naar het Haagse stadhuis. De koets is ten gunste van het feest bespannen met acht paarden, in plaats van de protocollair voorgeschreven zes voor een kroonprinses. Als eerste wordt het Oude Stadhuis aan de Groenmarkt aangedaan, waarvan de ingang voor deze gelegenheid is omgeven door een glazen serre met een purperen baldakijn. In de vestibule brandt het haardvuur en overal staan witte begonia's en oranje goudsbloemen. Het burgerlijk huwelijk wordt voltrokken en burgemeester De Monchy houdt een langdurige toespraak.

Vervolgens gaat de stoet naar de dichtbijgelegen Grote of Sint Jacobskerk. Hier wordt de kerkelijke huwelijksinzegening gehouden. Onder een sabelboog van gekruiste zwaarden van officieren van de Koninklijke Marine en de Koninklijke Landmacht gaat het echtpaar de kerk binnen. Tweeduizend genodigden zijn aanwezig, onder hen ruim vierhonderd leden van het personeel van de hofhouding van Het Loo en uit Den Haag, een wens van koningin Wilhelmina. Hofprediker professor dr. H. Th. Obink spreekt de prins en prinses toe. De prinses zal later nog vaak aan zijn woorden terugdenken. Hij memoreert dat ook het huis van Juliana wel een kruis zal hebben. Of het een zwaar of licht kruis is, hangt volgens zijn toespraak af van de kracht van de drager. De hoogbejaarde voorganger dominee Welter, die Juliana ook heeft gedoopt, verricht de huwelijksinzegening. In de sober ingerichte kerk knielt het paar op de knielbank, dezelfde bank die ook werd gebruikt bij de huwelijksvoltrekking van Wilhelmina en Hendrik in 1901. De plechtigheid is via de radio te volgen. Op het balkon van Paleis Noordeinde laat het bruidspaar zich nog even zien en zij worden toegezongen met het Wilhelmus. Na de feestelijke lunch met oesters, artisjokken, warme zeekreeft, gebraden kalkoen met truffels, ganzenleverschotel, ijs en vruchten neemt het bruidspaar uitgebreid afscheid van de gasten. Bernhard en Juliana vonden het blijkbaar nog veel te gezellig om hun feest te verlaten, want tot ieders grote verrassing komen zij via de achterdeur weer binnen om zich onder de feestvierende gasten te mengen.

De huwelijksreis van Juliana en Bernhard voert door heel Europa. Zondagochtend 10 januari komen zij aan in Krynica in de Karpaten in Polen, waar zij via Brussel naartoe zijn gereisd in de express Oostende-Berlijn-Boekarest. Onder de schuilnaam graaf en gravin Von Sternberg boeken zij het hotel Patria. Tijdens haar huwelijksreis krijgt prinses Juliana griep en het jonggetrouwde paar blijft een week langer dan gepland in het hotel. In de tweede week van februari reizen zij verder via Boedapest naar Wenen, gaan zij skiën in het Oostenrijkse Zell am See en tot slot volgen nog Rome, Monte Carlo en Parijs. Hier bezoekt prinses Juliana een aantal bekende Parijse modehuizen en zij laat zij zich op advies van prins Bernhard helemaal in het nieuw steken. Afgeslankt, bruinverbrand, stralend en zelfverzekerd in een mondaine garderobe komt Juliana terug naar Nederland. De huwelijksreis heeft maar liefst drie maanden geduurd als zij op de avond van de 6^e april 1937 uitgerust en vooral verliefd arriveren op Paleis Huis ten Bosch. De bedoeling is dat zij op Paleis Soestdijk gaan wonen. De restauratie en inrichting van dit historische pand hebben zij als nationaal huwelijksgeschenk gekregen. De Piet Hein, een motorjacht, wordt aangeboden door het Nederlandsch Comité.

Prins Bernhard oefent veel invloed uit op het uiterlijk van zijn geliefde en vooral op haar wijze van kleden. Hij brengt haar in contact met elegante vrouwen die allen helpen om de jonge prinses te confronteren met de allernieuwste mode. In Nederland leveren Hirsch en Kühne nog steeds kwaliteitskleding die vooral geschikt is in de tijd dat Juliana in verwachting is van haar eerste twee kinderen. Juliana en Bernhard zijn erg gelukkig met elkaar en gaan na het huwelijk op paleis Soestdijk wonen. Even lijkt er voortijdig een einde aan het geluk te komen als prins Bernhard levensgevaarlijk gewond raakt bij een auto-ongeluk. Hij herstelt gelukkig goed en kan in januari 1938 getuige zijn van de geboorte van hun eerste dochter, prinses Beatrix. Rondom haar geboorte gaan er geruchten dat Beatrix het tweelingzusje zou zijn van een doodgeboren prinsje, dat in het diepste geheim werd begraven in het park van Soestdijk. Toen deze oude zaak in 1998 werd opgerakeld reageerde de RVD: 'Dit is oud nieuws'. Hiermee gaven zij aan er niet meer over te willen praten en dat er verder niets meer over te zeggen valt.

Juliana wil dat Beatrix 'gewoon' wordt behandeld. Zij staat erop dat zij niet wordt begroet met buigingen en salueren en dat zij gewoon wordt aangesproken met 'Trix'. Een jaar later volgt de geboorte van prinses Irene. Haar naam betekent 'vrede' en staat symbool voor de dreigende oorlog. En dan komen die afschuwelijke oorlogsjaren, de eerste aanzet van een breuk tussen Juliana en Bernhard. Bijna vijf jaar lang leven zij duizenden kilometers van elkaar vandaan. Bernhard grotendeels in Engeland en Juliana met haar kinderen in Canada.

Bernhard heeft niet veel te doen in Londen en maakt kennis met zijn overbuurvrouw lady Ann Orr Lewis. Haar echtgenoot dient in Birma en Bernhard en Ann kunnen het goed vinden samen. Geruchten gaan dat de lady twee zonen van de prins zou hebben. In zijn open brief die prins Bernhard op 7 februari 2004 laat publiceren schrijft hij: 'Wat betreft de verhalen over buitenechtelijke kinderen volsta ik met op te merken dat de hardnekkigheid waarmee het onzinverhaal over twee vermeende "Londense zoons" steeds weer bovenkomt mij echt heeft verbaasd. Ik heb laten vaststellen dat de Britse geboorteregisters uit die jaren geen inschrijvingen van kinderen van Lady Ann bevatten. Ook haar beste vriendin heeft een beëdigde verklaring afgelegd met de verzekering dat haar vriendin in die jaren nooit zwanger is geweest.'

In januari 1943 krijgt Juliana een derde dochter, Margriet. Zij wordt in Canada geboren. In de oorlogsjaren is de prinses jeugdig gekleed. Zij draagt simpele blouses en rokken met open sandaaltjes en soms een lange broek. In haar haren draagt zij haarnetjes of haarbanden, al dan niet met strik. Het is kleding gekozen door een moeder die om de haverklap een kind op schoot krijgt of moet komen duwen bij de schommel. Het werk van Juliana gaat in de Canadese periode wel door en zij bezoekt veel steden aan de Oostkust van Amerika, maar haar leven is nooit meer zo dicht bij dat van 'gewone' moeder gekomen als in die periode en ze heeft hier intens van genoten.

Eenmaal terug in Nederland blijkt al snel dat Wilhelmina geen fut meer heeft en langzaam maar zeker neemt Juliana al een deel van haar taken over. Op 18 februari 1947 wordt dochter Maria Christina geboren, die Marijke wordt genoemd. In september 1948 doet Wilhelmina afstand van de troon. Juliana staat niet te trappelen om het over te nemen, ze is er nog niet echt klaar voor. Kort voor haar inhuldiging komt de prinses, alweer op advies van Bernhard, in contact met de 29-jarige mode-ontwerper Erwin Dolder. Hij krijgt de opdracht de inhuldigingsjapon te ontwerpen, een donkerblauw satijnen gewaad, getooid met het grootkruis van de militaire Willemsorde. Op haar hoofd een open kapje, samengesteld uit allerlei juwelen uit de koninklijke verzameling. Dolder heeft na 1948 nog meer ontwerpen mogen maken, maar houdt zich niet aan de spelregels. Hij misbruikt tegenover derden zijn contacten met het Koninklijk Huis en verdwijnt geruisloos van het toneel. Maison Linette wordt het nieuwe modehuis.

Greet Hofmans
Juliana stelt na haar inhuldiging direct een daad: ondanks tegenwerking van de regering blijft zij op Soestdijk wonen. De nieuwe vorstin heeft geen zin om naar de residentiestad Den Haag te verhuizen. 'Wij doen het samen,' belooft Bernhard zijn vrouw, maar daar komt weinig van terecht. Hij zoekt zijn heil in talrijke buitenlandse missies en gaat zijn

eigen gang. Op Soestdijk zijn er veel zorgen om Marijke, de jongste dochter. Zij heeft een ernstige oogafwijking die het gezichtsvermogen beperkt. Er wordt geopereerd, maar niet met het gewenste resultaat. Het is juist Bernhard, niet Juliana, die de gebedsgenezeres Greet Hofmans aan het hof introduceert. De hofhouding noemt haar 'mevrouw Raspoetin'. Greet adviseert Juliana op God te vertrouwen. Dit gaat zo ver dat Juliana zelfs de andere prinsessen niet meer laat inenten en er bij ziektes zelfs geen dokter wordt geconsulteerd. Bernhard vindt dit te ver gaan en keert zich tegen Hofmans. Dit leidt tot een conflict tussen de twee. Op hetzelfde moment komt Juliana erachter dat de prins geld aan haar privé-vermogen onttrekt en hoort zij over alle erotische affaires van de prins. Het huwelijk staat onder grote druk en de koningin ontzegt Bernhard op een gegeven moment zelfs de toegang tot Soestdijk. De prins gaat offensief te werk, trouw bijgestaan door zijn moeder Armgard, die sinds 1952 in het kasteeltje Warmeloo bij Diepenheim woont. Juliana moet regeringsonbekwaam verklaard worden en Beatrix zou op de troon moeten.

Greet Hofmans verdwijnt niet zo maar uit het leven van de koningin. Pas als Juliana haar conclusies trekt en met haar gebedsgenezeres lange gesprekken heeft gevoerd, verlaat Greet Hofmans uiteindelijk Soestdijk. De controverse heeft geleid tot een ernstige huwelijkscrisis, maar Juliana en Bernhard komen die te boven. Juliana heeft van huis uit meegekregen dat een echtscheiding niet kan. Haar kinderen mogen op school dan ook niet in een klas zitten met kinderen van gescheiden ouders. Daarom is het opmerkelijk dat zij – tijdens de Greet Hofmans-affaire – een scheiding wel heeft overwogen.

Affaires

De tijd heelt de wonden en het huwelijk houdt stand, ondanks alle affaires die prins Bernhard met andere vrouwen zou hebben. Zo heeft hij een veelbesproken verhouding gehad met de Francaise Hélène Grinda, baronesse Lejeune. De eerste ontmoeting tussen Bernhard en zijn minnares vindt plaats ten huize van de familie De Rothschild in 1966. Uit deze relatie wordt dochter Alexis geboren. Kosten voor haar Zwitserse schoolopleiding betaalt de prins. De steekpenningen van de Amerikaanse vliegtuigfabrikant Lockheed zouden voor een belangrijk deel hiervoor gebruikt zijn. Ook stort Lockheed namens de prins geruime tijd maandelijks geld op de rekening van een Amerikaanse vrouw in Californië, bij wie Bernhard een zoon zou hebben. In zijn open brief van 7 februari 2004 heeft prins Bernhard het niet over deze affaires.

Prinses Juliana heeft in 1972 een ontmoeting met baronesse Lejeune tijdens een staatsbezoek aan Frankrijk. Bernhard en Juliana hebben inmiddels een echt 'verstandshuwelijk', waarin beiden dan ook verstandig met elkaar omgaan, maar waar toch ook nog plaats is voor respect en waardering. 'Leven en laten leven' is het motto. Juliana bemoeit zich met staatszaken en Bernhard steekt veel tijd in zijn hobby's, zoals luchtvaart, de krijgsmacht en het Wereld Natuur Fonds. De zilveren bruiloft wordt groots gevierd met talrijke gekroonde hoofden vanuit de hele wereld. Toch is de sfeer op Soestdijk lange tijd om te snijden geweest en eigenlijk bedorven voor altijd. De echtelieden lijken echter de wilskracht te bezitten elkaar te willen overleven en worden daardoor ouder en ouder. Over één ding zijn zij het altijd eens geweest: de opvoeding van de kinderen. Die is bij Bernhard, die tucht en discipline eist, ook in betere handen dan in die van de veel lossere Juliana. Samen staan zij achter ieder van hun dochters als die in de jaren zestig en zeventig met zeer uiteenlopende huwelijkspartners thuiskomen.

Juliana heeft altijd van Bernhard gehouden, dat blijkt wel als zij pal achter haar man staat als hij in 1976 in opspraak komt over het mogelijk innen van steekpenningen voor bemiddeling bij de aanschaf van Lockheed-toestellen. Bernhard wordt niet vervolgd en een constitutionele crisis wordt voorkomen. Juliana heeft altijd hard gewerkt. Gedurende de 32 jaar van haar bewind heeft zij 45 buitenlandse staatshoofden en regeringsleiders officieel ontvangen, terwijl zij zelf dertig staatsbezoeken in landen over de hele wereld heeft afgelegd. Na de Lockheed-affaire treedt zij niet af, maar blijft juist nu. Zij heeft geen hekel aan haar werk en vreest de leegte die zal volgen op haar abdicatie. Beatrix is het hier niet mee eens, zij gunt haar moeder rust. Steeds weer duikt het gerucht op van Juliana's aftreden. Een andere affaire bespoedigt dit aftreden: de scheiding van prinses Irene en Carel Hugo de Bourbon-Parma, die officieel bekend wordt gemaakt op 31 januari 1980, de verjaardag van prinses Beatrix. Op 30 april 1980 stelt Juliana vanaf het balkon op de Dam de nieuwe koningin voor: Beatrix. Dit gebeurt onder gejoel en gefluit. Sssttt, maant Juliana. 'Zojuist heb ik afstand gedaan van de regering. Ik stel u hier Beatrix, uw nieuwe koningin, voor.'

Juliana en Bernhard blijven op Soestdijk en daar wordt op 31 mei voor het laatst koninginnedag-oude-stijl gevierd. Een echt afscheid! Juliana krijgt meer tijd voor zichzelf. Zij brengt vele uren door voor de televisie of in de filmzaal en zwemt ter ontspanning rondjes in het zwembad van paleis Soestdijk. Zij wordt voorzitter van het Nationale Comité en beschouwt haar positie niet als een erefunctie. Zij maakt vele buitenlandse reizen en maakt kennis met Thailand en Indonesië. Ook logeert ze geregeld in hotel Post van de familie Moosbrugger in Lech am Arlberg en staat daar op de lange latten. Zij ontvangt haar vier kinderen met aanhang en 14 kleinkinderen op haar vakantieadressen. Nadat de vorstin haar hoge ambt heeft neergelegd, kan zij haar voorkeur voor comfortabele kleding laten prevaleren boven een representatieve garderobe. Opmerkelijk is dat zij voor een progressieve, fantasievolle stijl kiest, die gewoonlijk heel wat jongere (intellectuele) vrouwen kenmerkt. Zij voelt zich niet oud, dus waarom zou ze zich dan oud kleden? De vrije geest van prinses Juliana wordt weerspiegeld in een eigentijds, geëmancipeerd uiterlijk.

Protocol is een vijand
De gouden bruiloft van Juliana en Bernhard wordt een druilerige aangelegenheid. Aanvankelijk wordt naar een ouderwetse Oranje-feestdag

toegewerkt, maar er is weinig geestdrift voor een groots feest. Wel is er een nationaal geschenk, drie miljoen gulden, bestemd voor het gehandicapte kind en het Wereld Natuur Fonds. In het interview dat Juliana en Bernhard ter gelegenheid van hun 50-jarig huwelijksfeest geven spreekt Juliana de legendarische woorden: 'Ik doe mijn hele leven mijn best om niet ouderwets te worden. Als iemand me zei: ik mag niet nee tegen u zeggen, dan werd ik zo kwaad! Ik houd niet van protocol, dat is mijn natuurlijke vijand.'

Na het aftreden van Juliana in 1980 blijven de wegen van Bernhard en Juliana gescheiden. Juliana blijft haar best doen. Zo gaat zij nog graag mee naar herdenkingen en plechtigheden waar haar ondanks alles geliefde Bernhard een belangrijke rol speelt. Tijdens de inauguratieceremonie van het Dachau-monument op een koude 1 december 1996 ziet iedereen hoe zij prins Bernhard met een deken wat warmte probeert te geven, wat overigens niet echt gewaardeerd wordt door de prins. Uiteindelijk gaat ieder zijn eigen gang. Op Soestdijk breken nu rustige jaren aan, die soms wreed worden verstoord door ernstige ziektes die prins Bernhard treffen. Hij komt deze te boven, ook zijn longaandoening met complicaties in het najaar van 1994. De prins zweeft op het randje van de dood en niemand verwacht dat hij nog levend het Utrechtse ziekenhuis uit komt. Koningin Beatrix wordt gebeld als de toestand van de prins kritiek is. Zij zit op dat moment net aan een diner en, inventief als de koningin is, laat zij de restjes van tafel inpakken en eet achter in de hofauto haar diner verder op. Zo komt zij in ieder geval met een gevulde maag bij de doodzieke prins Bernhard, die ook deze crisis weer te boven komt.

Na een heupoperatie gaat het dan minder met de geestelijke vermogens van prinses Juliana. Zij is nog wel aanwezig bij het huwelijk van haar kleinkind prins Maurits met Marilène van de Broek, maar verdwijnt daarna uit het openbare leven. Prins Bernhard herstelt wonderwel en tot op de dag van vandaag reist hij veel, viert de zomervakantie met zijn kinderen en kleinkinderen in Porto Ercole en geniet nog volop van het leven.

De prinses slijt de laatste jaren van haar leven in afzondering op het paleis. Slechts een enkele keer komt zij nog naar buiten om een plezierritje met de auto te maken in de omgeving van Spakenburg, met als vaste stop de ijssalon. Prins Bernhard bekommert zich weinig meer om zijn demente vrouw. Als hem wordt gevraagd naar de toestand van zijn vrouw moet hij eerst even bellen met de verpleegsters. Zij stellen hem dan op de hoogte, maar echt interesseren doet het de prins niet meer.

En dan is daar tijdens de jaarwisseling 2003-2004 de opvallende kerstboodschap van koningin Beatrix waarin zij aangeeft dat de gezondheidstoestand van haar moeder zeer zorgelijk is. In de maanden die volgen is Beatrix vaak te vinden op Paleis Soestdijk. Zij logeert zo veel mogelijk in het weekend bij haar ouders. Zo rond half maart wordt de toestand van prinses Juliana echt zorgelijk; zij is getroffen door een longontsteking. En dan, toch nog onverwacht, komt op zaterdagmorgen 20 maart het bericht dat prinses Juliana 's morgens om tien voor zes is gestorven. Haar dochters Beatrix, Irene en Margriet en haar echtgenoot Bernhard zijn erbij en zelfs enkele kleinkinderen. Het is een slag voor de familie om afscheid te moeten nemen van de vrouw die bijna de 95-jarige leeftijd had bereikt. De prinses wordt eerst enkele dagen op Paleis Soestdijk opgebaard. Daar kunnen familie, goede vrienden en het voltallige personeel van Soestdijk, de medewerkers die haar zo lang liefdevol hebben verzorgd, afscheid van haar nemen. De prinses is op haar eigen verzoek gebalsemd en zij ligt opgebaard met het hoofdeinde naar de tuin, zodat zij hier symbolisch nog van kan genieten. Als zij voor de laatste keer Paleis Soestdijk wordt uitgedragen staan alle medewerkers van het paleis met hun rouwband om op de trappen van de achteruitgang. Daar gaat hun lieve werkgeefster met wie zij zo graag een praatje maakten. Op het bordes van Soestdijk staat een grote groep familie. Anna, het dochtertje van prinses Marilène en prins Maurits zwaait met haar handje: 'dag oma'. Een ontroerend moment. Pieter van Vollenhoven, net herstellende van een hernia-operatie, neemt met een kus afscheid van zijn vrouw Margriet, als de vier dochters hun moeder naar Paleis Noordeinde begeleiden waar in de komende dagen ruim 50.000 Nederlanders afscheid nemen van hun geliefde koningin. Op 30 maart wordt Juliana bijgezet in de Nieuwe Kerk in Delft. Een zeer aangeslagen prins Bernhard is bij de rouwdienst, die in het teken staat van vrede. Er is ontroering bij het publiek op de Markt in Delft als prins Bernhard met moeite uit de auto stapt op het plein vlak voor de Nieuwe Kerk. Een golf van medelijden met de 92-jarige prins gaat door de mensen heen. Maar ook waardering en trots, want wat een krachtige man is prins Bernhard; het is hem toch gelukt erbij te zijn. Zonder enige hulp van anderen loopt hij over de grijze loper richting de kerk naar de laatste rustplaats van zijn vrouw. 'Ik zal sterk zijn, het moet, voor Juliana', zal hij gedacht hebben. De in het wit geklede dochters van de oude koningin gaan hun moeder voor op haar laatste tocht in de Nieuwe Kerk van Delft. Indrukwekkend is ook de binnenkomst van de veertien kleinkinderen van Juliana. Zelfs prinses Margarita is uitgenodigd, zij loopt over de grijze loper naast haar tweelingbroer Jaime. Bij binnenkomst in de kerk nemen de koningin en haar oudste zus Irene hun vader tussen hen in. Zij geven hem af en toe een bemoedigende blik en leggen een warme hand op zijn arm. De kist wordt binnengedragen onder Gymnopédies 1, 2 en 3 van Erik Satie en mr. Pieter van Vollenhoven loopt achter de baar. Hij draagt een van de kussens met de vele onderscheidingen van de prinses. Hij is nu al geëmotioneerd, de band met zijn schoonmoeder was hecht en intens. Zij deelden de liefde voor het toneelspel, zoals later uit de preek zou blijken. Na het A toi la Gloire (U zij de Glorie) omringen de veertien kleinkinderen de kist. Zij steken de doopkaars van Juliana aan en verwoorden het licht en de vrede. Haar kleinkinderen doen dit met liefde, tenslotte waren zij de grootste vreugde in haar leven. Het is het eerste emotionele moment waarbij koningin Beatrix het zichtbaar even moeilijk heeft. Zij gaat ongetwijfeld terug naar het moment dat zij op dezelfde stoel zat en de kaarsen bij de kist van prins Claus ontstoken werden. De preek van de uitvaartdienst staat in het teken van vrede, prachtig liefdevol en warm verwoord door de remonstrantse predikante W. Hudig-Semeijns de Vries van Doesburgh. Hiermee wordt gehoor gegeven aan de wens van de prinses zelf voor haar afscheidsdienst. Ook had Juliana de wens dat haar dochter prinses Christina zou zingen. Een moeilijke opgave voor de emotionele Christina, die zij met volle overgave vervult. Vol overtuiging zingt zij het It's a gift to be simple, van Aaron Copland. Een lied speciaal uitgezocht voor haar moeder om de eenvoud van haar moeder te loven. De predikante: 'Juliana zag de dood niet als het einde. Zij wilde dat haar afscheid moest gaan over vrede en duidelijk moet maken dat mensen niet bang voor de dood moeten zijn. Vooral wilde zij niet geprezen worden en mogen er zeker geen loftuitingen uitgesproken worden. Het moest bij haar afscheidsdienst vrede zijn tussen de mensen.' De zeer betrokken predikante begint haar overdenking met een portret van Juliana als iemand die bijzonder was door haar streven om gewoon te zijn. Een prinses die in de eenzaamheid als enig kind en troonopvolgster een eigen kracht ontwikkelde, een eigen visie en een eigen waarachtigheid. Iemand die genoot als zij onverwacht met haar drie medeleerlingen van het speciale klasje even kon ontsnappen aan het protocol. Gezellig in het koetsje bij de drie meiden en niet alleen naar huis, vergezeld door een van de volwassen hofdames. Bij dit verhaal moest vooral prinses Margriet glimlachen en schudt prins Bernhard meewarig zijn hoofd. Dat zij niet samen met haar klasgenootjes mocht reizen, maakte Juliana tachtig jaar na dato nog boos en opstandig. Maar ook werd gememoreerd aan de momenten waarop Juliana echt genoot. Zoals picknicken in de tuinen van het paleis, of samen met haar dochters kastanjes zoeken en later zelf poffen. En natuurlijk al die kiekjes die de prinses maakte van haar kinderen. Hoogtepunt van gezelligheid voor haar was een potje scrabbelen, vooral als zij dan won. En natuurlijk toneelspelen, een liefde die zij later deelde met mr. Pieter van Vollenhoven. Een sterke afkeer had prinses Juliana van etiquette en protocol, maar soms kon zij wel overdrijven. Bijvoorbeeld de verjaardag waarop plotseling geen toastjes met zalm mochten worden geserveerd, omdat dat een teken van luxe was. De gemeende woorden, uitgesproken door de predikante, maken veel indruk op de aanwezigen en vooral de warmte en liefde waarmee zij over prinses Juliana spreekt doet eenieder goed. De predikante kende Juliana al enkele jaren en samen hebben zij heel wat gedebatteerd over het geloof. Juliana had een eigen spirituele overtuiging en had verdraagzaamheid hoog in het vaandel staan. Zij combineerde haar christelijke opvoeding met oosterse, mystieke wijsheid die zij van haar vader, prins Hendrik, had meegekregen. Het centrale thema van de preek, vrede, is een begrip dat prinses Juliana in vele kerstboodschappen heeft behandeld. Zij leerde de waarde hiervan vanzelfsprekend kennen en vooral waarderen tijdens de Tweede Wereldoorlog. Zij besefte dat elke inzet voor het goede eeuwigheidswaarde heeft, ook al is de uitkomst soms anders dan verwacht. Dit vertrouwen stelde haar in staat tegenslagen te verwerken. Juliana geloofde dat er na de dood een nieuw, ander leven is. Een eeuwig nieuw begin. Daarom vreesde zij de dood niet, aldus Hudig. Na gezang 293 en de overdenking, het indrukwekkende Surinaamse Wi Tata (Onze Vader), de zegen en gezang 444: Heer, ontferm U over haar, is het moment voor koningin Beatrix, prinses Irene, prinses Margriet, mr. Pieter van Vollenhoven en prinses Christina gekomen om op te staan en richting de grafkelder te lopen. Prins Bernhard, die zich tot op dat moment erg sterk had gehouden, steunt op de armen van zijn twee oudste dochters. Wat een moeilijke gang voor de 92-jarige prins, het laatste afscheid van zijn echtgenote. Met knikkende knieën, natte ogen en beverige handen loopt hij achter de kist aan. Gesteund door zijn twee dochters daalt hij – nadat hij zijn bril heeft afgezet – in de grafkelder af. Achter hen mr. Pieter van Vollenhoven geflankeerd door zijn vrouw Margriet en zijn schoonzus Christina. Het orkest speelt Morgenstimmung van Edvard Grieg, gevolgd door Angel of Hope van Erik Berglund, in een bewerking van Bob Zimmerman. Alleen de muziek al zorgt voor heel veel emoties bij de aanwezigen. Prinses Máxima heeft het moeilijk, prinses Laurentien huilt en ook prinses Marilène kan haar tranen niet bedwingen. De vier dochters en prins Bernhard blijven ruim zeven minuten in de kelder; het afscheid is nu wel zeer nabij en definitief. Als een gebroken man komt prins Bernhard tussen zijn twee dochters de trappen weer op, het afscheid is hem erg zwaar gevallen. Na het gebed en de zegen klinkt het Oudhollandse lied 'Die Winter is vergangen'. Maar de droevige stemming kan zelfs met dit lied niet veranderen, daarvoor is het verdriet te groot. Prins Willem-Alexander en zijn drie neven doven de kaarsen. Dit is het afscheid van een koningin in ruste die zelf de overtuiging had: 'Er is geen einde aan het laatste einde'. Op Paleis Noordeinde wordt nog een officiële condoleance gehouden voor ruim driehonderd genodigden. Prins Bernhard kan het niet opbrengen, hij laat zich rechtstreeks naar Soestdijk brengen. Helemaal alleen zit hij in zijn limousine, en krijgt hij nog even een laatste groet van prinses Margriet. Het geeft een trieste aanblik. De prins is opgelucht dat alles achter de rug is, het gemis zal pas later komen. Op Soestdijk aangekomen zwaait hij liefdevol naar enkele toeschouwers en sommeert de marechaussee met hem mee te gaan om nog iets op het paleis te drinken. 's Avonds komen alle kinderen en kleinkinderen om de prins een hart onder de riem te steken. De komende tijd zonder Juliana in het nu eenzame Paleis Soestdijk zal hem zwaar vallen, maar de steun van kinderen en kleinkinderen moet hem op de been houden. Aan een langdurig huwelijk van ruim 67 jaar is een einde gekomen. Prins Bernhard woont nu alleen op het grote en eenzame Soestdijk.

Hoofdstuk 7

Prinses Irene: 'Geluk heeft te maken met honderd procent jezelf zijn'

Na het huwelijk van Juliana en Bernhard in 1937 moet Nederland het lange tijd stellen zonder Bruiden van Oranje. De vier prinsessen van Oranje: Beatrix, Irene, Margriet en Christina hebben in de jaren zestig de huwbare leeftijd bereikt en het koppelen kan beginnen. De prinsessen worden regelmatig uitgenodigd voor buitenlandse feesten. Deze hofbals worden speciaal gebruikt om koninklijke partners aan elkaar voor te stellen. Van een echte romance van een van de Oranje-prinsessen is in de jaren zestig echter nog geen sprake.

En dan steken begin 1964 geruchten de kop op over een eventuele romance van prinses Irene met een Spaanse vriend. De prinses is net in Utrecht beëdigd als tolk in de Spaanse taal en maakt regelmatig reizen naar Spanje. Zij zou verliefd zijn op een Spaanse adellijke jongeman. De reactie van de RVD zou zelfs vandaag de dag nog niet verrassend zijn: 'Volslagen onzin'. Als Irene overgaat tot het rooms-katholieke geloof en wordt gesnapt met de handen vroom ineengevouwen tijdens een katholieke kerkdienst in de Madrileense Los Jeronimos-kerk gelooft niemand dat meer. Iedereen gaat op zoek naar die onbekende Spaanse edelman. Volkomen onverwacht houdt koningin Juliana op 4 februari een toespraak waarin zij vertelt dat haar dochter inderdaad op punt van verloven staat, maar dat zij die middag een einde aan de relatie heeft gemaakt. Het spannende verhaal is hiermee nog niet ten einde. Integendeel, het moet nog beginnen. Want wie is toch die grote onbekende die Irene aan de kant heeft gezet? Het antwoord daarop luidt: 'Het gaat om een man.' In Nederland wordt niet geloofd dat de romance voorbij is en de geruchten blijven dan ook aanhouden. Zaterdagmorgen 8 februari vertrekt prins Bernhard vanaf vliegbasis Soesterberg richting Madrid. Vanuit Spanje komt het bericht dat Irene is verloofd met Don Carlos de Bourbon-Parma. Carlos' vader, prins Xavier, chef de famille van de De Bourbon-Parma-dynastie maakt de verloving bekend. Bevestiging is in Nederland niet te krijgen. Dan komt prins Bernhard terug met de PHX. En wat blijkt: de prinses heeft haar verloofde Carlos meegenomen naar Nederland. Uiteindelijk wordt op zondag de verloving bekendgemaakt en verschijnt het jonge paar voor de NTS-camera's. Irene straalt, maar haar moeder Juliana kijkt zorgelijk. Wat zijn haar gedachten? Zoveel rumoer om de verloving van haar dochter, dat had zij niet kunnen bedenken op het moment dat Irene op 5 augustus 1939 tijdens de dreiging van oorlog geboren werd. Niet voor niets heeft zij haar dochter Irene genoemd. Deze naam betekent vrede. Een woord dat niet altijd overeenkomt met Irenes leven...

Ruim anderhalf jaar nadat Nederland op zijn kop heeft gestaan vanwege de geboorte van kroonprinses Beatrix, is het op 5 augustus 1939 weer tijd voor beschuit met roze muisjes. De tweede dochter van prins Bernhard en prinses Juliana is 's nachts om negen minuten over één op Soestdijk geboren. De trotse papa Bernhard maakt enkele dagen later de namen bekend: Irene Emma Elizabeth. Ten overvloede zegt hij: 'Irene is afgeleid van het gelijkluidende Griekse woord dat vrede betekent en het zal iedereen duidelijk zijn met welke bedoeling de naam is gekozen.' Een lichtpuntje in deze donkere dagen is de 3870 gram wegende kerngezonde baby. Zij wordt met 51 saluutschoten en beierende klokken in Baarn en Soest welkom geheten. Een tweede meisje is voor sommigen toch een teleurstelling; dit had eigenlijk een jongen moeten zijn. Er zijn in deze donkere dagen overigens wel andere zaken waar men zich druk om maakt. De oplopende werkloosheid, de grote armoede en de militaire dreiging van Duitsland. De prinses wordt gedoopt op 16 september in de Nieuwe Kerk van Amsterdam, tenminste dat is de bedoeling. Als op 1 september Hitlers troepen Polen binnenvallen en Engeland en Frankrijk nazi-Duitsland de oorlog verklaren wordt de doop uitgesteld. De lange strenge winter brengt Irene samen met haar anderhalf jaar oude, enigszins bazige zusje Beatrix door in Den Haag. De lente die zo mooi had kunnen zijn, eindigt in een nachtmerrie. Op 10 mei 1940 trekken Duitse troepen het land binnen. De koninklijke familie wijkt uit naar Londen. De acht maanden oude baby Irene ligt in een speciaal tegen gifgas aanvallen beveiligd wiegje. Haar eerste stapjes zal zij niet zetten op Nederlandse bodem, daar moet zij vijf jaar op wachten. In Londen wordt Irene in de hofkapel van Buckingham Palace gedoopt. Geen uitbundig doopfeest zoals bij haar zus Beatrix, maar een sobere dienst die geleid wordt door dominee Van Dorp, voorganger van de hervormde gemeente in Londen.

In Londen is het ook niet veilig meer en Irene gaat met haar moeder en zus naar Canada. Het zijn tegenstrijdige kleuterjaren voor Irene in Ottawa. Haar moeder is regelmatig op reis en haar vader ziet zij slechts een enkele keer. Dan kan zij hem ook nog niet verstaan omdat zij op de kleuterschool gewend is Engels te spreken, afgewisseld met Frans. Gelukkig heeft mama het aap-noot-mies-leesplankje meegenomen uit Nederland en zo leert Irene haar eerste woordjes Nederlands. Irene is een verlegen kleuter die niet snel het initiatief neemt. Meestal wordt zij geleid door haar ondernemende grote zus Trix. Ondanks alles zijn het toch ook fijne jaren in Canada. De twee prinsessen, en later met Margriet erbij, zijn zich niet bewust van hun status. Zij leven net als ieder ander kind en hebben geen idee hoe zij in Nederland worden vereerd. Daar is men al blij met ieder fotootje van de prinsessen.

De terugkeer in Nederland is een feest. Op 5 augustus 1945 viert zij haar zesde verjaardag met een geweldig verjaardagsfeest in de tuinen van paleis Soestdijk. Honderden leeftijdsgenootjes zijn uitgenodigd en Irene wordt overladen met cadeaus. Irene is bescheiden en opvallend zwijgzaam, zelfs wat dromerig van aard. Dieren zijn belangrijk voor haar. Vaak is zij te vinden in de stallen met haar pony's Polly en Peggy, waarbij zij vergezeld wordt door haar hond Remy. Deze hond is genoemd naar de hoofdrolspeler uit Irenes lievelingsboek: *Alleen op de wereld*. De prinses is sportief, zij houdt van paardrijden, zwemmen en skiën en is daar ook goed in. Bang is zij niet op de piste, met vloeiende afdalingen in het Oostenrijkse skigebied Sankt Anton verslaat zij zus Beatrix met vlag en wimpel. Skiën is een van de weinige dingen waarin zij Beatrix de baas is. De doortastende Beatrix en de enigszins verlegen Irene kunnen wonderwel goed met elkaar opschieten en zijn onafscheidelijk. Spontaniteit en enthousiasme zijn opvallende karaktertrekken van Irene. In alle omstandigheden is zij vrolijk en zij heeft duidelijk lol in het leven.

Op school heeft de prinses het ook erg naar haar zin. Ze voelt zich prettig op 'De Werkplaats' van onderwijsvernieuwer Kees Boeke. Dit soort onderwijs is haar op het lijf geschreven: pottenbakken, tekenen, lezen en schrijven in een ongedwongen sfeer. Helaas blijkt er weinig aansluiting bij een middelbare opleiding en moet Irene een jaar schoolse lessen volgen aan de Nieuwe Baarnsche Schoolvereeniging om de achterstand in te halen. Daarna mag zij doorstromen naar het Baarnsch Lyceum waar zij de MMS-kant kiest. Zij is een goede leerling met een voorkeur voor talen en weinig interesse in de exacte vakken en geschiedenis. Irene houdt van mooie kleding en moppert vaak over de afdankertjes van haar zus die zij moet afdragen. De prinses is dan al trendsetter; de frutseltjes die zij zelf op haar kleding borduurt worden door medeleerlingen geïmiteerd en groeien uit tot een rage. De middelbareschooltijd is genieten voor Irene en zij haalt regelmatig kattenkwaad uit. Bewust van haar afkomst en wat er van haar verwacht wordt is zij toch vaak een buitenbeentje in de klas.

Thuis op Soestdijk leidt Irene een teruggetrokken leven. De problemen tussen haar ouders ontgaan haar niet en ze kiest meestal partij voor papa, haar lieveling. Dit tot groot verdriet van Juliana die maar weinig vat op haar tweede dochter heeft. Als haar ouders op reis zijn zoekt Irene vertier bij één van haar oma's. Zowel oma Wilhelmina als oma Armgard zijn haar steun en toeverlaat. Voor oma Armgard op kasteel Warmelo is zij de lievelingskleindochter. Zij vindt dat Irene het meest lijkt op haar zoon Bernhard en daardoor heeft Irene een speciaal plekje in het hart van haar Duitse oma. Deze oma brengt haar ook voor het eerst in contact met het rooms-katholieke geloof. Oma Wilhelmina op het Apeldoornse Het Loo daarentegen kan urenlang met haar kleindochter praten over het wel en wee van de maatschappij. Irene is al vaak bezig met religie, godsdienst en mystiek. Dat boeit haar en zo zoekt zij naar een eigen weg, gesteund door oma Wilhelmina.

Piekeren over de toekomst

Zonder al te veel moeite en inspanning doorloopt Irene de middelbare school. Op Soestdijk zijn al lange gesprekken gevoerd over de toekomst van Irene. Zelf weet zij het nog niet zo goed. Een enkele keer heeft zij een officiële verplichting uitgevoerd, maar ook daar ligt haar hart niet echt. Toch is zij als een na oudste dochter wel de tweede in de lijn der troonopvolging en zal zij enige representatieve taken op zich moeten nemen. Irene kan geen besluit nemen en blijft piekeren over haar toekomst. Zelfs een lange vakantie in de koninklijke zomerresidentie Porto Ercole kan haar niet doen besluiten. Na lang wikken en wegen en ook nog niet geheel overtuigd gaat Irene een studie Frans volgen aan de universiteit van het Zwitserse Lausanne. Ruim acht maanden blijft Irene in Zwitserland, zij komt slechts zelden naar Nederland. Opmerkelijk is wel dat zij zich in het kanton Vaud in Waadt heeft laten bevestigen als lidmaat van de Hervormde Kerk. Bij haar geloofsgetuigenis zijn ook de prinsessen Beatrix en Margriet aanwezig, evenals haar ouders Juliana en Bernhard. Irene vertelt dat zij deze stap heeft genomen omdat zij zich geestelijk niet kan verenigen met het protestantse geloof zoals dat in

Nederland wordt beleden. Irene blijft zich ontplooien. Naast haar cursus Frans volgt zij ook nog een cursus 'spreken in het openbaar'.

Irene wordt gezien als een modebewuste vrouw die zeker voor een van de best geklede prinsessen van Europa kan doorgaan. Zij kiest met grote zorgvuldigheid haar garderobe uit bij de meest exclusieve modehuizen. Ze winkelt graag in Parijs of Londen en vooral hoeden zijn voor haar een uitdaging. Zonder enige schroom komt zij dan weer met een soort sombrero op de proppen om enkele dagen later weer een gewoon pothoedje te dragen.

Het leven buiten de gekooide tralies van paleis Soestdijk is Irene zo goed bevallen dat zij – eenmaal terug in Nederland – op zichzelf wil gaan wonen. Gekozen wordt voor een riant appartement aan de statige Utrechtse Lepelenburg. Samen met hartsvriendin Quirine Lahman Trip en onder het toeziend oog van hospita mevrouw De Monchy begint een nieuwe levensfase voor de prinses. Zij gaat studeren aan de universiteit van Utrecht. Behalve de studie staats- en rechtswetenschappen en economie, kiest zij ook nog voor de Spaanse taal- en letterkunde. Opmerkelijk, of toch ook niet? Papa Bernhard heeft zich deze taal sinds kort ook eigen gemaakt om zijn werk als 'bijzonder ambassadeur' optimaal te kunnen uitoefenen.

Irene is een gewone student en wil ook als zodanig behandeld worden. Haar medestudenten zijn in het begin een beetje huiverig, maar al snel is het ijs gebroken. De enthousiaste Irene wordt op handen gedragen. Tot haar grote ergernis komt er vanuit het hof een verzoek om de prinses toch wel aan te spreken met de titel prinses of koninklijke hoogheid. Irene vindt het onzin en sommeert haar vrienden en vriendinnen haar gewoon bij de voornaam te noemen. Studeren gaat haar goed af. Zij werkt hard en geniet volop van het dynamische studentenleven. Af en toe heeft zij een koninklijke verplichting, zoals het dopen van schepen, doorknippen van lintjes of het bijwonen van Prinsjesdag. Haar studie

Spaans wordt haar hoofdvak en tijdens een reis naar Mexico kan zij het geleerde goed in praktijk brengen.

Irene is zoekende

Als Irene op 5 augustus 21 jaar wordt steken de eerste geruchten over een toekomstige prins op het witte paard de kop op. Tijdens een carnavalsbal in het Weense Pallavicinipaleis danst Irene vaak met een zekere prins Albert von Hohenberg. Is hij haar grote liefde? Zij lacht om de suggestie. Albert is een leuke vriend, maar ze is zeker niet verliefd op hem. Belgische, Noorse en Zweedse prinsen worden als nieuwe lovers gezien en zelfs kroonprins Constantijn van Griekenland wordt als een van de gegadigden genoemd. Dolgelukkig is Irene als zij op 1 juli 1962 haar studie afrondt. Na een bezoek aan de Antillen samen met haar zus Margriet, reist zij die zomer door naar Porto Ercole. Daar kan Irene een beetje bijkomen van het hectische halfjaar dat zij achter de rug heeft. Het zilveren huwelijksfeest van haar ouders, haar afstuderen en daarbij nog talloze officiële verplichtingen. Pfff, het was me het jaartje wel. En nu? De prinses lijkt Nederland een beetje beu te zijn. Zij gaat logeren bij tante Alice, gravin van Athlone, in Londen en zondert zich af van de buitenwereld. Even moet zij terug naar Nederland, als haar lieve oma Wilhelmina op 82-jarige leeftijd is overleden. Irene is ontroostbaar. De vrouw met wie zij zo goed kon praten en die overal altijd raad op wist is er plotseling niet meer. Irene weet niet goed raad met haar verdriet. Zoekt naar antwoorden maar krijgt ze niet. Bij haar ouders kan ze slecht terecht, die hebben niet alleen zelf verdriet, ook hun relatie is verre van ideaal. Irene is zoekende en kan het niet vinden.

Uiteindelijk besluit zij om examen te doen als tolk Spaans. Er zijn vraagtekens, want wat moet de prinses met zo'n diploma? Gaat zij definitief naar het buitenland of wil zij gaan werken voor een organisatie als de Verenigde Naties? Antwoord komt er niet op deze vragen. De prinses besluit zelf wel wat zij wil gaan doen. Haar ontdekkingstocht is nog lang niet ten einde. Zij krijgt een uitnodiging van de in Barcelona wonende familie Schröder om zich in deze Spaanse stad voor te bereiden op haar tolk-examen. Irene maakt vele rondreizen door Spanje en leert het land goed kennen. Even komt zij terug naar Nederland voor de beëdiging als tolk door de Utrechtse rechtbank op 9 januari 1963. De volgende dag vertrekt Irene opnieuw naar Spanje. In de zomer van 1963 gaat zij over tot het rooms-katholieke geloof. Dit moet echter geheim blijven in Nederland. Zij wordt betrapt door een fotograaf, geknield biddend in de San Jeronimo el Real in Madrid. Naast haar zit hartsvriendin Rosario de Andrade. De kerk ligt pal naast het Madrileens kunstmuseum, een plek waar altijd veel Nederlandse toeristen komen. De schok is groot in Nederland. Een prinses uit het Huis van Oranje, tweede in de rangorde voor de Nederlandse troon, wordt katholiek. Onvoorstelbaar! De woede gaat zelfs zo ver dat de namen van een aantal scholen met de Bijbel en andere protestants-christelijke instellingen die naar de prinses zijn vernoemd, ijlings worden veranderd.

Paniek
Wat Nederland op dat moment nog niet weet is dat Irene al enige maanden verkering heeft met prins Carlos Hugo de Bourbon-Parma. Zij is in Parijs aan hem voorgesteld door niemand minder dan haar grootmoeder prinses Armgard. Deze heeft contacten met de Spaanse familie en ziet in de prins wel een ideale kandidaat voor haar kleindochter. Dit tot grote woede van Soestdijk! Zij hebben een andere visie over Carlos de Bourbon-Parma. Een pretendent voor de Spaanse troon en praktiserend leider van de extreem-rechtse, fanatiek rooms-katholieke carlistenbeweging. Deze groepering streeft naar de macht in Spanje zodra generalissimo Franco die zou overdragen. Op Soestdijk is men niet blij met deze keuze van Irene. Zeker is dat Carlos niet voldoet aan de profielschets van een toekomstig echtgenoot vaneen van de prinsessen. Hij is rooms-katholiek, potentieel troonopvolger en leider van een extreem-rechtse beweging. Soestdijk vindt het dan ook verstandig om de relatie maar even geheim te houden.

Ondertussen komt de geliefde van Irene naar Nederland en de prinses steekt haar bewondering voor het Franco-regime niet onder stoelen of banken. De reacties op de politieke ontboezemingen van Irene zijn heftig. Vooral als zij te kennen geeft te willen trouwen met de negen jaar oudere carlistenleider en troonpretendent en zij zelf ook een actieve rol wil spelen in de carlistenbeweging. Haar ouders, de Nederlandse ministerraad, iedereen is in paniek. De geruchtenstroom blijft aanhouden en uiteindelijk besluit Juliana – na aandringen van haar particulier secretaris mr. Jan van der Hoeven – op 4 februari 1964 openheid van zaken te geven. Zij deelt het Nederlandse volk mee dat de op handen zijnde verloving van haar dochter niet doorgaat. Het blijkt een enigszins voorbarige, ondoordachte toespraak van de koningin. Zij gooit hiermee olie op het vuur. De geruchten houden aan en de verloving gaat toch door...

Vorstelijke thriller
Op 8 februari 1964 maakt prins Xavier in Madrid de verloving van zijn zoon en stamhouder met prinses Irene officieel bekend. Prins Bernhard haalt het jonge paar op uit Madrid en in die nacht vindt een emotionele bespreking plaats op paleis Soestdijk. Irene wil koste wat kost haar rechten op de Nederlandse troon behouden. Vier ministers zijn aanwezig bij dit gesprek: Marijnen, Biesheuvel, Toxopeus en Scholten. Zij proberen de prinses ervan te overtuigen dat het beter is dat zij afstand doet van de troon. Haar verloofde Carlos vindt het belachelijk en wil met de argumenten van de ministers geen rekening houden. Het gaat er hard aan toe die avond op Paleis Soestdijk. Carlos, die zijn schoonouders pas één keer eerder heeft ontmoet, schroomt er niet voor om zijn standpunt duidelijk uiteen te zetten. Hij geeft zijn rechten op de Spaanse troon niet op en verzet zich tegen de druk die op Irene wordt uitgeoefend dat zij in dat geval moet afzien van haar rechten op de Nederlandse troon. Uiteindelijk geven Irene, Bernhard en Juliana toe en zit er voor de Spaanse troonpretendent niets anders op dan mee te gaan met dit besluit. Het nieuws wordt snel verspreid: 'Irene ziet af van haar aanspraken op de Nederlandse troon.' De prinses laat meedelen dat zij bin-

nen afzienbare tijd in het huwelijk wil treden met Carlos en met hem in Spanje wil gaan wonen. Tegelijkertijd benadrukt zij dat het geen afscheid van Nederland zal zijn. Zij geeft aan een gelukkige jeugd te hebben gehad en dat Nederland een dierbare plaats in haar hart heeft. Eindelijk, na weken van onzekerheid, is er een einde gekomen aan deze vorstelijke thriller die nog een behoorlijk staartje zal hebben.

Eerst is daar de dag waarop Nederland kennis kan maken met de verloofde van prinses Irene. Don Xavier en Doña Madeleine, de ouders van Carlos, arriveren op Schiphol. Honderden Oranjefans zijn toegestroomd om het jonge paar toe te juichen. Als Irene en Carlos naar het vliegtuig toe lopen om de ouders te begroeten, volgt er een hartelijke omhelzing tussen de vier. Carlos krijgt een klein pakketje van zijn vader dat hij op zijn beurt doorgeeft aan Irene. Zij kijkt verbaasd als zij het doosje opent: daar ligt een ring met middenin een robijn van ongeveer 1 centimeter, omringd door een aantal kleine diamanten. Het gezelschap rijdt met de auto naar Amsterdam waar op de Dam de linnen kap omlaag gaat en het paar enthousiast wordt begroet. Het paar stapt later over in een rondvaartboot en maakt een tocht door de Amsterdamse grachten. Nederland lijkt in te stemmen met de toekomstig echtgenoot van prinses Irene.

Wie denkt dat hiermee de moeilijkheden opgelost zijn, heeft het mis. Als koningin Juliana, prins Bernhard en hun dochters op reis gaan naar Mexico, laat Irene op het vliegveld verstek gaan. Koningin Juliana ziet wit van woede, prins Bernhard loopt stampvoetend heen en weer en Beatrix spreekt haar woede in rake bewoordingen uit. Irenes protest betreft haar verloofde; hij mag niet mee naar Mexico. Een besluit van de regering, zij verwachten carlistische propaganda. Daarmee is het rumoer nog niet verstomd. Als er een foto vrijkomt waarop de prinses en haar verloofde in particuliere audiëntie zijn ontvangen door paus Paulus VI laaien de emoties hoog op. De foto met daarop prinses Irene gekleed in een chique japon met een parelketting om haar hals en prins Carlos in rokkostuum, die begroet worden door de paus, laat niets aan duidelijkheid over. Wat is prinses Irene van plan? Wil zij in Rome haar huwelijk laten inzegenen door de paus? Deze twee conflicten leiden tot een breuk met haar ouders, die ze hiermee veel verdriet doet. Het regeringstoestel vliegt naar Mexico en Irene reist samen met haar toekomstig echtgenoot naar Parijs.

Aanvankelijk gaat men er nog vanuit dat het huwelijk in Nederland wordt gesloten, maar de regering Marijnen wil daar niets van weten. Stel je voor dat koningin Juliana betrokken raakt bij carlistische politieke acties? De tegenstelling tussen Nederland-Oranje en de sinds 1988 'statenloze' familie De Bourbon-Parma wordt groter en groter. Een dag na hun terugkeer uit Mexico worden Juliana en Bernhard overvallen door een afschuwelijk bericht: het huwelijk van hun dochter zal plaatsvinden op 29 april 1964 in Rome. Dat hebben de ouders van Carlos officieel meegedeeld. De koninklijke familie is uitgenodigd om bij deze plechtigheid aanwezig te zijn. Bernhard en Juliana en de drie zussen van Irene nemen deze uitnodiging niet aan en besluiten niet naar Rome af te reizen. Het nieuws slaat in als een bom. Nederland raakt niet uitgepraat over dit afschuwelijk Oranjedrama. Hoe kan Irene dit haar ouders aandoen? Juliana die altijd zo lief voor haar is geweest en Bernhard die zijn troetelkind altijd zo heeft verwend. Dit verdienen haar ouders toch niet?

Intussen verblijft prinses Irene op Château Bost, het landgoed van haar aanstaande schoonfamilie. Vanzelfsprekend is zij zich bewust is van het feit dat zij haar ouders verdriet heeft gedaan. Tijdens een persconferentie zegt Carlos dat hij er alles aan wil doen om de ouders van Irene toch nog te overtuigen om bij het huwelijk aanwezig te zijn. 'Iedere moeder wil aanwezig zijn bij het huwelijk van haar dochter. Ik houd van de koningin. Zij is een grote persoonlijkheid, maar de regering staat haar in de weg. Zij kan niet doen wat ze wil. Zij wordt verscheurd door het verlangen een goede moeder te zijn en haar plicht als koningin. Wij hopen echt dat er een oplossing wordt gevonden.' Met deze woorden geeft Carlos de schuld aan de regering, die op haar beurt weer in woede uitbarst. Op Soestdijk heerst verdriet en Nederland huilt mee. Prins Bernhard reist enkele dagen voor het huwelijk nog een keer naar Brussel. Daar probeert hij zijn dochter uit te leggen waarom niemand van de Oranje-familie getuige zal zijn van haar huwelijk met Carlos. Irene zegt het te begrijpen, maar kan haar tranen niet bedwingen. Het is een emotioneel gesprek dat uitloopt op onbegrip en twijfel. En zo wordt de 29ste april 1964, de eerste huwelijksplechtigheid van een Oranjeprinses na ruim een kwart eeuw, geen nationale feestdag in Nederland.

Hoofdstuk 8

Irene kiest zeker niet voor de gemakkelijkste weg

'Kleine kinderen – kleine zorgen, grote kinderen – grote zorgen'. Dat zal koningin Juliana zeker gedacht hebben toen zij op die legendarische woensdagochtend 29 april 1964 arriveerde bij kasteel Warmelo. Op het kasteel van schoonzus prinses Armgard moet zij via de televisie de huwelijksplechtigheid van haar dochter, prinses Irene, volgen. Niemand van de Oranjes heeft aan de uitnodiging voor het huwelijk gehoor gegeven en zo trouwt Irene eenzaam en alleen in Rome en moeten haar ouders de belangrijkste dag van hun dochter volgen op de televisie. De zorgen van koningin Juliana zijn groot. Kan Irene zich goed houden? Heeft zij veel verdriet? Krijgt zij geen spijt? Grote kinderen – grote zorgen. Een uitspraak die jaren later ook op prinses Irene zelf van toepassing is als zij een conflict heeft met haar dochter, prinses Margarita.

In ieder geval is 29 april 1964, de huwelijksdag van prinses Irene, geen feestdag in Nederland. Integendeel! De vlaggen mogen niet wapperen en van een feeststemming is geen sprake. Er is veel kritiek op de prinses, die plotseling uit Nederland vertrokken is en nu als bruid van Oranje in Rome staat. Vooral de afwezigheid van de Nederlandse koninklijke familie bij het huwelijk is een doorn in vele ogen. Prinses Irene kan geen goed meer doen; een dochter die zoveel verdriet aan haar ouders toebrengt, daar kan niemand goedkeuring aan geven. Carlos wordt als de grote schuldige aangewezen. Hij en zijn vader Xavier hebben prinses Irene beïnvloed. Met haar gedrag heeft Irene de sympathie van het Nederlandse volk verspeeld. Toch wordt het een sprookjeshuwelijk, ondanks het feit dat de ouders van de bruid op ruim veertienhonderd kilometer afstand op een zwart-wit televisieschermpje de huwelijksplechtigheid moeten volgen. Prins Bernhard en koningin Juliana zijn samen met hun drie dochters naar kasteel Warmelo in Diepenheim gereisd. Daar kijken zij met de moeder van prins Bernhard, prinses Armgard, naar de beeldbuis. Wat had het mooi kunnen zijn, een huwelijk in Nederland, compleet met alle extra Oranjeactiviteiten die daarbij horen. Het is een moeilijke dag voor de koningin, die een dag later haar 55ste verjaardag zal vieren en iedereen heeft met haar te doen.

Van de triestheid die er in Nederland heerst is in Rome niets te merken. Het is een prachtige zonnige dag, ruim 20 graden en alles is klaar voor een sprookjeshuwelijk. Irene wil graag een sobere en intieme plechtigheid, maar zij heeft al snel in de gaten dat de familie van haar echtgenoot hier heel anders over denkt. Weken zijn zij in touw om de zaken goed te regelen. Deze dag moet een onvergetelijke gebeurtenis worden, juist ook om het carlisme weer in een beter daglicht te zetten. De bedoeling van het huwelijk is dat de De Bourbon-Parma's weer worden opgenomen in de kring van 'regerende' vorstenhuizen. Honderden leden van de oud-Franse adel hebben gehoor gegeven aan de uitnodiging voor het vrijgezellenfeest van Carlos en Irene. Dit feest wordt gehouden in het riante Parijse appartement van prins Lobkowicz, een zwager van de bruidegom. Irene ziet op deze avond een beetje pips en zondert zich regelmatig af. Carlos begrijpt niet waarom zijn verloofde niet van de feestelijkheden kan genieten. De volgende ochtend vertrekt de familie, inclusief Carlos en Irene, naar Italië. In de buurt van de imposante basiliek Santa Maria Maggiore is een deel van het luxueuze Grand Hotel afgehuurd voor de bruiloftsgasten. 's Avonds is er nog een diner-dansant en dan is het wachten op de grote dag.

De zon is net op als de eerste belangstellenden al verschijnen op het plein voor de basiliek. Veel Nederlanders die in de stad wonen en werken hebben een dagje vrij genomen om deze bruid van Oranje te steunen. Een grote groep carlistische Spanjaarden zoekt een plekje op het plein om maar een glimp van hun prins op te kunnen vangen. De plechtige huwelijksinzegening vindt plaats in de Borghese-kapel van de basiliek. De kapel is versierd met witte lelies en witte rozen. Veel sfeer wordt gecreëerd door de gouden kandelaars, prachtige ornamenten en schitterende schilderijen. Dankzij drie Italiaanse camera's komt deze sfeer ook over in de Nederlandse huiskamers. Om half elf komen de eerste bruiloftsgasten binnenlopen, uiteraard over de rode lopers, via het middenschip van de basiliek, naar de kapel. Er zijn veel vertegenwoordigers bij van de Europese adel en van verdwenen monarchieën. Een ereplaats is er voor aartshertogin Zita von Habsburg, de laatste keizerin van Oostenrijk. Geen enkel regerend koningshuis van Europa is aanwezig. De Luxemburgse, Belgische en Engelse vorstelijke families hebben uit loyaliteit met de Oranjes geen gehoor gegeven aan de uitnodiging. De Griekse, Noorse, Zweedse en Deense koninklijke familie zijn afwezig uit hoffelijkheid tegenover koningin Sophia die gehuwd is met de belangrijkste Spaanse troonpretendent, Juan Carlos, tijdens het huwelijk nog een aartsvijand van de De Bourbon-Parma's.

Liefde boven de troon
Prinses Irene is nerveus. Zij wil vooral niet laten blijken moeite te hebben met de grote afstand – letterlijk en figuurlijk – die er is tussen haar en haar ouders. Zij heeft zelf het besluit genomen om te trouwen met Carlos, katholiek te worden en afstand te doen van haar recht op de troon. Een enorme belangrijke stap. Irene voelt dat zij niet voldoet aan de verwachtingen, maar volgt wel haar eigen weg. Zij kiest de liefde boven de troon. Haar trouwdag moet er één zijn om nooit te vergeten, dat prent zij zichzelf in. Haar bruidstoilet is oogverblindend, haar make-up is sober en het haar van de prinses zit perfect. Zij is een prachtige bruid die ook probeert een stralende bruid te zijn. Zij vindt steun bij

prins Carlos. Geen moment verliest hij haar uit het oog, hij houdt haar hand vast en de blikken over en weer spreken boekdelen. Het bruidspaar komt aanrijden in een zwarte Cadillac, versierd met witte rozen. In de kapel is het nog rumoerig en op het moment dat het Wilhelmus wordt ingezet zingen de Nederlanders uit volle borst de drie coupletten mee. Het bruidspaar staat nog buiten. De vrije doorgang wordt verhinderd door de duizenden toeschouwers op het plein. Na bijna een kwartier oponthoud kunnen Irene en Carlos eindelijk de kerk binnengaan. De organist is niet te vermurwen en speelt nogmaals het Wilhelmus. Weer wordt er uit volle borst meegezongen. De emoties gieren Irene door de keel. Zij houdt haar gezicht strak in de plooi, maar haar hart huilt. Zij zoekt steun bij Carlos en pakt zijn arm. Wat is Irene alleen! Zonder ouders, zonder familieleden, zonder vrienden... Een moeilijke dag.

Het bruidspaar knielt op de rode kussentjes die gevuld zijn met Nederlandse en Spaanse grond. Allereerst vindt de feitelijke huwelijkssluiting plaats. Kardinaal Giobbe spreekt enkele woorden in het Spaans uit. En dan is daar het grote moment. De kardinaal vraagt Irene of zij 'voor Gods aangezicht Carlos Hugo de Bourbon-Parma wil nemen tot haar echtgenoot'. De tranen biggelen over de wangen van de Nederlandse kerkgangers als Irene met een krachtig 'Si' laat horen wat haar antwoord is. Haar emoties weet zij goed te verbergen, slechts een enkele keer knippert zij met haar ogen en verschijnt er een nerveus trekje om haar mond. Slechts één keer haalt zij haar hand langs haar ogen om een opkomend traantje te verbergen. Dan volgt de hoogmis, opgedragen door de bisschoppen Somanti en Aluffi. Tijdens de mis hebben Irene en Carlos slechts oog voor elkaar. Terwijl er tientallen camera's flitsen merken zij niet wat er om hen heen gebeurt. Langzaam maar zeker verschijnt er op het gezicht van de prinses een lichte glimlach en kan zij zich enigszins ontspannen. Prins Carlos lacht uitbundig, hij is duidelijk blij met zijn kersverse echtgenote.

Tijdens deze hoogmis voltrekt er zich een afschuwelijk drama in Nederland. Op kasteel Warmelo valt de stroom uit en prins Bernhard, koningin Juliana en de drie dochters kijken naar een beeld dat alleen nog maar zwart is. Zij zien de plechtigheden in de basiliek en het verlaten van de kerk niet. 's Avonds bekijken zij de samenvatting op Paleis Soestdijk en pas enkele dagen later krijgen zij van de NTS een band om het huwelijk alsnog te bekijken.

Na de plechtigheden kost het Irene en Carlos door de uitzinnige menigte weer moeite om bij hun auto te komen. 'Oranje boven, leve de prinses' en 'Viva la Reina' wisselen elkaar af. Het pasgetrouwde paar gaat direct naar Vaticaanstad, waar zij door paus Paulus VI worden ontvangen. Irene raakt in paniek bij het zien van de toegestroomde menigte. 'Pas op mijn sluier', roept zij continu. Pas als het paar veilig en wel in de auto zit wordt de menigte op het plein iets rustiger. Het bezoek aan de paus duurt drie uur. Irene en Carlos krijgen een kostbaar crucifix en een gouden medaillon. Irene heeft volgens de katholieke wet geprovoceerd door in het wit bij de Paus te verschijnen. Er bestaat een voorschrift dat eist dat alle vrouwen in het zwart gekleed moeten gaan als zij op audiëntie bij de paus zijn. Het witte bruidskleed van Irene lijkt het Vaticaan en de Paus echter niet te storen, er wordt met geen woord over gesproken.

Het mag de feestpret rondom het huwelijk ook niet drukken. Ruim 2000 mensen zijn uitgenodigd en de carlisten gedragen zich als echte feestgangers. Maar als een van de gasten Irene een cadeau overhandigt schrikt zij zich een hoedje: in de doos ligt een witte baret met een lelie van de Bourbons, het symbool van de carlisten. Irene bedankt de gulle gever en legt het pakje snel weg. Vandaag geen enkele politieke invloed op welke manier dan ook. Het feest gaat door tot in de kleine uurtjes, maar dan zijn Carlos en Irene al vertrokken op huwelijksreis. Droevig is dat alle rekeningen van de receptie, de bruidsjapon van Irene en de versieringen van de kerk naar Paleis Soestdijk worden gestuurd. Ook later klopt Irene nog vele malen om financiële hulp bij haar moeder aan. En dat terwijl zij bij haar huwelijk ook al zes miljoen gulden heeft meegekregen. Irene leeft na haar huwelijk op grote voet. Zij heeft een prachtig appartement in Madrid en ook het verwaarloosde familiekasteel van de De Bourbon-Parma's, in het Franse Lignières, is een dure aangelegenheid. Reken maar dat er ook heel veel guldens in de 'clubkas' van de carlisten zijn gevloeid.

Eerste contact

Irene en Carlos maken een onvergetelijke huwelijksreis langs de meeste landen aan de Middellandse Zee. De laatste plek is de Canarische eilanden, daarna sluiten zij de wittebroodsweken af en begint er een heel ander leven voor de Nederlandse prinses. Irene en Carlos zijn dolgelukkig met elkaar en gaan wonen op de 6^e verdieping van de Calle Hermanos Becquer in Madrid. Carlos heeft het Frans staatsburgerschap en heeft geen Spaans paspoort. Hij mag dus maar enkele maanden per jaar in Spanje wonen. Irene probeert zich in te leven in het carlisme. Samen met Carlos maakt zij vele studiereizen en leert zij een heel andere wereld kennen. En ze zijn nog maar net getrouwd of daar is het eerste schandaaltje al. Een fotograaf heeft foto's gemaakt van de prinses in bikini, die in bladen worden afgedrukt. Men is geschokt en wil de oplage uit de winkel halen. Dat lukt niet en iedereen kan Irene in bikini aanschouwen, wat voor die tijd iets heel uitzonderlijks is.

Ondertussen is er wel weer enig contact tussen Irene en haar ouders. Eerst wordt er voorzichtig een kaartje verzonden vanaf een van de plekjes van de huwelijksreis, daarna volgt een brief en uiteindelijk vinden er zelfs enkele telefoongesprekken plaats. Dan heeft Irene voor haar vader een verrassing in petto. Op zaterdag 28 juni landt zij op Schiphol om op Soestdijk de 53ste verjaardag van haar vader mee te vieren. Prinses Margriet haalt haar op en dolgelukkig sluiten de twee zussen elkaar in de armen. De volgende dag is er een gezellig verjaardagsfeest op Paleis Soestdijk. Iedereen komt langs en is blij Irene weer in hun midden te hebben. Als de prinses weer naar Schiphol gaat heeft zij haar ouders beloofd dat zij zeker snel terugkomt. Dat duurt enige maanden, maar uiteindelijk komen Carlos en Irene eind september in het diepste geheim samen naar Paleis Soestdijk en daar wordt alles uitgesproken. Alle misverstanden, spanningen en ongenoegens komen ter sprake. Het is een goed gesprek, waarbij de emoties soms hoog oplopen. Uiteindelijk komt er wel een oplossing. De verloren dochter is terug en prins Carlos wordt volledig geaccepteerd. Zij zijn meer dan welkom op Paleis Soestdijk en kunnen vanaf nu weer alle koninklijke gebeurtenissen meemaken. Ze behoren echter niet meer tot het Koninklijk Huis en zullen dan ook niet vertegenwoordigd worden door de Rijksvoorlichtingsdienst. Irene en Carlos horen er weer bij en prinses Juliana is dolgelukkig als haar dochter en schoonzoon voortaan weer van de partij zullen zijn tijdens de jaarlijkse familievakanties in Lech en Porto Ercole.

De eerste jaren van hun huwelijk zijn Carlos en Irene redelijk gelukkig met elkaar, maar toch hebben zij regelmatig problemen. Irene kan zich nog niet echt vinden in het carlisme en Carlos wordt als troonpretendent afgewezen door dictator Franco. Generaal Franco kiest meer de kant van prins Juan Carlos en ziet in hem een betere troonopvolger. Er wordt heen en weer gependeld tussen Parijs en Madrid. Carlos en Irene houden zich nog wel bezig met het partijwerk voor de carlisten, maar genieten ook van het jetset-leventje. Irene volgt een mannequincursus en laat zich kleden door ontwerper Balmain. Langzaam maar zeker gaat Irene zich meer inzetten voor de carlisten. Ze leest en leert veel en samen met haar schoonzussen strijdt zij fanatiek voor de eeuwenlang gekoesterde idealen. De carlisten willen de monarchie in Spanje herstellen. De wijze waarop dat moet worden gerealiseerd is discutabel. De carlisten willen dat de koning een absolute macht krijgt, de kerk als invloedrijk instituut terugkeert en grootgrondbezitters naar hartelust kunnen manipuleren en speculeren. De traditionele beklimming van de berg Montejurra is een regelmatig terugkerend hoogtepunt. Als prinses Irene, getooid met een witte baret, de traditionele beklimming van de bijna 1000 meter hoge berg Montejurra aanvoert, stijgt er een gejuich op. Jongeren zien prinses Irene als hun idool, een strijdbare prinses die weet waar zij voor vecht. Het karakter van het carlisme verandert. Om dat duidelijk te maken geven Irene en Carlos regelmatig persconferenties en interviews.

Samen in de kraamkamer

Uiteindelijk verhuizen Carlos en Irene naar een villa in het park Conde de Orgaz, ten noorden van Madrid. Enkele jaren zijn zij daar gelukkig tot het moment dat Carlos het land moet verlaten in december 1968. De negatieve opmerkingen die Carlos gemaakt heeft over het heersende politieke systeem zijn Franco in het verkeerde keelgat geschoten. Nederland vindt het zielig voor Irene, maar zij laat juist merken de strijd te willen aangaan. Zij zet het werk van haar man voort, niet geheel zonder gevaar. Samen gaan zij in het Franse Arbonne wonen, tussen de plaatsen Bayonne en Biarritz. Irene is strijdvaardig, zelfbewust en beschikt over een grote portie zelfvertrouwen. Tegelijkertijd is de band met Nederland inniger geworden en vaak is Irene op Soestdijk te vinden. Als zij vijf maanden zwanger is komt zij naar Nederland, om vier maanden later in het Nijmeegse St. Radboudziekenhuis op 27 januari 1970 te bevallen van een kerngezonde zoon, Carlos jr. De strijd voor de carlisten komt op een lager pitje te staan. Irene is nu moeder en die rol vervult zij met veel genoegen. Baby Carlos is de vredestichter tussen de Bourbons en de Oranjes. Koningin Juliana als oma en prins Xavier als opa, dat schept een band. Beiden zijn de peten van Carlos jr. die wordt gedoopt met gewijd water uit de twee heilige Spaanse rivieren de Ebro en de Guadalquivier. De tweede zwangerschap van Irene verloopt minder voorspoedig. Zij wordt in augustus 1972 op advies van gynaecoloog dr. Mastboom in het St. Radboudziekenhuis in Nijmegen opgenomen. De kleine Carlos logeert op kasteel Drakensteyn bij zijn neefjes en wordt erg verwend door tante Beatrix. Tot overmaat van ramp ligt niet alleen Irene in het ziekenhuis, maar ook Carlos. Hij heeft een ruggenwervel beschadigd bij het parachutespringen. Samen liggen zij in de kraamkamer. Irene is pas uitgerekend in december, maar bevalt al op 13 oktober 1972 van de tweeling Margarita en Jaime. De tweeling is zes weken te vroeg geboren en hun gezondheidstoestand laat te wensen over. Margarita weegt slechts 1714 gram en Jaime 2160 gram. De tweeling wordt in het ziekenhuis door pater Jesús Lezaun gedoopt. Margarita is de eerste kleindochter van Juliana en heeft direct een bijzonder plekje in het hart van de vorstin. Irene en Carlos blijven nog even op Soestdijk en met de voltallige familie wordt kerst in Nederland gevierd. Het vierde kind laat niet lang op zich wachten: op 23 juni 1974 wordt dochter Maria Carolina geboren. Ook deze keer is het weer een moeizame bevalling die uiteindelijk uitmondt in een keizersnee. Prinses Christina is meter van de baby en zingt tijdens de doop in Lignières een Engels wiegenliedje.

Irene heeft haar handen vol aan haar edele viertal. In de eerste plaats is zij moeder en tegelijkertijd helpt zij Carlos bij het realiseren van zijn idealen. In 1975 overlijdt dictator Franco en wordt Carlos' neef Juan Carlos uitgeroepen tot koning van Spanje. Er wordt gehoopt dat hij snel van de troon wordt gestoten en dat dan Carlos naar voren kan worden geschoven. IJdele hoop, zo blijkt later, als zich op 9 mei 1976 een drama afspeelt op de Montejurra. Irenes zwager Sixto, peetvader van Margarita, pleegt een aanslag op de deelnemers aan de beklimming van de Montejurra, waaronder ook Carlos en Irene. Hij is het niet eens met de moderne opvattingen van de carlisten en wordt daarin gesteund door een aantal fanatieke rechtse carlisten. Irene is aangeslagen als zij hoort dat bij deze aanslag een 22-jarige carlist is gedood. Ook Carlos zou doelwit geweest zijn. Irene is verbijsterd en intens verdrietig. Tijdens de begrafenis van de jonge carlist loopt zij mee in de begrafenisstoet. Deze gebeurtenis is een ommekeer in het leven van Irene, die voor het eerst wordt geconfronteerd met gewelddadigheid. Een jaar later wordt de beklimming verboden door koning Juan Carlos. Als Irene toch aan de beklimming wil beginnen, wordt zij door de politie verwijderd en de grens overgezet.

De monarchie in Spanje is hersteld, koning Juan Carlos wil vrede met de De Bourbon-Parma's en na een audiëntie op het paleis wordt de vrede getekend. De familie verhuist vanuit Parijs naar Madrid. Carlos, Jaime, Margarita en Maria Carolina vinden het maar niks. Zij hebben het uitstekend naar hun zin in Parijs en willen het liefst daar blijven. De carlisten richten een politieke partij op. Zij willen in de regering en starten een verkiezingscampagne. De campagne kost twee miljoen gulden en prinses Irene is ervan overtuigd dat de partij zo'n tien zetels krijgt. Als de stemmen zijn geteld blijken de carlisten echter geen enkele zetel te hebben behaald. Een grote teleurstelling... Irene en Carlos nemen even rust, waarna Carlos zijn studie over het economische wel en wee van Spanje ter hand neemt en Irene zich op kleinere schaal in Madrid bezighoudt met de vrouwenbeweging. Carlos' agenda vertoont veel lege plekken terwijl Irene het juist drukker en drukker krijgt.

Huwelijk gestrand
Feest is het als oma Juliana in 1980 komt logeren in Madrid. Zij vertelt haar dochter dat zij aftreedt. Lange gesprekken tussen moeder en dochter zijn aan de orde van de dag. Terwijl Juliana blij is dat zij wat meer tijd krijgt voor haar kinderen en kleinkinderen en daar enthousiast over vertelt, luistert Irene alleen maar. Zij durft haar moeder niet te vertellen wat haar op dat moment al bezighoudt. Er is sprake van een verwijdering tussen Carlos en Irene. Carlos heeft de carlistenstrijd opgegeven, terwijl Irene juist nog erg strijdbaar is. Zij ziet haar droom om ooit koningin van Spanje te worden uiteenspatten. Het huwelijk wankelt en toch durft Irene haar moeder niet om raad te vragen. Zij weet hoe Juliana denkt over scheidingen, zij zal het nooit goedkeuren. Juliana vertrekt weer naar Nederland en Irene blijft in twijfel achter. Zij moet haar problemen zelf oplossen. Uiteindelijk besluit de prinses in oktober 1980 Spanje de rug toe te keren en terug te komen naar Nederland. Samen met haar vier kinderen neemt zij haar intrek in een zijvleugel van paleis Soestdijk. Juliana ontvangt haar kind en kleinkinderen met open armen. Dit brengt veel gezelligheid op Soestdijk. De officiële verklaring is dat Carlos jr. last heeft van een astmatische aandoening. Dit is natuurlijk maar een afleidingsmanoeuvre, want de werkelijkheid is dat een

scheiding tussen Irene en Carlos een feit is. Al spoedig volgen de eerste speculaties. Irene zou meer dan een vriendschappelijke relatie hebben met Ronnie Wolff, een 40-jarige kapitein-ter-zee. Carlos blijft zijn kinderen op Soestdijk regelmatig bezoeken. Uiteindelijk geeft Irene een Haags advocatenkantoor opdracht een echtscheidingsprocedure op gang te brengen. Carlos heeft bij de kerkelijke rechtbank van het bisdom Utrecht de nietigverklaring van de verbintenis aangevraagd. De scheiding wordt uitgesproken op 26 mei 1981. Irene raakt haar titel prinses van Bourbon-Parma kwijt, maar blijft wel prinses der Nederlanden, prinses van Oranje-Nassau en prinses van Lippe-Biesterfeld. Zij laat zich voortaan mevrouw Irene van Lippe-Biesterfeld noemen. Opvallend is dat de contacten tussen de Oranjes en Carlos Hugo nooit zijn verbroken. Bij alle familiegelegenheden ontmoeten zij elkaar, ook in het openbaar. De vier kinderen, die de Spaanse nationaliteit bezitten, worden toegewezen aan Carlos Hugo. Toch blijven zij in Nederland wonen. Irene verlaat met haar kinderen Soestdijk en neemt haar intrek in de kapitale villa aan de Baarnse Vredehofstraat, op een steenworp afstand van paleis Soestdijk.

Conflicten en schandalen
Prins Carlos verhuist naar de Verenigde Staten en gaat daar werken als econoom. Irene zoekt naar een nieuwe uitdaging. Samen met Herman van Veen neemt zij zitting in het bestuur van de Stichting Columbine. Een stichting die zich inzet voor de kinderen in de sloppenwijken van de Filippijnse hoofdstad Manilla. Zij gaat een Hogere Agogische Beroepsopleiding volgen in Amsterdam. Verder is zij een groot voorstander van de vrouwenemancipatie en zet zich daar ook daadwerkelijk voor in. Jarenlang is zij nauw betrokken bij het geven van cursussen aan buitenlandse, en met name Turkse en Marokkaanse, vrouwen. Als zij begin jaren tachtig doorslaat naar de linksdenkende kant van de samenleving en zelfs tegen de komst van kruisraketten protesteert, raakt zij in onmin met haar zus Beatrix. De koningin is woedend op Irene dat zij zich zo profileert. Er ontstaat een groot conflict en de zussen praten

meer dan een jaar niet met elkaar. Het zijn moeilijke tijden voor Irene, die in haar eentje vier kinderen moet opvoeden en zich daarnaast bezighoudt met de verbouwing van haar nieuwe huis in Wijk bij Duurstede. Voor het eerst rijdt zij weer zelf auto, zonder chauffeur of beveiliging. Zij verdwaalt vaak omdat zij nooit heeft moeten zoeken naar een adres; dat werd voor haar gedaan. Irene weet bijvoorbeeld ook niet hoe een telefooncel werkt. Langzaam maar zeker begint zij te begrijpen hoe het normale leven in elkaar zit. Zij verhuist naar Wijk bij Duurstede en ze ziet haar kinderen één voor één uitvliegen. Haar zoon Carlos jr. gaat studeren en bij zijn vader in Amerika wonen, maar komt later terug naar Nederland. De jonge prins zorgt voor een schandaal als hij een kind verwerkt bij zijn jeugdvriendin Brigitte Klynstra in Hummelo. In een verklaring laat de prins weten dat er geen familierechtelijke relatie tussen hem en dit kind bestaat. Er is vast en zeker wel een regeling getroffen met de moeder van Carlos jr. want behalve dat zij soms poseert met het kleine jongetje komt er geen woord over haar lippen. Voor Irene is het een klap. Zij vindt het maar niets dat haar oudste zoon een kind heeft zonder getrouwd te zijn. Prins Jaime volgt zijn vader naar Amerika en verdiept zich daar in de binnenhuisarchitectuur. Hij loopt stage bij het World Wildlife Fund en het Rode Kruis. De twee dochters van Irene gaan studeren in Amsterdam. Prinses Margarita kiest voor culturele antropologie. Zij loopt stage in Kenia, het favoriete land van prins Bernhard. Prinses Carolina gaat studeren aan de Harvard Universiteit in de Verenigde Staten, maar mist Nederland. In Amsterdam studeert zij politieke wetenschappen. Het is opvallend hoe lang de kinderen van Carlos en Irene uit de publiciteit zijn gebleven. Eén keer treden zij samen met hun moeder in de openbaarheid. Dat is als Irene in september 1984 samen met haar kinderen Jaime, Carolina en Margarita de tekst inspreekt op een langspeelplaat waarop het muzikale sprookje 'Peter en de Wolf' van Serge Prokofiev is vastgelegd. De opbrengst van de langspeelplaat is bestemd voor een ontwikkelingsproject in de krottenwijk Tonga in de Filippijnse hoofdstad Manilla.

Mannen zijn er wel in het leven van de gescheiden prinses Irene, maar tot een langdurige relatie is het nooit meer gekomen. De intense vriendschap met de oud-marineman Ronnie Wolff houdt jaren stand. Hij vangt Irene op na haar scheiding en de vriendschap is hecht. Wolff en de prinses hebben een geheime ontmoetingsplaats, Résidence Plaza in Hilversum. Een meer dan vriendschappelijke relatie heeft Irene met journalist Joop van Tijn. Twee maatjes die elkaar steunen door dik en dun. Irene is dan ook intens verdrietig bij zijn begrafenis. Haar boek *Aarde ik hou van jou* heeft zij aan hem opgedragen. De ingenieur Peter Rauwerda heeft zelfs met Irene samengewoond in Wijk bij Duurstede, maar ook aan die relatie is weer een einde gekomen.

Irene blijft knokken voor een zelfstandig bestaan. Dit lukt maar matig en eind jaren tachtig raakt de prinses in een depressie. Zij gaat op zoek naar wat het leven haar nog te bieden heeft. De inzinking brengt haar in contact met de natuur en enkele jaren later komt haar boek *Dialoog met de natuur* uit. Er komen heftige reacties op het boek. De prinses schrijft dat zij praat met bomen en dolfijnen en zelfs tegen een muis in haar slaapkamer. Zij vraagt de muis haar kamer te verlaten. De muis luistert en Irene heeft hem nooit meer teruggezien. Tenminste, dat vertelt zij in haar boek. Dit soort voorvallen werkt bij sommigen op de lachspieren, maar Irene meent het bloedserieus. De kinderen moeten wel een beetje wennen aan hun moeder die zo anders is dan andere moeders. Jarenlang begrijpen zij haar niet, maar nu zij zelf volwassen zijn weten ze wat hun moeder bedoelt en zijn ze trots op haar.

In 1999 ontwikkelt zij grootse plannen en twee jaar later richt zij de Stichting Lippe-Biesterfeld Natuur-College op. Met dit college wil de prinses een bijdrage leveren aan het intensiveren van de relatie tussen mens en natuur, op alle bewustzijnniveaus. Op de website van de stichting vertelt zij: 'In mijn leven is de oerbron altijd aanwezig geweest. Ik wist dat er ergens om mij heen een grotere dimensie aanwezig was. Daarin voelde ik mij beschermd en wist mij niet alleen. De natuur in haar totaliteit en diversiteit, de mens natuurlijk inbegrepen, is voor mij niets anders dan die oerbron. Al het leven op en om en in de aarde is verbonden. Door thuis te komen in de natuur vond ik mijn eigen innerlijke natuur terug en kon ik mij steeds dieper verbinden met de onuitsprekelijke liefde om me heen, in al haar dimensies. Vanuit die verbinding geef ik mijn cursussen, klein maar stevig, vol verwondering steeds weer.'

Het zijn woorden die duidelijk weergeven hoe Irene op dit moment leeft, denkt en werkt. Zij heeft een prachtig landgoed in Zuid-Afrika waar zij in de Karoowoestijn een natuurgebied beheert en cursussen voor haar stichting geeft. Deze plek heeft zij gevonden samen met haar vader, prins Bernhard. Een groot deel van het jaar verblijft Irene in Zuid-Afrika. Haar leven is daar simpel; zij kookt vaak op een houtvuurtje en is hard aan het werk om haar landgoed, zoals zij zelf zegt, 'terug aan de natuur te geven'. Dat is de doelstelling die Irene nu in haar leven heeft. Minder goed gaat het met Irenes oudste dochter prinses Margarita. De prinses trouwt in september 2001 met Edwin de Roy van Zuydewijn. Er zijn dan al problemen en alleen Irene is bij het huwelijk in het Franse Auch aanwezig. De vader, Prins Carlos, schittert door afwezigheid en slechts enkele familieleden van de Oranjes hebben de moeite genomen om naar Frankrijk te komen. In 2003 escaleert alles als Margarita en Edwin de Roy van Zuydewijn eventjes haarfijn vertellen hoe het er werkelijk aan toe gaat bij de Oranjes. Prinses Irene is er kapot van en vindt het moeilijk om te kiezen tussen haar familie en haar dochter Margarita. Het is en blijft toch haar kind.

Prinses Irene, gelukkig in Zuid-Afrika en gelukkig in Nederland. De prinses heeft van haar vader de liefde voor Zuid-Afrika meegekregen en van haar moeder de spiritualiteit. Zij leeft zoals zij zelf is. 'Ik hoef nergens meer bij te horen, ik ben gewoon mezelf...'

De koninklijke familie in 1827
Van links naar rechts: prins Alexander, prinses Anna Paulowna, de prins van Oranje, prinses Sophie, erfprins Willem, koningin Wilhelmina, koning Willem I, prins Hendrik, prinses Marianne, prinses Louise en prins Frederik.
(Litho door Linatti, gemeentearchief, 's-Gravenhage)

Emma

Koning Willem III en zijn ruim veertig jaar jongere bruid Adelheid Emma
Wilhelmina Theresa trouwden op 7 januari 1879 op slot Arolsen. De foto
(inlas) is genomen kort voor hun huwelijk. (Koninklijke Verzamelingen,
Den Haag)

Op haar huwelijksdag was Emma volgens de laatste Parijse mode gekleed in
een gecompliceerd geplooide sleepjapon van crème satijn met zilverdraad
geborduurd (zie foto, Stichting Historische Verzamelingen van het huis Oranje-
Nassau, Den Haag). Bij dit toilet droeg zij een hermelijnen schoudermantel die
het décolleté bedekte en een kanten sluier die door een Waldeckse huisdiadeem
op zijn plaats werd gehouden, waaroverheen een mirtekrans was bevestigd.
De koning droeg het admiraalsuniform. Als huwelijkscadeau kreeg Emma een
juwelenset aangeboden bestaande uit een collier met 34 briljanten en een grote
broche met 214 stenen.

Wilhelmina en Hendrik, 7 februari 1901
Oogverblindend is koningin Wilhelmina naast haar echtgenoot Hendrik van
Mecklenburg-Schwerin, die het indrukwekkende uniform van luitenant-
generaal der grenadiers draagt. De bruid schittert in een gedécolleteerde
sleepjapon van zilverlamé, bestikt met goud, zilver en glasparel. De bruidsjapon
is ontworpen door het Parijse couturehuis Maison Nicaud. Het goud, zilver en
de glasparels op de sleep zijn in Nederland geborduurd. Op het hoofd draagt zij
een diamanten diadeem waarin oranjebloesem uit de tuinen van Het Loo is
verwerkt. De sluier die aan de tiara is bevestigd is van tule en zeker vijf meter
lang. Het lijfje van de japon is ook versierd met tule en een slinger oranjebloesem. Deze slinger wordt op zijn plaats gehouden door een grote diamanten
strikbroche. (Foto H. Deutmann) De Gouden Koets, die aan de koningin werd
geschonken door de Amsterdamse bevolking, gebruikt zij op haar huwelijksdag
voor het eerst.

Juliana en Bernhard, 7 januari 1937
Juliana draagt een gedrapeerde ivoorkleurige zijden bruidsjapon, waarin een
Griekse plooival is gestikt, met vanaf de schouders een lange mantelsleep.
De japon doet denken aan de gewaden van de oude Grieken. Het is een
Nederlands ontwerp van couturier Praetorius, geïnspireerd op de kleren van
Isidora Duncan, een Amerikaanse danseres die in antieke gewaden optreedt.
Het Haagse modehuis Kühne heeft de japon vervaardigd. Op Juliana's wittulen
sluier zijn zilveren oranjebloesems en rozen geborduurd. De roos is een motief
in het wapen van de bruidegom. De tiara die zij draagt is afkomstig uit de
collectie van koningin Emma, een diamanten diadeem. De ceintuur is versierd
met verse oranjebloesem uit de orangerieserie van Het Loo met bloesems die in
Italië wonende Nederlanders hebben opgestuurd. De sleep van vijf meter wordt
gedragen door vier bruidskinderen, twee jongetjes en twee meisjes. De bruidsmeisjes zijn gekleed volgens hetzelfde ontwerp van de bruidsjapon, uitgevoerd
in roze, oranje, geel, groen, blauw en lila. Samen vormen ze de regenboog, de
verbinding tussen hemel en aarde. Prins Bernhard draagt het uniform van
ritmeester der huzaren met bijbehorende berenmuts.
(Foto: F. Ziegler. Koninklijke verzamelingen, Den Haag)

Irene en Carlos Hugo de Bourbon-Parma, 29 april 1964
Het bruidstoilet van prinses Irene is een ontwerp van Pierre Balmain uit Parijs.
Zijn creatie, een schitterende witte robe voorzien van een dubbele laag
doorschijnend organza en afgezet met traditioneel kant uit Brugge, sluit om
Irenes lichaam als een tweede huid. De prinses is slank, bijna mager en de jurk
accentueert haar vrouwelijke vormen. De Franse kapper Alexandre is verantwoordelijk voor het kapsel van de 24-jarige nerveuze bruid. Hij heeft een soort
boblijn van het haar gemaakt, een kapsel dat volledig in harmonie is met de
drie meter lange sluier. Het meest opvallende aan Irene is de oogverblindende,
ruim twee miljoen gulden kostende diadeem, dat zij van haar schoonvader heeft
gekregen. Het bruidsboeket van Irene vormt de schakel tussen Spanje en
Nederland. Het is samengesteld uit Spaanse rozen en speciaal uit Nederland
geïmporteerde lelietjes-van-dalen. Carlos Hugo de Bourbon-Parma is gekleed in
een typisch Spaans jacquet met op zijn borst zijn onderscheidingen.
(Foto: Benelux Press)

Beatrix en Claus van Amsberg, 10 maart 1966
Het bruidstoilet van prinses Beatrix bestaat uit een roomwit tweedelig
ensemble, gemaakt van satijn met fluwelen motieven, waarvan het patroon is
geïnspireerd op de diadeem. De tekeningen hiervoor zijn gemaakt door het huis
Staron in Saint-Etienne. Dit huis heeft ook de zijde speciaal vervaardigd.
De japon zelf is een ontwerp van mevrouw Berge Farwick. De openvallende
rok waaiert uit in een zeer lange sleep van tule. De motieven op de stof zijn
verkregen door het uittrekken van kleine draadjes uit het satijn. Daardoor
wordt het effect van fluweel bereikt. De sleep, die vanaf het middel valt, is vijf
meter lang en twee meter twintig breed. Op het hoofd draagt zij een van de
mooiste pareldiademen met diamanten uit koninklijk bezit. De tiara heeft ook
model gestaan voor de siermotieven op de japon. De huwelijksdiadeem is ook
gedragen door koningin Wilhelmina op haar huwelijk in 1901 en werd speciaal
voor haar gemaakt. Het bruidsboeket bestaat uit eugariusbloemen en is
vervaardigd door de Amsterdamse bloemist A. de Zoeten. Prins Claus is
gekleed in een rokkostuum. De bruidskinderen dragen lange, rechte jurkjes,
gemaakt van dezelfde zijde als de bruidsjapon, echter zonder fluwelen
motieven. Kransjes in het haar van witte veertjes en bloemenmandjes
completeren de toiletjes. De zes bruidsmeisjes zijn gekleed in japonnen van
fluweel met kanten bolero's in de kleuren groen, turkoois en lichtblauw.
Op de mofjes zijn orchideeën vastgeprikt. Kleine veertjes in de kleuren van de
japonnen vormen de hoofdtooi. (Foto: ANP Foto)

Margriet en Pieter van Vollenhoven, 10 januari 1967

Het bruidstoilet van prinses Margriet, een tot het laatst toe bewaard gebleven geheim van Maison Linette in Den Bosch, is van serene eenvoud. De witte cloqué-zijde, gemaakt door het Huis Bianchini in Parijs, is geborduurd met kleine margrieten. Het bovenstuk van het lijfje is, evenals de rand van de lange mouwen bezaaid met 'parelgruis'. In de vijf meter lange sleep die van de schouders valt, volgen de geborduurde margrieten het motief van het weefsel. Het borduursel is afkomstig uit de ateliers van het Parijse huis Hurel. Ook in de fonkelende diadeem in het hoog opgewerkte en strak gekamde kapsel, zijn margrietmotieven verwerkt. De blaadjes van diamant, het hart een parel. Rond de diadeem daalt een tulen sluier, die bijna tot op het middel reikt, in kleine plooitjes neer. Het kapsel van de prinses is een meesterwerk van monsieur Albert. Mr. Pieter van Vollenhoven draagt zijn luchtmachtuniform met de korte ponjaard aan het gala-uniform. (Foto: Benelux Press)

Mabel Wisse Smit en prins Johan Friso, 24 mei 2004

Bijzonder is dat de bruidsjapon van Mabel is gemaakt door de Nederlandse ontwerpers Viktor & Rolf. Een team van vier mensen heeft meer dan zeshonderd uur aan de jurk gewerkt. De jurk heeft een aansluitend lijfje met bateau-halslijn en een gerende rok. De coupe van de jurk, zoals de deel- en coupenaden, is geheel weggewerkt in een degradé ruitpatroon van klein naar groot. Op de kruispunten van het ruitpatroon zijn strikken geappliceerd, ook in een patroon van klein naar groot. Er zijn in totaal 248 handgemaakte strikken op de jurk aangebracht: 128 strikken op de rok; 85 strikken op het lijfje en 35 strikken op de sleep. De bovenstof van de bruidsjurk is satin double soie (satin duchesse) uit Lyon in de kleur snow white (15 meter totaal). De lengte van de sleep is 2.75 meter exclusief en 3.15 inclusief linten. Prins Johan Friso draagt een donker jacquet met lichtgrijze pantalon, lichtgrijs vest, wit overhemd en blauwe stropdas. Op zijn revers een witte roos.

De diadeem is samengesteld uit een grote saffiertiara die in 1881 in opdracht van koning Willem III is gemaakt als geschenk voor koningin Emma door een beroemd Parijs juweliershuis dat nog steeds bestaat.

De kleding van de twee bruidsmeisjes Sophie von der Recke en Eveline Wisse Smit bestaat uit een shirt van ijsblauw satijn en een lange, iets gerende rok van donkerblauwe crêpe. De kraag van het shirt loopt over in een strikgarnering.

De bruidsjonkers Max Knap en Friso Wisse Smit dragen een pandjesjas met bijpassende broek in donkerblauw katoen/zijden fluweel, een overhemd van wit katoenen poplin, een cumberband van ijsblauw satijn en een strik. De bruidsmeisjes Lotte Crombag, Anna van Lippe-Biesterfeld van Vollenhoven en Theodora Petalas dragen een jurk en jas in dezelfde combinatie. (Foto: Benelux Press)

Hoofdstuk 9

Beatrix kiest tegen alle bezwaren in toch voor Claus

Na alle commotie rondom de verloving en het huwelijk van prinses Irene en prins Carlos lijkt de rust in de zomer van 1964 weergekeerd op paleis Soestdijk. Niets is minder waar. In het diepste geheim wordt er juist druk overleg gepleegd op Kasteel Drakensteyn, de woning van prinses Beatrix. Zij heeft de man van haar leven ontmoet, de Duitse diplomaat Claus von Amsberg. In het voorjaar van 1964 hebben zij met elkaar kennisgemaakt tijdens een vorstelijke bruiloft op slot Berleburg in Duitsland. Prins Maurits van Hessen trouwt daar met prinses Tatjana zu Sayn Wittgenstein. Het is een groots huwelijksfeest met honderden gasten. Prinses Beatrix is al jaren bevriend met de broer van Tatjana, prins Richard zu Sayn Wittgenstein. Claus is ook een vriend van prins Richard en werkt als diplomaat op het departement van Buitenlandse Zaken in Bonn.

Direct beseft de prinses dat een Duitser niet met open armen ontvangen zal worden in Nederland. Toch is het niet zo verwonderlijk dat de Nederlandse kroonprinses juist een Duitser aan de haak heeft geslagen. In die tijd waren in Duitsland maar liefst 19 prinsen, 2 kroonprinsen, 3 erfprinsen, 4 hertogen en 1 graaf beschikbaar voor een huwelijk met prinses Beatrix. Claus von Amsberg is een van de vier hertogen. In het voorjaar van 1965 wordt er regelmatig een auto met Duits nummerbord bij Kasteel Drakensteyn gesignaleerd. Men denkt dat het om prins Richard gaat, vooral als op Koninginnedag 1965 wordt gesuggereerd dat prins Richard en zijn moeder ook op Soestdijk zijn. Een fabeltje blijkt achteraf.

Driftbuien

Zes weken na de verloving van prinses Margriet en mr. Pieter van Vollenhoven ontstaat er grote beroering. Op 1 mei 1965 maakt de Amsterdamse fotograaf John de Rooy in Lage Vuursche de fotoserie van zijn leven, als hij prinses Beatrix innig gearmd met een onbekende man in de bossen ontdekt. De golden retriever Joris huppelt naast de prinses en haar nieuwe vriend. Deze foto's betekenen het einde van het anonieme leven van prins Claus en de gedeeltelijk onbezorgde jeugd van prinses Beatrix. Beatrix is woedend en de driftbuien, waar zij in haar jeugd zo'n last van had, komen in alle hevigheid terug. Op 28 juni 1965 maakt koningin Juliana bekend dat Beatrix en Claus gaan trouwen. De bruiloft zal plaatsvinden op 10 maart 1966. De oudste dochter van koningin Juliana en prins Bernhard heeft de man van haar leven gevonden. Weer vliegt er een vogel uit het koninklijke nest. Prinses Glimlach volgt haar hart en Beatrix breekt daarmee de traditie van Oranjebruiden die meestal hun verstand voor hun hart lieten gaan...

Gerucht

Er volgt geen luidruchtig openbaar huldebetoon rondom Paleis Soestdijk na de geboorte van de nieuwe kroonprinses. H.K.H. Prinses Beatrix Wilhelmina Armgard en prinses Juliana hebben te kennen gegeven dat zij behoefte hebben aan rust. In deze bewoordingen wordt op 31 januari 1938 het enthousiasme van de uitzinnige Oranjeschare enigszins getemperd. Liever niet te veel lawaai, want het kleine prinsesje moet veel slapen en haar moeder heeft haar rust hard nodig na de zware bevalling. Om 9.47 uur is de kroonprinses geboren en al direct gaan er geruchten. Geruchten die tot op de dag van vandaag niet bevestigd of ontkend zijn. Tijdens haar zwangerschap is verschillende malen gesuggereerd dat prinses Juliana een tweeling verwacht. Haar lijfartsen dr. J. de Groot en dr. C.L. de Jongh zouden zelfs bevestigd hebben dat de kans op een meerling groot was. Elisabeth Burk, een gepensioneerde onderwijzeres die op korte afstand van paleis Soestdijk woont, is degene die het gerucht verspreidt dat kort na de geboorte van Beatrix in het diepste geheim haar overleden tweelingbroertje begraven is in de tuin van het paleis. Verder is het opvallend dat Juliana pas half februari voor het eerst een klein wandelingetje door de tuinen van Soestdijk maakt. Zij is dan nog zwak en ziet erg pips. Koningin Wilhelmina logeert weken achtereen bij haar dochter op Soestdijk en staat haar met raad en daad bij.

De naam Beatrix betekent 'zij die gelukkig maakt', zo vertelt prins Bernhard bij de aangifte in Baarn. Hij maakt ook de eerste foto's van het prinsesje. Moeder Juliana voedt haar baby zelf en daardoor moet de vorstin in de eerste maanden na Beatrix' geboorte vaak op tijd thuis zijn voor de voedingen. Iedere keer als zij buitenshuis een verplichting heeft gedaan, gaat zij zich eerst wassen en verkleden voordat zij naar de kinderkamer gaat. Juliana is bang dat zij een of andere infectie overbrengt op haar dochtertje. Op 12 mei 1938 wordt Beatrix in de Haagse St. Jacobskerk gedoopt. De koninklijke baby krijst alles bij elkaar. Juliana probeert haar te sussen, wat wordt opgevangen door de microfoons in de kerk zodat heel Nederland kan meegenieten. Iedere ontwikkeling van het prinsesje wordt op de voet gevolgd: haar eerste inentingen, haar eerste stapje en haar eerste wintersportvakantie in het Zwitserse Grindelwald.

Oorlogsjaren

Lang kan Beatrix niet genieten van haar enig-kindschap. Op 5 augustus 1939 wordt zusje Irene geboren. Door de inval van de Duitsers vlucht het gezin naar Londen om daarna door te reizen naar Canada. In het gezelschap zijn ook de kinderverzorgster freule Feith, mevrouw M. Röell-Del Court van Krimpen en haar dochtertje Renée. Het zijn onbezorgde kleuterjaren voor de kroonprinses. Zij is een bijdehandje dat goed op kan schieten met haar zusje Irene en moedert over haar in Canada geboren zusje Margriet, door haar liefkozend Pietie genoemd. Beatrix is zich in Ottawa niet bewust van haar uitzonderlijke positie. Zij gaat naar een gewone school en speelt thuis met vriendinnetjes. Prinses Juliana probeert haar dochters wel te vertellen wat er in Nederland aan de hand is, maar de kleuters begrijpen er niet veel van. Zij herinneren zich Nederland niet eens meer en de voertaal op school is voornamelijk Engels. Dan eindelijk mogen zij terug naar het bevrijde Nederland. Als Beatrix voet op Nederlandse bodem zet weet het volk direct waar ze aan toe is. Als een verslaggever de prinses iets wil vragen en de microfoon onder haar neus houdt, zegt Beatrix resoluut: 'Ik houd niet van die dingen.'

De Werkplaats

Juliana en Bernhard willen een gewone school voor hun dochters en de keuze valt op 'De Werkplaats' van onderwijsvernieuwer Kees Boeke in Bilthoven. Direct ontstaat een stormloop op dit schooltje. De kinderen leren niet alleen rekenen en taal, maar ook leren zij de handen uit de mouwen te steken. Op 'De Werkplaats' leert Beatrix de stoep te schrobben en mattenkloppen. Of zij hier in de toekomst iets aan heeft, is maar de vraag. Beatrix krijgt naast de gewone lessen ook extra Engelse les van Betty Boeke-Cadbury. Het karakter van Beatrix wordt steeds duidelijker. Zij mag graag zelf de touwtjes in handen nemen, speelt het liefst de baas en als er iets georganiseerd moet worden staat de prinses vooraan. Sociaal is zij ook, ze heeft veel voor anderen over. Zo besluit zij in 1953, tijdens de Watersnoodramp, haar eigen speelgoed en haar eigen fiets uit te delen aan de slachtoffers van de ramp. Ballet is een grote hobby van de prinses. Lange tijd krijgt zij les van Gabrielle Destrée.

Doorsnee-leerling

Een ingrijpende fase in haar leven is het moment dat haar moeder in 1948 staatshoofd wordt. Beatrix begrijpt dat dit ook haar toekomst is en dat bezorgt haar slapeloze nachten. De middelbareschoolopleiding wordt aangepast. Beatrix gaat weliswaar naar het Baarnsch Lyceum, maar volgt onderwijs op de aparte dependance Incrementum. Leerlingen die dit onderwijs volgen zijn geselecteerd op maatschappelijke achtergrond en afkomst. De prinses is een doorsnee-leerling. Zij spreekt vier talen en is geïnteresseerd in geschiedenis, maar de bètavakken gaan haar minder goed af. Speciaal voor de prinses worden extra vakken zoals maatschappijleer en staatsinrichting aan het lesrooster toegevoegd. Beatrix gaat graag naar school, achteraf gezien logisch. Op school kan zij even afstand nemen van de spanningen die er op Soestdijk zijn. Het gaat thuis niet echt lekker, de Greet Hofmans-affaire is in volle gang en Juliana en Bernhard leven op voet van oorlog. Beatrix ontgaat dit alles niet. Net als de andere drie dochters kiest zij meestal partij voor haar vader, prins Bernhard. Dit tot grote ergernis van Juliana die zich in de steek gelaten voelt door haar meisjes. Niet alleen de ouders hebben ruzie, ook is er heel wat gekissebis tussen Irene en Beatrix. De kroonprinses wil in alles de beste zijn en dat lukt niet altijd. Irene is bijvoorbeeld veel beter in sport en wint op ieder concours hippique de ene prijs na de andere.

De 18de verjaardag van de prinses wordt ondanks de problemen groots gevierd. Zij krijgt een zeiljacht van de Nederlandse bevolking en er is een feest georganiseerd in de Van Speyk-zaal in het paleis op de Dam. Koningin Juliana installeert haar dochter als lid van de Raad van State en de prinses doet bij dominee H.J. Kater geloofsbelijdenis en zij wordt belijdend lid van de Nederlands-hervormde kerk. Na haar eindexamen in 1956 besluit Beatrix, net als haar moeder destijds, te gaan studeren in Leiden. Zij kiest voor rechten/vrije studierichting. Ook gaat ze het huis uit en neemt haar intrek aan het Rapenburg, samen met hartsvriendin Renée Röell en secretaresse mevrouw Meurs. De prinses wil vanaf nu ook aangesproken worden met 'Koninklijke Hoogheid'. Slechts heel goede bekenden mogen haar Beatrix noemen, maar alleen binnen de muren van haar eigen huis en zeker niet buitenshuis. De studietijd van Beatrix verloopt soepel. Tweemaal onderbreekt zij haar studie, voor een staatsreis naar de Antillen en een bezoek aan de Verenigde Staten. In de zomer van 1959 slaagt zij voor haar 'kandidaats rechten' en op 7 juli 1960 heeft zij haar academische titel op zak. Trots zet zij haar handtekening in het beruchte 'zweetkamertje' van de Leidse Universiteit.

Met de afronding van haar studietijd is er ook meteen een einde gekomen aan haar vrijheid. Beatrix moet gaan werken en zich voorbereiden op haar toekomst. Zij treedt steeds meer in de openbaarheid en gaat vaak op reis. In 1962 maakt ze een lange wereldreis die plotseling afgebroken wordt als haar grootmoeder, prinses Wilhelmina, overlijdt. Beatrix probeert niet te huilen als zij aan de graftombe staat, dit in navolging van haar oma Wilhelmina, die dergelijke emoties in het openbaar niet zou tolereren.

In 1963 neemt zij haar intrek in het verbouwde kasteel Drakensteyn in Lage Vuursche. Dan al zijn de eerste geruchten over vermeende liefdesrelaties aan de orde. Zo wordt regelmatig de naam van Bob Steensma genoemd, een vriend uit haar studententijd. Een burgerjongen, niet van adel. Op Soestdijk wordt hij vriendelijk ontvangen, maar toch heeft prins Bernhard voor zijn 25-jarig huwelijksjubileum tal van Duitse prinsen uitgenodigd als eventuele huwelijkskandidaat. Beatrix gunt geen van deze prinsen een blik waardig en zwiert op de dansvloer in de armen van Bob. Zonder resultaat, enkele maanden na het feest is de liefde met Bob over. Beatrix bezoekt het door een aardbeving getroffen Iraanse dorp Dousadsj en ontmoet de Israëli David Minchsky. Verschillende keren vliegt Beatrix naar Iran om haar nieuwe vriend te ontmoeten, maar ook deze relatie houdt geen stand. Beatrix is het beu en gaat niet langer op zoek naar een nieuwe vlam.

Dekmantel

De enige man die haar nog kan boeien is prins Richard zu Sayn Wittgenstein. Als zij elkaar regelmatig ontmoeten wordt ook hij als potentiële huwelijkskandidaat genoemd. Al snel blijkt Richard het spelletje mee te spelen. In werkelijkheid is hij een dekmantel voor de opbloeiende relatie tussen de 27-jarige prinses Beatrix en zijn vriend, de 39-jarige Claus von Amsberg. Beatrix en Claus hebben elkaar ontmoet bij de bruiloft van prinses Tatjana zu Sayn-Wittgenstein en prins Maurits von Hessen. Er zijn een paar beleefde woorden gewisseld, handjes geschud, maar verder is er geen sprake van liefde. Totdat Beatrix en Claus elkaar weer ontmoeten tijdens een feestje bij graaf van Oeynhausen. Prinses Beatrix vindt de charme van Claus ontwapenend en zijn leuke grapjes en bijzondere kijk op de wereld raken haar diep. Na deze ontmoeting volgen er veel geheime afspraakjes en al snel wordt er onderzoek gedaan naar de achtergrond van Claus von Amsberg. Tijdens de kerstdagen komt Claus naar Nederland en doet mee aan een jachtpartij. Het contact tussen Claus en de koninklijke familie verloopt soepel, al beseft koningin Juliana goed dat er nog heel wat weerstand zal komen als Claus inderdaad met Beatrix trouwt.

Claus Georg Wilhelm Otto Friedrich Gerd, jonkheer von Amsberg komt uit een gewone familie die door hard werken carrière heeft gemaakt. Zijn moeder is Gosta Frein von dem Bussche-Haddenhausen en zijn vader is Claus von Amsberg sr. De familie Von Amsberg is in 1686 in de adelstand verheven. Claus is geboren in Doetzingen nabij Brunswijk en zijn vader heeft een grote boerderij in Hitzacker. Hij is opgegroeid in Afrika en volgt lessen aan een Duits internaat. Vlak voor het uitbreken van de Tweede Wereldoorlog gaat hij in Duitsland studeren. In 1944 krijgt hij een oproep om zijn militaire dienstplicht te vervullen en hij wordt ingedeeld bij het pantseropleidingsbataljon. In 1945 wordt hij naar Italië gestuurd als onderdeel van een pantserregiment van de 90ste Pantserdivisie. Hij gaat gekleed in de SS-achtige uniformen van de Wehrmacht. Na de oorlog wordt Claus gearresteerd en in een kamp gestationeerd. Hij wint het vertrouwen van de Amerikanen en mag aan het werk als tolk. De familie Von Amsberg keert berooid terug naar Duitsland. Zij zijn tijdens de oorlog alles kwijtgeraakt. Claus kiest voor een rechtenstudie en moet plotseling afscheid nemen van zijn vader die aan een hartstilstand overlijdt. Na zijn studie gaat hij aan het werk als derde secretaris op de Duitse ambassade in Ciudad Trujillo, de hoofdstad van de Dominicaanse Republiek. Later wordt hij overgeplaatst naar Ivoorkust. In 1963 gaat hij terug naar Duitsland en neemt een baan aan op het ministerie van Buitenlandse Zaken in Bonn. En dan ontmoet hij Beatrix en neemt zijn leven een geheel andere wending. Van anoniem burger tot prins, dat moet wel even wennen.

Prinses Beatrix loopt hard van stapel. Zij moet en zal Claus von Amsberg hebben. Prins Bernhard is het met haar eens, hij ziet in Claus wel de ideale schoonzoon. Tegelijkertijd begrijpt men op Soestdijk dat er heel wat problemen zullen ontstaan als Beatrix trouwt met Claus. Behalve dat hij Duitser is, heeft hij bovendien tegen de geallieerden gevochten en het beruchte Duitse uniform gedragen. Hij is geen nazi en heeft alleen zijn dienstplicht vervuld, maar of hij de ware echtgenoot voor een toekomstig koningin van Nederland is? In ieder geval worden Beatrix en Claus het eens tijdens een gezamenlijke vakantie in het Zwitserse Gstaad.

Kritiek
Intussen is het net feest geweest op paleis Soestdijk en is de aandacht even afgeleid van prinses Beatrix. Prinses Margriet is op 19 maart 1965 verloofd met mr. Pieter van Vollenhoven. Intussen blijven Claus en Beatrix elkaar vaak ontmoeten, zij voelen zich veilig achter de muren van Drakensteyn en in de dichtbegroeide tuin van het kleine kasteeltje. Als enige weken later de foto van Beatrix en Claus innig gearmd in de tuinen van Drakensteyn wordt gepubliceerd, probeert koningin Juliana de gemoederen te sussen. 'De geruchten over een spoedig te verwachten aankondiging van de verloving van onze oudste dochter zijn voorbarig.' Het zijn woorden die niet de waarheid blijken te zijn. Er is veel kritiek en een groot gedeelte van het Nederlandse volk vindt dat, als Beatrix voor haar Duitse vriend kiest, zij beter kan afzien van haar rechten op

de troon. Een Duitser die bovendien in de Tweede Wereldoorlog als zeventienjarige jongen korte tijd in het leger heeft gezeten, is voor velen onverteerbaar. Beatrix gooit alle bezwaren overboord. Zij wil Claus en daarmee uit. Wat zeuren de mensen toch, waar bemoeien zij zich mee? Zij maakt zelf wel uit met wie zij haar leven wil delen. De prinses speelt hoog spel en op sommige momenten denkt zij er zelfs over om de troon aan haar zus Margriet door te geven. Vooral als Claus te kennen geeft dat het misschien maar beter is als zij de relatie beëindigen als hij in Nederland toch niet geaccepteerd wordt. De historicus en auteur van het omvangrijke werk *Het Koninkrijk der Nederlanden in de Tweede Wereldoorlog* dr. Lou de Jong krijgt in het geheim de opdracht naar Italië te gaan. Daar moet hij uitzoeken hoe Claus zijn militaire diensttijd heeft doorgebracht. De Jong ontdekt geen foute zaken van Claus en niets staat een verloving op maandag 28 juni 1965 meer in de weg.

Vuurproef
Beatrix en Claus verschijnen in de Stuczaal van Paleis Soestdijk en geven antwoord op alle vragen. Claus spreekt verrassend goed Nederlands, al is hij wat nerveus en gaat hij daarom over tot het beurtelings Duits en Engels spreken. Koningin Juliana neemt het woord en spreekt de legendarische woorden: 'Ik kan u verzekeren: het is goed!' Na het foto-uurtje in de paleistuin maakt het verloofde paar nog een rijtoer in de omgeving van Soestdijk. In de daaropvolgende dagen volgen bezoeken aan Amsterdam, Den Haag en Rotterdam. Het huwelijk zal plaatsvinden op 10 maart 1966 in Amsterdam. Het rumoer omtrent het huwelijk en de bruidegom gaat door; er worden kamervragen gesteld en kamerdebatten zijn aan de orde van de dag. Uiteindelijk wordt op 10 november over de toekomst van Beatrix beslist. De Tweede Kamer stemt en slechts negen kamerleden zijn tegen het huwelijk. Eindelijk kunnen Beatrix en Claus serieus met de voorbereidingen beginnen. Bekend is dat Claus er in voorgaande maanden vaak over heeft gedacht om er maar mee te stoppen. Hij is het zat om steeds weer het middelpunt te zijn van kritiek en verdachtmakingen. Zijn verlovingstijd ziet

prins Claus achteraf als een 'vuurproef'. Die tijd en alles wat er speelde kan hij naar zijn gevoel alleen doorstaan dankzij de hechte band die er tussen Beatrix en hem bestaat. Hij weet dat zij van hem houdt en hem steunt. Door zijn besluit om toch met haar te trouwen legt hij zich voor de rest van zijn leven aan banden.

Op 17 februari 1966 gaan Beatrix en Claus in ondertrouw in de gemeente Baarn. Nu is er geen weg meer terug, ook voor Claus niet. Er is niet veel belangstelling, waarschijnlijk door het slechte weer. Na afloop is er een feest in de Ridderzaal, acteur Albert van Dalsum en cabaretier Paul van Vliet treden op. Op 5 maart neemt het bruidspaar op Soestdijk het nationaal geschenk van het Nederlandse volk in ontvangst: een bedrag van een miljoen gulden dat is bestemd voor het gehandicapte kind. Uiteraard is er ook nog een persoonlijk cadeau, een 48-delig eetservies en een 72-delig glasservies en tafelzilver voor 48 personen. Het eetservies is ontworpen door de Maastrichtse kunstenaar Eduard Bellefroid, het glasservies is van de Leerdamse A.V.D. Copier en het tafelzilver van Begeer. Volgens Beatrix een zeer nuttig cadeau: 'Geloof het of niet, wij hebben heel weinig bestek en serviezen', zegt de prinses. Een klein incident: een van de aanwezigen op Soestdijk stoot tegen een lamp die tegen het servies valt. Een cameraman redt de situatie door een van de aangeraakte borden op te vangen. Behalve het nationaal geschenk zijn er nog tal van andere cadeaus. Een zilveren servies van de Soekarno's, een ontbijtservies van de groothertog van Luxemburg, een Perzisch tapijt van de Sjah van Perzië, een bijzettafeltje van het Deense koningspaar en een antiek kamerscherm van oom Aschwin. 's Avonds wordt er een regeringsdiner aangeboden in het Delftse Prinsenhof. De volgende dag worden de koninklijke gasten ontvangen en ondergebracht in het Hilton en het Amstel Hotel waar op maandag 7 maart een cocktailparty wordt gehouden. Dinsdagavond wordt er gedineerd in het Hilton en 's avonds is er een bal in het Koninklijk Paleis op de Dam. Tot slot is er ook nog een nationale manifestatie in de Rai.

Rookbommen

Dan is daar de grote dag. De spanning is groot enkele uren voordat de plechtigheid begint. De bruidsmeisjes hebben allen dezelfde naam: prinses Christina, de zus van Beatrix; prinses Christina van Zweden en Christina von Amsberg, de zus van Claus. De getuigen zijn Julius, freiherr Von dem Bussche-Haddenhauser, de Engelse prinses Alexandra, oud-minister-president Willem Drees, Renée Smith-Röell, jonkheer Frans Alting von Gesau, Johan-Christian, freiherr Von Jenisch, Ferdinand, graaf Von Bismarck en prins Ernst Aschwin zur Lippe-Biesterfeld. De bruid is gespannen, niet zozeer vanwege haar huwelijk, maar door alles wat daaraan vooraf is gegaan. Er is angst voor acties van de provobeweging en anti-Duitsers. Prinses Beatrix weet niet wat haar te wachten staat en vreest het ergste. In het Amsterdamse stadhuis wordt het burgerlijk huwelijk gesloten en breed lachend stapt het bruidspaar uit de Gouden Koets, alsof er niets aan de hand is. Aan de arm van Claus schrijdt Prinses Beatrix het stadhuis binnen. Burgemeester Gijsbert van Hall is ambtenaar van de burgerlijke stand. Na de noodzakelijke handtekeningen is Claus vanaf dit moment Prins der Nederlanden geworden en wordt het Duitse voorzetsel 'von' van de naam Von Amsberg vervangen door het Nederlandse 'van'. De tocht van de Gouden Koets vanaf het stadhuis aan de Oudezijds Voorburgwal naar de Westerkerk verloopt zeker niet vlekkeloos. Oproerkraaiende jongeren delen pamfletten uit met beledigende teksten over Claus en Beatrix. Er worden rookbommen gegooid en een van die bommen onttrekt de bruidskoets even aan het zicht. Er worden leuzen geroepen als: 'leve de republiek'. Claus en Beatrix zijn stoïcijns, zij blijven zwaaien. De Gouden Koets is bespannen met zes paarden en heeft enige aanpassingen ondergaan om de moeilijke bocht van de Damstraat naar de Burgwal te kunnen nemen. Nieuw in de stoet zijn voorrijders te paard met de elf provincievlaggen. Als Beatrix en Claus de koets verlaten, zijn zij door alle rookbommen bijna niet te zien. De kerkelijke inzegening van het huwelijk wordt verricht door dominee Kater en de preek is van de gereformeerde oud-hoofdvlootpredikant dominee J.H. Sillevis Smitt: 'Uw hartenwens is vervuld. U bent nu van elkaar. Uw droom is werkelijkheid geworden en nu is de werkelijkheid ook een droom.' Koningin Juliana barst in snikken uit bij deze woorden en is naarstig op zoek naar een zakdoekje. Alle Europese koningshuizen zijn vertegenwoordigd, waaronder het Belgische en het Griekse koningspaar. Teruggekeerd in het paleis verschijnt het bruidspaar nog even op het balkon om daarna de feestelijkheden met een fotosessie en een dejeuner dinatoire af te sluiten. Tijdens deze huwelijkslunch in het Dampaleis houdt prins Bernhard als vader van de bruid een toespraak. Hij roemt het doorzettingsvermogen van zijn dochter en is blij dat zij de keuze van haar hart heeft gevolgd. Prins Claus spreekt ook een dankwoord uit en weet daarmee zijn moeder en Juliana en Beatrix te ontroeren. De receptie wordt gehouden in het Amstel Hotel. De gasten kijken hun ogen uit als zij zien hoeveel oproer er is in Amsterdam. 's Avonds verschijnt het jonge paar voor de televisiecamera's en spreken zij een dankwoord uit tot het Nederlandse volk. Toch is hun huwelijksdag geen feestdag geweest. Rookbommen en demonstraties hebben de pret bedorven. Claus en Beatrix hebben begrip voor de protesten, maar het is allemaal zo heel anders dan Claus zich het had voorgesteld. Zij overnachten op kasteel Drakensteyn om de volgende dag uitgerust aan de huwelijksreis te beginnen. Na negen maanden commotie is het de hoogste tijd voor ontspanning en rust. Ruim zeven weken blijven Claus en Beatrix weg. Via Frankfurt reizen zij door naar Mexico, waar zij een ruime villa op het eiland Cozumel aangeboden hebben gekregen van president Lopez Mateos. Ruim een week blijven zij hier voordat zij doorreizen naar de Verenigde Staten, om tot slot nog een bezoek te brengen aan Canada. Daar laat Beatrix haar echtgenoot Claus de plekken zien waar zij haar jonge jeugdjaren heeft doorgebracht.

Oranjebaby's

Bij hun terugkeer betrekt het paar Drakensteyn, het kasteeltje in Lage Vuursche. Al in september van 1966 is prinses Beatrix in verwachting van haar eerste kind. En op dat moment slaat de stemming om. Iedereen is in de ban van deze toekomstige Oranjebaby en de weerstand tegen Claus wordt vergeten. De prins heeft in Nederland geen vijanden meer. Zelfs mensen die zich sterk tegen het huwelijk hebben gekeerd, moeten toegeven dat 'die Duitser' een heel geschikte man is. In de vroege avond van 27 april, even voor acht uur, wordt prins Willem-Alexander geboren via een keizersnede. Hij is 51 centimeter lang en weegt 3850 gram. Nederland viert feest: een kroonprins! De officiële namen van de baby worden trots door prins Claus bekendgemaakt: 'Onze zoon heet Willem-Alexander, roepnaam Alexander.' Zijn andere namen zijn Claus Georg Ferdinand. Prinses Beatrix heeft tijd nodig om te herstellen van de keizersnede en heeft vrij om te genieten van het moederschap tot 2 september, de dag dat de baby gedoopt wordt. Ruim een jaar later, op 25 september 1968, wordt de tweede zoon geboren: Johan Friso Bernhard Christaan David. Amper een maand na de doop van Johan Friso, op 28 december, is de prinses weer in verwachting. De prinses doet het rustig aan, zij geniet van haar twee zoons en stilletjes hoopt zij dat haar derde kind een meisje zal zijn, al staat voorop dat de baby gezond moet zijn. Twee wensen die niet in vervulling gaan. De derde zoon van Beatrix en Claus wordt operatief, op 11 oktober 1969, 's morgens om tien minuten voor halfnegen in het Stads- en Academisch Ziekenhuis in Utrecht ter wereld gebracht. Vijf uur na de geboorte blijkt hij allesbehalve gezond. De baby krijgt ademhalingsmoeilijkheden en wordt overgebracht naar de couveuse. Prinses Beatrix is ontroostbaar, vooral als Constantijn in een soort comateuze toestand wegzakt. Claus en Beatrix worden op het ergste voorbereid. Het prinsje lijdt aan hyaliene membranenpneunomie. Een dikke slijmlaag zet zich vast op de longblaasjes, waardoor ademhalingsmoeilijkheden ontstaan met soms de dood als gevolg. Op dinsdagochtend 14 oktober maakt prins Claus de namen van zijn derde zoon bekend: Constantijn Christof Frederik Aschwin. Ondertussen vecht de baby voor zijn leven. Na een week komt er enige verbetering in zijn toestand en in de derde week van oktober wordt gemeld dat het gevaar is geweken. Beatrix is opgelucht, maar 'Tijn' zal altijd haar zorgenkindje zijn.

Depressies

'Gewoon' zo willen Beatrix en Claus de kinderen opvoeden. Draken-steyn is een ideale plek voor het drietal, slechts een enkele keer komen zij voor een fotosessie opdraven. Beatrix mag dan in het openbaar vaak hard en zakelijk overkomen, voor haar kinderen is zij een echte warme, liefdevolle moeder. Zij werkt hard, maar probeert toch voor alles een goede moeder te zijn. Zo heeft zij soms moeite om haar kinderen ach-ter te laten bij de kinderverzorgster. Als zij in het buitenland is belt zij iedere dag naar huis. De jongens groeien op en op kasteel Drakensteyn is het een zoete inval voor vriendjes. Prins Claus is een echte vader die bolderkarren voor zijn zoons in elkaar timmert en altijd een luisterend oor biedt. Aan het fijne gezinsleven komt een einde als Beatrix in 1980 koningin wordt. De inhuldiging van Beatrix in Amsterdam loopt weer uit de hand. De aankondiging van de regeringsoverdracht door de net afgetreden Juliana is een beschamende vertoning. Er ontploffen rook-bommen, straatkeien vliegen door de lucht, winkelruiten sneuvelen, politieauto's worden bekogeld en de ME voert de hele dag charges uit. Geen goed begin voor de nieuwe koningin, die daarom ook geen rijtoer door de stad maakt en na de inhuldiging niet op het balkon verschijnt.

De familie verhuist naar Huis ten Bosch in Den Haag en de drie prin-sen voelen zich niet echt thuis in het voor miljoenen guldens verbouw-de paleis. Zij hebben een grotere kamer, een eigen zwembad, een ten-nisbaan en veel ruimte, maar missen hun vriendjes. Beatrix is veel van huis en prins Claus lijdt aan zware depressies. Het is een moeilijke tijd voor de koningin, die haar aandacht moet verdelen tussen huis en werk. In haar eentje moet zij het land regeren, haar man helpen en haar zonen opvoeden. Beatrix neemt haar taak van koningin serieus, misschien wel te serieus. Zij houdt niet van populariteit en pakt de dingen zakelijk aan. Steun krijgt zij van haar jongere zus Margriet die samen met mr. Pieter van Vollenhoven vele representatieve taken op zich neemt. Haar allergrootste steun en toeverlaat is prins Claus. Hij zegt Beatrix precies hoe hij over zaken denkt en is een van de weinigen die haar op haar nummer kan zetten. Dat doet hij ook als hij denkt dat zij te ver is gegaan in het doordrijven van haar zin. In eerste instantie reageert Beatrix dan boos, maar al snel geeft zij toe het inderdaad bij het verkeerde eind te hebben gehad. Claus is de belangrijkste adviseur van Beatrix en zijn adviezen neemt zij ook graag ter harte. Er rust een zware verantwoordelijkheid op haar schouders, maar met Claus kan zij alles bespreken. Claus is ook degene die de koningin adviseert vooral haar hobby boetseren aan te houden. Dit is een uitlaatklep voor haar vorstelijke activiteiten. Beatrix houdt tradities in ere, maar geeft er wel een eigen draai aan. Ze eert haar moeder door Koninginnedag op 30 april te houden, zij het in een andere vorm. Verder schenkt zij geen chocolademelk tijdens de kerstviering op het paleis, maar houdt nog wel de jaarlijkse kersttoespraak. De koningin steunt in veel zaken op Claus en later zal zij ook toegeven dat zij 'ontzettend veel geluk' heeft gehad hem in haar leven naast zich te hebben. 'Hij is een man die mij kritisch volgt, die mij steunt, die mij aanvult. Hij is een geweldig goede gesprekspartner. Voor mij in mijn werk betekent hij heel veel.'

Toch zal de koningin het ook een tijd lang zonder de steun van haar echtgenoot moeten doen. Kort na een informeel bezoek aan de Verenigde Staten krijgt prins Claus opnieuw last van depressieve klachten. Hij ziet het niet meer zitten, alles wordt hem te veel. De prins wordt op 3 september 1982 voor een uitgebreid medisch onderzoek opgenomen in het Nijmeegse Radboudziekenhuis en hij wordt op 2 oktober 1982 opgenomen in de Universiteitskliniek van Basel om behandeld te worden voor zijn depressies. Nadat prins Claus hersteld is van een langdurige en zware depressie, krijgt Beatrix een tegenslag. Tijdens de zomervakantie van 1987 wordt zij op het jacht van biermagnaat Freddy Heineken getroffen door een hersenvliesontsteking. De vorstin wordt opgenomen in het ziekenhuis van Nice en haar herstel duurt enige maanden. Na de zomer van 1991 krijgt prins Claus weer te maken met depressies en lijdt hij ook nog eens aan de ziekte van Parkinson.

Moeilijke jaren

De kinderen vliegen uit, gaan studeren in het buitenland en Claus en Beatrix krijgen wat meer tijd voor elkaar. Toch blijft koningin Beatrix haar taak als koningin wel heel erg serieus nemen. Een paar keer per jaar is er tijd voor ontspanning tijdens de familie-uitstapjes naar het Italiaanse Tavernelle en de wintersportvakanties in Lech. Dan breekt er een moeilijke tijd aan. Prins Claus wordt verschillende malen in Duitsland geopereerd en zijn conditie gaat zienderogen achteruit. De koningin maakt zich grote zorgen, maar probeert zo goed en zo kwaad als het gaat haar werk vol te houden. Ook de gezondheid van prins Bernhard laat te wensen over en vanaf 1999 beginnen de eerste tekenen van Alzheimer zich bij prinses Juliana te openbaren. Het zijn moeilijke jaren voor de koningin die af en toe opgevrolijkt wordt door een huwelijk van een van haar zoons of de geboorte van een kleinkind. Als eerste is het prins Constantijn die zich gaat verloven met Laurentien Brinkhorst. Opvallend tijdens de verloving en ook zeker tijdens het huwelijk is hoe liefdevol vader en zoon met elkaar omgaan. Ook tijdens de verloving van Willem-Alexander en Máxima gunt koningin Beatrix haar echtgenoot een rol in de schijnwerpers. En als kleindochter Eloise wordt geboren en de koningin voor het eerst oma is, kan zij haar ontroering nauwelijks verbergen. De vorstin geniet van het feit dat prins Claus er nog steeds bij is en dit allemaal nog mee kan maken. Al die tijd probeert prins Claus, ondanks zijn beperkingen, naast zijn vrouw te staan. Beatrix weet op haar beurt de prins ook nog zo af en toe te ontroeren. Zoals in 1996, als de prins zijn 70ste verjaardag viert. Voor hem is er een 'Prins Claus Fonds' voor cultuur en ontwikkeling ingesteld, waar de rijksoverheid jaarlijks ruim twee miljoen euro in zal storten. Daaruit zullen allerlei kleinschalige projecten in ontwikkelingslanden worden bekostigd. Prins Claus is ontroerd en aangedaan, een mooier cadeau had hij zich niet kunnen wensen.

En dan wordt het echt sukkelen met prins Claus en ondanks dat koningin Beatrix haar werk gewoon blijft doen, gaat de prins met grote stappen achteruit. Regelmatig wordt hij opgenomen in de Barmbek-kliniek in Hamburg. Zijn goede vriend dr. Roland Tauber opereert hem menigmaal, maar kan toch niet voorkomen dat de toestand van de prins achteruitgaat. Uiteindelijk kan hij zelfs in Hamburg niet meer geholpen worden en volgen in 2002 verschillende opnamen in het AMC in Amsterdam. Iedere dag zit de koningin aan zijn bed, zij kan het niet aanzien om haar sterke man nu zo lichamelijk te zien wegkwijnen. Zij heeft verdriet, maar laat het niet merken. Zij probeert sterk te zijn en vooral geen medelijden op te wekken. Als een van de verpleegsters aan de vorstin vraagt of zij misschien iets wil drinken, verrast Beatrix het hele team. Zij pakt uit haar tas een fles wijn en enkele glazen en schenkt voor iedereen die op dat moment in haar buurt is een glaasje in. Alsof er niets aan de hand is…! Op 6 oktober 2002 overlijdt prins Claus na een langdurig ziekbed. De koningin is ontroostbaar, haar droeve gezicht en de tranen die over haar wangen lopen tijdens het afscheid van de prins in de Nieuwe Kerk in Delft staan op ieders netvlies gebrand. Zonder Claus zal het voor haar niet makkelijk zijn om door te gaan. Vanzelfsprekend is er de steun van haar zoons en schoondochters, maar toch komt zij alleen thuis in dat grote paleis Huis ten Bosch. Plicht heeft vanaf haar 18de jaar hoog in het vaandel gestaan en dat is tot op de dag van vandaag nog steeds zo. Van aftreden is nog geen sprake, zij gunt Máxima en Willem-Alexander nog even tijd om te genieten van hun ouderschap. Haar kinderen en kleinkinderen moeten weer een beetje vreugde in het leven van koningin Beatrix brengen, maar wat mist zij iedere dag de grote liefde van haar leven: prins Claus…

Hoofdstuk 10

Prinses Margriet kiest voor een burger

Zo is hij nog een onopvallende en onbekende student, en zo wordt hij door koningin Juliana voorgesteld als de verloofde van haar dochter, prinses Margriet. Pieter van Vollenhoven is zijn naam en hij mag zich vanaf 10 maart 1965 de toekomstig echtgenoot van prinses Margriet noemen. Het is voor het eerst dat een lid van de koninklijke familie laat weten met iemand die niet van adel is te willen trouwen. Zij hebben een lange verlovingstijd, maar Margriet heeft er geen moeite mee om haar zus Beatrix voor te laten gaan. Deze derde dochter van Juliana en Bernhard is de moeilijkste niet, dit zit niet in haar karakter. Haar geboorte is speciaal, haar partnerkeuze is speciaal en haar jeugd is speciaal. Margriet weet zich te handhaven, al vanaf haar jeugdjaren. Twee bazige zussen boven zich, een jonger zusje met een handicap onder zich en toch houdt prinses Margriet zich altijd staande.

De derde dochter van prinses Juliana en prins Bernhard wordt geboren op 19 januari 1943. Ditmaal is er geen paleis waar een koninklijke wieg wacht, maar slechts enkele appartementen in het grote Civic Hospitaal in het Canadese Ottawa. In de kraamkamer staat een eenvoudig wit wiegje voor de nieuwe prinses. Het is 7 januari zeven uur 's avonds als prinses Margriet het levenslicht ziet. Volgens Canadese wetten heeft een kind dat in Canada geboren wordt de nationaliteit van dat land, ook al bezitten de ouders een andere nationaliteit. Dit vorstenkind moest echter Nederlandse zijn, anders zou zij geen Oranjetelg kunnen zijn. Dus wordt geregeld bij Order of Council dat de plaats waar het prinsenkind geboren wordt tijdelijk Nederlands grondgebied is. De geboortekamer van het plaatselijk Civic Hospitaal in het Canadese Ottawa is door de Canadese regering tot Nederlands grondgebied verklaard. De ouders noemen de prinses voluit Margriet Francisca. De eerste naam verwijst naar de bloem margriet, die als verzetsteken in de oorlogsjaren wordt gedragen. Haar tweede naam is afgeleid van de voornaam van president Franklin D. Roosevelt, die gedurende de oorlogsjaren regelmatig contact had met de koninklijke familie en wordt gezien als een dierbare vriend. Nog steeds heeft prinses Margriet contact met de familie van Franklin D. Roosevelt.

Prins Bernhard is bij de geboorte aanwezig en voor de doop komt zelfs koningin Wilhelmina over uit Engeland. Op 29 juni 1943 wordt de prinses in de Presbyterian Church St. Andrew gedoopt door ds. Winfield Burggraaf, een Canadees van Nederlandse afkomst. De peten zijn President Roosevelt, de graaf van Athlone, toen gouverneur-generaal van Canada en echtgenoot van prinses Alicia, een nicht van koningin Wilhelmina en mevrouw M.A.B. Röell, geboren Del Court van Krimpen. Ook de Nederlandse Koopvaardij is bij de doop van het jonge prinsesje als peet vermeld. De eerste twee jaar van haar leven brengt Margriet in Ottawa door, zij heeft niet eens het besef dat er een Nederland bestaat. Haar zussen zijn gek met de kleine baby en bemoederen haar.

Pietie

In augustus 1945 zet prinses Margriet voor het eerst voet op Nederlandse bodem. De huiselijke naam Pietie heeft prinses Margriet aan zichzelf te danken. Het officiële Margriet is voor het hummeltje dat pas begint te praten wel heel erg moeilijk. Op de vraag hoe zij heet is haar antwoord steevast: Pietie. Lange tijd is zij de jongste en het heeft in het begin, na de geboorte van haar zus Marijke, wel de nodige aanpassing gekost om Pietie te overtuigen, dat haar tot dan toe unieke plaatsje in het gezin voortaan tot het verleden behoort. De twee oudere zussen zijn al naar school, baby Marijke ligt nog in de wieg en papa en mama zijn aan het werk. En zo is Pietie overdag helemaal op zichzelf aangewezen en zal zichzelf moeten amuseren. Gelukkig beschikt het prinsesje over een grote dosis fantasie; in haar kleuter- en lagereschooltijd heeft zij altijd denkbeeldige personages om zich heen. Als er bezoek komt op het paleis weet Margriet deze personen na afloop altijd geweldig te imiteren. Zij kan iemand meesterlijk nadoen en uiterlijke kenmerken dusdanig nabootsen, dat de ouderen dikwijls niet weten waar ze het zoeken moeten van het lachen. Margriet heeft niet het tekentalent dat haar grote zussen Irene en Beatrix hebben. Zij zoekt dus andere manieren om de dag door te komen. Zij speelt met poppen en kan uren bezig zijn met plaatjes kijken in allerlei soorten boeken en tijdschriften. De prinses houdt van toneelspelen. Als zij denkt alleen te zijn in de miniatuurzitkamer van de kindervilla, voert zij sprookjes op voor een denkbeeldig publiek.

Margriet is een echt meisje, verkleedpartijen zijn aan haar welbesteed. Ze vindt het geweldig op de hoge hakken van haar moeder rond te dansen met op haar hoofd een enorme hoed van oma Wilhelmina en het liefst massa's veren en een wuivende boa om. Iedere ochtend om kwart voor negen komt de hofauto het paleishek van Soestdijk uitrijden, richting Baarn. De schildwacht springt in de houding en salueert. In de auto zitten de jongste twee prinsesjes, Margriet en Marijke. Zij gaan naar school onder geleide van een chauffeur. In tegenstelling tot de oudsten, die met de fiets gaan, worden de jongsten met de auto gebracht. Prinses Margriet en prinses Marijke zitten op de Nieuwe Baarnsche Schoolvereeniging. Honderden kinderen uit Baarn volgen hier hun lager onderwijs, kinderen uit allerlei milieus en zonder enige selectie. Na de lagere school gaat Margriet net als haar zussen naar het Baarnsch Lyceum. Daar volgt zij op het Incrementum lessen en zij slaagt in 1961 voor haar eindexamen gymnasium-alfa. Het eerste officiële optreden is op 14 juni 1955 als Margriet de eerste steen mag leggen voor de nieuwe kanselarij van de Canadese ambassade in Den Haag.

Probleemloze prinses

Margriets plaatsje in het gezin is moeilijk te omschrijven. Haar twee oudere zussen trekken veel met elkaar op en voor de jongste Marijke is zij een soort moeder. Margriet gaat haar eigen gangetje en valt niet zo op. Dat zij slaagt voor haar eindexamen gymnasium-alfa verbaast niemand. Terwijl de prinses ijverig heeft moeten studeren om met goede cijfers te slagen, hebben haar ouders zoiets van: 'ach Margriet, die redt het wel.' Margriet is een echt kind van haar moeder, een 'gewoon' meisje dat opgroeit op tot een 'gewone' vrouw. Zij is de meest probleemloze prinses, zowel buiten de deur als binnen de veilige muren van Paleis Soestdijk. Margriet redt het inderdaad wel en besluit na haar eindexamen middelbare school niet direct te gaan studeren in Leiden, maar eerst eens een jaartje op zichzelf te wonen in het Franse Montpellier. Daar heeft zij zich ingeschreven aan de universiteit om Franse letteren, geschiedenis en kunstgeschiedenis te gaan studeren. Het wordt een jaartje volop genieten voor Margriet. Zij ontmoet allerlei nieuwe vrienden en leeft helemaal op. Het gaat haar goed af in Frankrijk en als een sterke persoonlijkheid komt zij terug naar Nederland. Samen met haar zus Irene maakt zij een grote reis naar de West om land en volk van Suriname en de Nederlandse Antillen beter te leren kennen. Het wordt een indrukwekkende reis waarin de twee zussen nader tot elkaar komen. En al zijn zij niet de allergrootste hartsvriendinnen, zij hebben geleerd elkaar wel beter te begrijpen.

Verloving

Prinses Margriet gaat, in navolging van haar moeder en haar zus Beatrix, aan de Leidse universiteit studeren. Zij specialiseert zich in staatsrecht, de inleiding tot de rechtswetenschappen, het Romeins recht en enkele sociale vakken. Margriet woont in dezelfde kamers aan het

Rapenburg in Leiden, waar voor haar ook prinses Beatrix heeft gewoond. Zij is lid van de Vereniging voor Vrouwelijke Studenten in Leiden. Zo komt zij voor het eerst in aanraking met haar latere grote passie, de verpleegkunde. Als vrijwillige verpleeghulp werkt Margriet in het Leids Universiteitsziekenhuis. Later, na haar verloving, gaat Margriet een verpleegstersopleiding volgen in het protestants-christelijk ziekenhuis 'De Lichtenberg' in Amersfoort.

Prinses Margriet is tijdens de verloving van prinses Irene al smoorverliefd op haar nieuwe vriend Pieter van Vollenhoven. Zij leren elkaar kennen tijdens de lustrumviering van het Wageningse studentencorps in 1963. Zoals de prinses later heeft verteld trok Pieter van Vollenhoven voor het eerst de aandacht van Margriet door haar een witte muis, opgeborgen in een bonbondoos, cadeau te doen. Vervolgens blijft hij in beeld door regelmatig naar de gezondheid van het diertje te informeren. Kort na hun eerste kennismaking neemt Margriet Pieter mee naar Paleis Soestdijk. Verder komt zij ook regelmatig bij zijn ouders en iedereen is enthousiast over dit toekomstige paar. Er wordt afgesproken dat Margriet en Pieter wachten met hun verloving tot Pieter zijn meestertitel haalt en het huwelijk van prinses Beatrix is geregeld.

In Leiden gonst het ondertussen van de geruchten dat Margriet een nieuwe vriend heeft, ene baron Van Boetzelaer. Zij gaat met hem uit en is in januari samen met hem in het Scheveningse Kurhaus. Daar wordt het lustrum gevierd van de Vereniging Vrouwelijke Studenten Leiden. Ook op andere feesten is zij regelmatig met Van Boetzelaer gesignaleerd. Steeds vaker komt ook ene Van Vollenhoven ter sprake en zo besluit het paar hun verloving maar bekend te maken voordat het uitlekt.

Leidse student
Groot is toch de verbazing als na het tumultueuze huwelijk van prinses Irene en prins Carlos op 10 maart 1965 de verloving van Margriet en Pieter van Vollenhoven bekend wordt gemaakt. Op radio en televisie is een zeer blije koningin Juliana te zien. De uitzending komt rechtstreeks

uit Soestdijk en het verloofde paar oogt intens gelukkig, zij het met een handicap. Pieter heeft tijdens de wintersportvakantie een been gebroken en huppelt onhandig over het grasveld bij het paleis. 's Avonds wordt er een spontane lampionoptocht georganiseerd voor de jeugd van Baarn. Ruim 4000 kinderen trekken in de kou voorbij het bordes van paleis Soestdijk. Prinses Margriet – in een bruine astrakanmantel – en haar nog wat onwennige verloofde kijken lachend toe. In de vrolijkheid en de blijdschap van het verlovingsfeest op Soestdijk deelt het gehele Nederlandse volk mee. Het sprookje van de jonge prinses, die haar hart schenkt aan een niet adellijke, maar innemende Leidse student.

De Nederlanders vinden Pieter van Vollenhoven een aardige vent en op de verbintenis tussen Margriet en een 'zoon uit het volk' wordt amper een woord van kritiek vernomen. De enige kritiek die er te horen is, is aan het adres van koningin Juliana. Haar wordt verweten dat zij haar tweede schoonzoon geen adellijke titel verleent. Toch is de koningin achter de schermen wel bezig geweest om de niet adellijke Pieter van Vollenhoven in de adelstand te verheffen. Dat is verschillende keren geprobeerd en verschillende keren mislukt. Prinses Beatrix die op reis was naar de Nederlandse Antillen en Suriname hoort pas op Schiphol van de verloving. Beatrix kan niet echt enthousiast zijn. Integendeel! Zij vindt Pieter maar een gewone burger en is het niet eens met de keuze van haar zus. Zij is achter de schermen ook degene die een titel voor Pieter altijd heeft tegengehouden. 'Dan had Margriet maar iemand van onze eigen soort moeten nemen', is Beatrix' uitleg. Achteraf gezien is de aankondiging van de verloving van Pieter en Margriet een afleidings-manoeuvre. Het hof verwacht tumult over Beatrix' keuze en zo'n spontane en vrolijke verloving leidt even af. Zo zijn Margriet en Van Vollenhoven al voor hun huwelijk bliksemafleiders. Margriet maakt het niets uit; zij heeft de prins van haar dromen gevonden en is gelukkig. 'Heerlijk dat ik straks gewoon mevrouw Van Vollenhoven kan zijn. Ik hoop dat ik af en toe gezellig met mijn buurvrouw over het tuinhek zal kunnen kletsen', vertelt zij tijdens een interview.

Een huwelijk voor Pieter en Margriet zit er voorlopig niet in. Zij moeten Claus en Beatrix voor laten gaan. Geen enkel probleem voor deze jonge mensen, zij zijn nog druk met allerlei zaken. Pieter gaat eerst zijn studie afmaken aan de Rijksuniversiteit van Leiden. Hij studeert Nederlands recht, privaatrechtelijke richting, met als keuzevakken 'de wenselijkheid van de publiekrechtelijke bedrijfsorganisaties in het bedrijfsleven en de Nederlandse politie-organisatie'. Pieter is geboren op 30 april 1939 in Schiedam. Hij is de zoon van de heer Pieter van Vollenhoven en mevrouw Jacoba Gijsbertha van Vollenhoven, geboren De Lange. Naast Pieter telt het gezin Van Volenhoven nog een oudere zoon, Willem Jan van Vollenhoven. De heer Van Vollenhoven sr. is directeur van de NV Bingham & Co in Schiedam. Dit bedrijf houdt zich in hoofdzaak bezig met de zeilmakerij. Pieter van Vollenhoven heeft als hobby het beoefenen van jazzmuziek, hij speelt zelf piano.

Ongeluk

Na alle festiviteiten rondom de verloving pakken Pieter en Margriet het gewone leventje weer op. Even schrikt Nederland op als prinses Margriet betrokken raakt bij een auto-ongeluk op de rijksweg Den Haag-Utrecht. De prinses heeft wat glasscherven in haar bovenarm gekregen en haar geluk is dat zij een veiligheidsgordel draagt. De auto van de prinses is aan de linkerkant zo zwaar beschadigd dat hij als afgeschreven wordt beschouwd. Na enkele dagen ziekenhuis mag Margriet weer naar huis. Op eerste pinksterdag wordt Pieter gedoopt in de Nederlands-hervormde Hooglandse Kerk in Leiden. Van huis uit is hij wel gelovig opgevoed, maar zijn ouders hebben hem vrij gelaten in zijn geloofskeuze. In aanwezigheid van koningin Juliana, prins Bernhard, zijn verloofde prinses Margriet en zijn familie legt hij zijn geloofsbelijdenis af. Hij is nu een volwaardig lid van de Nederlands-hervormde kerk. Opmerkelijk is dat op deze dag de koninklijke familie in de AA-auto's aan komt rijden, zijn ouders in een zilvergrijze Ford, gevolgd door het witte Dafje van Pieter, die ondanks zijn gipsverband, toch achter het stuur zit.

Pieter legt op 30 november 1965 het doctoraalexamen Nederlands recht af. Hij slaagt en mag de titel meester in de rechten voeren. Pieter heeft al enige maanden op Soestdijk doorgebracht omdat zijn huis in Leiden een soort toeristenplek is geworden. Rustig studeren kan hij daar niet meer. Na zijn doctoraalexamen gaat hij werken als jurist bij de Raad van State tot de militaire dienstplicht hem oproept. Hij wordt vaandrig bij de Koninklijke Luchtmacht. Margriet begint aan haar verpleegstersopleiding in het protestants-christelijke ziekenhuis 'De Lichtenberg' in Amersfoort. Zij blijft daar slechts acht maanden om zich te oriënteren met behulp van een speciaal aan haar wensen aangepast programma. Haar opleiding bestaat uit praktische en theoretische lessen. Zij blijft op Paleis Soestdijk wonen en rijdt iedere dag heen en weer. Zij wordt Rode Kruis-helpster en is in de loop der jaren vaak als vrijwilliger op de Henri Dunant te vinden.

Na het huwelijk van prinses Beatrix en prins Claus wordt de huwelijksdatum van Margriet en Pieter bekendgemaakt. Zij trouwen op 10 januari 1967 in Den Haag. Al wekenlang is Nederland in de ban van het huwelijk. Ditmaal een keer een koninklijk huwelijk zonder al te veel commotie en kabaal, gewoon een prinses die trouwt met een burger. Het paar heeft officieel toestemming gevraagd voor het huwelijk en deze keer gaat dat zonder slag of stoot. Margriet blijft tweede in de lijn van troonopvolging en al is er geen adellijke titel voor Pieter, wel worden de eventuele kinderen 'prins' en 'hoogheid'. Voor de kinderen van deze kinderen is geen adellijke titel meer weggelegd. Wat een opluchting, een puur Nederlands feest zonder geruchten, ontkenningen of bevestigingen. Het huwelijk van prinses Margriet en Pieter van Vollenhoven voltrekt zich in heel wat rustiger sfeer dan het huwelijk van Claus en Beatrix, dat tien maanden eerder in Amsterdam voor onverkwikkelijke taferelen heeft gezorgd.

De feestelijkheden beginnen op zaterdag 10 december met het aantekenen op het gemeentehuis in Baarn. Op maandag 19 december is er op

Paleis Huis ten Bosch een grote ontvangst voor de leden van de regering en de buitenlandse diplomatieke vertegenwoordigers. Op 28 december is het afscheidsfeest van het vrijgezellenleven met een groot bal voor vele vrienden en vriendinnen op een schip van de KNSM in de haven van Amsterdam. Op 7 januari 1967 arriveren de eerste hoge buitenlandse gasten. Als eerste arriveert prinses Christina van Zweden op Schiphol. Prinses Alice, gravin van Athlone, en graaf Henri de Laborde de Monpezat, de verloofde van de Deense kroonprinses, volgen. Prinses Margrethe van Denemarken landt een uur later op de luchthaven. Verschillende gasten moeten afzeggen. Prinses Armgard, groothertog Jean en groothertogin Josephina Charlotte van Luxemburg moeten door ziekte verstek laten gaan. Prinses Armgard, de oma van prinses Margriet, laat weten dat zij niet komt. Tijdens het huwelijk van prinses Beatrix heeft zij een zware kou opgelopen. Dat risico wil zij in verband met haar hoge leeftijd liever niet lopen.

Dezelfde avond zetten de feestelijkheden officieel in met een luisterrijk welkomstdiner dat in het Hilversumse hotel Gooiland voor 125 gasten gegeven wordt. Deze dag is het precies dertig jaar geleden dat koningin Juliana en prins Bernhard in het huwelijk traden. Het paar wil aan dit heuglijke feit geen enkele aandacht besteden, het zijn de dagen van Pieter en Margriet. Het diner wordt geserveerd in de Luitgardezaal en behalve de voltallige koninklijke familie, de ouders en de broer van de bruidegom, de getuige, de hoge buitenlandse gasten met hun Nederlandse gevolg, de secretarissen van de koningin en prins en een aantal hoge hoffunctionarissen, zijn er ook enkele persoonlijke vrienden van koningin en prins en van prinses Margriet en mr. Pieter aanwezig. Het paar is die avond niet veel op de dansvloer te zien, want mr. Pieter heeft nog steeds last van zijn linkerbeen. Het diner is zo rond een uur of tien 's avonds afgelopen. Daarna gaan de gasten naar paleis Soestdijk, waar tot vroeg in de morgen een groot galabal wordt gegeven. Voor de muziek zorgen de Dutch Swing College Band en het orkest van hofpianist Frans Dehu.

Stralend en statig, zo stapt prinses Margriet op dinsdag 10 januari 1967 in het huwelijksbootje. Om drie minuten over elf voltrekt de Haagse burgemeester, mr. H.A.M.T. Kolfschoten het burgerlijk huwelijk met mr. Pieter van Vollenhoven in de raadzaal aan de Javastraat. De plechtige verklaring van de burgemeester heeft geklonken: bruid en bruidegom kijken elkaar lang in de ogen en hun handen vinden elkaar. Even heeft Margriet het te kwaad, het bruidsboeket van witte margrieten trilt in haar hand. Twee tafeltjes worden voor hen neergezet: zij tekenen de huwelijksakten. Pieter met een forse streek van de speciaal aangeschafte gouden vulpen, Margriet langdurig, want het protocol eist dat zij tekent met alle namen en titels verbonden aan haar identiteit. Vanaf dit moment heeft mr. Pieter zijn intrede in het koninklijk huis gedaan. Prins Bernhard zorgt voor een vrolijke noot tijdens deze plechtigheid. Bij het voorlezen van de akte waar al zijn namen worden opgenoemd, knikt hij bij iedere naam en zegt aan het eind van de opsomming: 'Inderdaad, dat ben ik'.

Aan het eind van het burgerlijk huwelijk gaat het gezelschap weer naar buiten. De ijzige kou is iets minder, de mist is opgetrokken en een aarzelend zonnetje schijnt over de versierde straten van de Haagse binnenstad. De mensen die vanwege de kou 's morgens verstek hadden laten gaan langs de route, komen tevoorschijn en staan juichend achter de bijna overbodige dranghekken langs de route. De stoet gaat naar de St. Jacobskerk, waar zich een grote menigte publiek heeft verzameld. Binnen het kerkgebouw geurt een uniek bloementapijt van duizenden voorjaarsbloemen, met smaak uitgelegd door de vereniging van Nederlandse bloemisten, bollen- en bloemkwekers. Een kleine opsomming van de bloemenpracht: 1500 takken witte en zachtlila seringen, 300 prunustakken, 500 roze rozen, 1000 anjers, 8000 tulpen, 1000 hyacinten, 400 takken forsythia, 400 amarylis-bloemen, 50 Japanse azalea's en 400 laurierboompjes. Als het paar de kerk binnenschrijdt zijn zij diep onder de indruk en zij weten maar met moeite de emoties te verbergen.

De kerkdienst is sober, modern en maakt indruk. Hoogtepunten zijn er in overvloed. Indrukwekkend is de manier waarop predikant professor dr. H. Berkhof het huwelijk kerkelijk bevestigt. Emotioneel is het moment als Pieter zijn bruid echt diep in de ogen kijkt en een smalle platina ring aan haar vinger schuift. Innig oogcontact is er als prinses Margriet de gouden ring aan de vinger van Pieter schuift. Tijdens de trouwbelofte en inzegening blijft de gemeente op uitdrukkelijk verzoek zitten. Na het uitwisselen van de ringen doet Pieter behoedzaam de sluier van zijn vrouw opzij en kust haar op de wang. Na de kerkelijke inzegening gaat het paar weer terug naar Paleis Huis ten Bosch. Het paar wordt luid toegejuicht als zij langskomen in de galaberliner, een staatsierijtuig dat zijn 130-jarig bestaan niet is af te zien na een ingrijpende restauratie. Even een kort incident: een van de lakeien valt van een van de koetsen, maar is gelukkig snel weer op de been.

Persoonlijke woorden
De getuigen van het huwelijk zijn geen onbekenden. Mevrouw H. Michelin is een in Frankrijk wonende vriendin van de familie. De heer W. Moerzet Bruyns is kapitein geweest op de Oranje en vertegenwoordigt de Koopvaardij, waarvan prinses Margriet petekind is. Prof. J.W. Rijpperda Wierdsma is hoogleraar in het staatsrecht aan de Rijksuniversiteit. De heer H. Schaper is staatssecretaris van defensie voor de luchtmacht en eveneens getuige is de oudere broer van mr. Pieter, W.J. Van Vollenhoven.

Er volgt een dejeuner op Huis ten Bosch waar prins Bernhard in zeer persoonlijke woorden het bruidspaar toespreekt. Margriet omhelst haar vader en geeft haar moeder een dikke knuffel. Zij is trots op haar ouders en haar ouders zijn trots op haar. Terwijl de gasten nog doorfeesten gaan Pieter en Margriet op huwelijksreis. Eerst een lange reis naar Zuid-Amerika, gevolgd door een bezoek aan de Nederlandse Antillen en de Verenigde Staten. Na de warme weken volgt nog een wintersportvakantie in Gstaad.

Geluk

Prinses Margriet en mr. Pieter vestigen zich in de rechtervleugel van Paleis Het Loo in Apeldoorn. Als het paleis in 1971 tot nationaal museum wordt verbouwd en ingericht verhuizen de Van Vollenhovens naar een landhuis dat zij in het Loo-park laten bouwen. In 1968 reizen prinses Margriet en mr. Pieter naar Canada, het land waar de prinses tijdens de Tweede Wereldoorlog in 1943 is geboren. Na de oorlog heeft zij haar tweede vaderland niet meer teruggezien en het wordt een indrukwekkende reis.

Op 17 april 1968 schenkt prinses Margriet in het Academisch Ziekenhuis Utrecht het leven aan een zoon, die bij de geboorteaangifte in het stadhuis vijf dagen later de namen Maurits Willem Pieter Hendrik van Oranje-Nassau Van Vollenhoven krijgt. Op 10 september wordt het prinsje gedoopt in de Grote Kerk der Hervormde Gemeente in Apeldoorn. De tweede zoon is Bernhard Lucas Emmanuël. Hij wordt geboren op eerste kerstdag 1969. Zijn doop is op 21 februari, tegelijk met de doop van de derde zoon van prinses Beatrix, prins Constantijn, in de Domkerk in Utrecht. Op 22 maart 1972 wordt in het Radboud Ziekenhuis in Nijmegen de derde zoon geboren: Pieter-Christiaan Michiel. Hij wordt op zondag 3 september 1972 gedoopt. De vierde zoon, Floris Frederik Martijn, is op 10 april 1975 in Nijmegen geboren en hij wordt op 14 oktober 1975 gedoopt in de kapel van Het Loo in Apeldoorn.

Behalve moeder van een groot jongensgezin is Margriet de plaatsvervangster voor haar oudere zus Beatrix. Prinses Margriet vertegenwoordigt de koningin bij vele officiële gelegenheden. Dat heeft ertoe geleid dat zij maandenlang iedere persoon die zij een hand moest geven haar linkerhand aanbood in plaats van haar rechterhand. Als gevolg van het vele handen schudden had de prinses namelijk last gekregen van een aantal ontstekingen in haar pols en hand. Op Koninginnedag komt de hele familie Van Vollenhoven ieder jaar weer trouw opdraven. Het is niet alleen de verjaardag prinses Juliana en de viering van Beatrix' verjaardag, maar ook de verjaardag van mr. Pieter. De prinses bekleedt tal van bestuursfuncties op maatschappelijk, sociaal en cultureel gebied. Zij onderhoudt nauwe banden met de Nederlandse koopvaardij en is actief op het gebied van de gezondheidszorg en maatschappelijk werk. Prinses Margriet is bedreven in de mensport. In de bossen bij Het Loo brengt zij haar hobby graag in praktijk. Met haar gezin gaat ze zeilen op het Veluwemeer, skiën in Oostenrijk en op zomervakantie op Vlieland.

Prinses Margriet is in de eerste plaats moeder en sinds een aantal jaren ook oma van drie prachtige kleinkinderen. Het gezinsleven heeft zij hoog in het vaandel staan en zij staat altijd klaar voor haar kinderen, ondanks haar drukke werkzaamheden. Er is enige tijd sprake van geweest dat het rommelde in het huwelijk van mr. Pieter en prinses Margriet. De betrokkenen zelf wijzen alle geruchten naar het land der fabelen en als Pieter in een interview zegt: 'Ik zou het zo weer over doen', zegt dat toch genoeg. Zij genieten nog niet samen van hun rust, want ook Pieter is nog heel actief. Hij is voorzitter van de Raad voor de Transportveiligheid, het Fonds Slachtofferhulp en heeft nog veel meer van dit soort functies. Ook internationaal bekleedt hij functies op het gebied van de verkeersveiligheid. Hij heeft een passie voor muziek en vormde jarenlang met Louis van Dijk en Pim Jacobs het pianotrio De Gevleugelde Vrienden. Met zijn gezondheid is het de laatste jaren een beetje tobben. Mr. Pieter heeft twee keer huidkanker gehad en wordt daarvoor behandeld in het Antoni van Leeuwenhoek Ziekenhuis. Samen met de steun van zijn gezin en in de eerste plaats van prinses Margriet probeert hij zijn ziekte de baas te worden. Want zij willen nog lang bij elkaar blijven en uiteindelijk ook nog samen genieten van hun oude dag.

Hoofdstuk 11

Prinses Christina
kiest haar eigen weg

Eigenzinnig en haar eigen weg kiezen, dat is prinses Christina ten voeten uit. Zij is altijd op zoek geweest naar vrijheid. Zo volgt zij na haar MMS-opleiding lessen aan de sociale academie 'De Horst', een zusterinstelling van 'Kerk en Wereld' in Driebergen. Zij verandert haar roepnaam Marijke in Christina en wenst ook zo aangesproken te worden. Christina volgt lessen aan het conservatorium, gaat studeren in Canada en trouwt met een staatloze Cubaan. Zij komt terug naar Nederland, gaat op De Horsten wonen, verlaat haar echtgenoot Jorge Guillermo, laat haar inboedel veilen en trekt zich terug in Amerika. Ze schroomt er niet voor om cd's te maken voor het grote publiek en in het openbaar te zingen op het huwelijk van haar neef prins Bernhard jr. Prinses Christina saai? Absoluut niet. Ze is een vrouw die van jongs af aan weet wat zij wil en daar ook voor staat!

'Ik had liever een broertje gehad', is de eerste reactie van prinses Beatrix als op 18 februari 1947 's nachts om zes minuten voor half drie haar jongste zus Maria Christina, roepnaam Marijke, wordt geboren. 'Zij is snoezig, het mooiste zijn wel haar nageltjes, die lijken net gelakt,' zo probeert Beatrix haar harde woorden enigszins goed te praten. Prins Bernhard had al enige weken voor haar geboorte overduidelijk te kennen gegeven dat het niet uit zou maken of er een jongen of meisje geboren zou worden. Bernhard: 'Ach, in ieder gezin heeft men graag meisjes en jongens. Wij zullen met beiden precies even blij zijn. Dat brengt mij erop, waarom hoopt men zo erg op een prinsje? Zit daarin eigenlijk niet iets onrechtvaardigs tegenover de vrouw in het algemeen? De capaciteiten van vrouwen is men toch vooral in de laatste oorlogsjaren met heel andere ogen gaan zien? Gelooft u bijvoorbeeld dat het levenswerk van mijn schoonmoeder, onze koningin, meer gewaardeerd zou zijn indien zij een man was geweest?' Klare taal van prins Bernhard, die menigeen tot denken zet, behalve dus zijn oudste dochter Beatrix die haar ongenoegen over een zusje duidelijk laat blijken.

Afschuwelijk bericht
De kandeel gaat rond als prins Bernhard op 19 februari 1947 's morgens om elf uur zijn pasgeboren dochter inschrijft in de registers van de burgerlijke stand in Baarn. Bernhard draagt de baby op zijn arm en vertelt: 'De namen van het prinsesje, Maria Christina, zijn gekozen in de eerste plaats om de klank van de woorden en in de tweede plaats omdat de namen door mijn vrouw en mij zinvol worden geacht. Er is geen peter of meter. Haar roepnaam is Marijke.' De eerste weken lijkt er niets aan de hand met het jongste prinsesje. Zij groeit voorspoedig en ook prinses Juliana herstelt snel van de bevalling. Enkele maanden later schrikt Nederland op van een afschuwelijk bericht. Het prinsesje, nauwelijks enige maanden oud, moet worden opgenomen in de Kliniek voor Ooglijders in Utrecht. Zij heeft een ernstige afwijking aan haar ogen. Deze handicap is een gevolg van de besmetting met rodehond die Juliana tijdens haar zwangerschap heeft opgelopen. Op een schip met Nederlanders uit de Oost, waar Juliana, ondanks dat het haar wordt afgeraden, aan boord is gegaan, heerste rodehond. Juliana krijgt rodehond en haar dochtertje wordt geboren met een oogafwijking. De artsen proberen een behandeling vast te stellen. Haar linkeroog is zo goed als blind en haar andere oog functioneert slechts heel beperkt. Professor Weve voert enkele operaties uit. Na enkele weken mag het prinsesje het ziekenhuis verlaten, maar van echte genezing is geen sprake. Thuis op Soestdijk

wordt zij met alle zorgen omringd, al neemt prinses Juliana zich wel voor om haar visueel gehandicapte dochter een zo normaal mogelijke opvoeding te geven. Op 9 oktober wordt Marijke in de Domkerk gedoopt. Bij haar doopplechtigheid zijn aanwezig de groothertogin van Luxemburg, mevrouw Röell-Feith, mevrouw J. Post-Salomons en de heer A.J. Andrée Wiltjes. De kroonprins van Zweden en Winston Churchill zijn verhinderd. Wel is de echtgenote van Churchill bij de plechtigheid aanwezig.

Greet Hofmans

Prins Bernhard komt in contact met Jan van Riemsdijk, de zwager van Van Walraven, baron van Heeckeren. Van Riemsdijk vertelt hem over zijn door Greet Hofmans genezen dochtertje. Prins Bernhard raakt enthousiast over de verhalen en praat hierover met Juliana. Hij stelt voor deze laatste strohalm in het genezingsproces van Marijke aan te grijpen. Juliana is het hier niet zo mee eens en geeft het kindermeisje Rita Pennink opdracht eerst een afspraak met Greet Hofmans te maken. Het klikt tussen deze twee en op advies van kindermeisje Riet wordt Greet op Paleis Soestdijk ontboden. Tegenover Juliana verklaart zij het licht in de ogen van Marijke te kunnen laten terugkeren door haar inspanningen in samenwerking met de hoogste macht. De reguliere artsen rond Marijke staan in eerste instantie nog wel open voor Greet, in het kader van het bekende gezegde: 'Baat het niet, dan schaadt het ook niet'. In de loop der maanden treedt er geen enkele verbetering op en niet alleen de artsen vinden het veel te lang duren, ook prins Bernhard wordt ongeduldig. De ogen van Marijke blijven, zelfs na diverse operaties, op hetzelfde niveau en ook met de geestelijke krachten van Greet Hofmans treedt er geen verbetering in. Er ontstaat een groot meningsverschil tussen prins Bernhard en prinses Juliana. De prinses gelooft wel in de krachten van Greet, maar Bernhard heeft er meer dan genoeg van. Uiteindelijk, na grote problemen in de relatie en zelfs inmenging van de regering, moet Greet Hofmans het paleistoneel verlaten. Marijke zal het allemaal een zorg zijn; zij maakt geen probleem van haar visuele handicap.

Ondanks haar handicap heeft Marijke een bijzonder zonnig karakter en zij spreidt een onverwoestbaar optimisme ten toon. Altijd heeft zij plezier, altijd lacht zij, altijd is ze opgeruimd en zij voelt zich het gelukkigste wezentje op aarde. Marijke is het troetelkindje van Soestdijk, een positie waarvan zij goed gebruik weet te maken. Zij is de benjamin en iedereen is verrukt van haar. Al heel jong speelt zij piano, een van haar favoriete bezigheden. En ze kan enorm genieten als er een fanfare-orkest of drumband langs paleis Soestdijk marcheert. Marijke zit dan met feesthoedje op de trap en dirigeert met een eigengemaakt dirigeerstokje de muzikanten. De duizenden defilerende bezoekers heeft zij niet eens in de gaten, zij gaat helemaal op in haar eigen muziekwereld. Urenlang kan zij bezig zijn met mechanisch speelgoed. Ze is gek op telefoons en rinkelende bellen. Met poppen spelen brengt haar in een fantasiewereld. Onverstoorbaar kan zij bezig zijn met het aan- en uitkleden van de poppen, met schooltje of ziekenhuisje spelen en wandelen met de poppenwagen. Ze is een moedertje in de dop.

Logeerpartijen
Op de lagere school gaat het uitstekend. Zij volgt lessen op de Nieuwe Baarnsche Schoolvereeniging, tegelijkertijd met haar zus Margriet. Het is even wennen voor de prinses. Stilzitten en discipline zijn eigenlijk niets voor haar. Zanglessen zijn haar favoriet. Al heel jong leert zij Frans spreken, thuis aan tafel wordt Frans gesproken en er is een Franse kinderjuf op Soestdijk. De twee oudste prinsessen krijgen conversatieles Frans en daar mag Marijke graag toehoorder zijn. Zij geniet als haar oudere zussen gecorrigeerd worden. Ziezo, worden zij ook eens op hun nummer gezet! Het grootste feest zijn de logeerpartijen bij oma Wilhelmina, die door Marijke liefkozend Moene wordt genoemd. Daar op Het Loo mag alles. Oma leest voor, oma vertelt verhaaltjes en oma kan geduldig luisteren naar de pianovorderingen van haar kleindochter.

Prinses Marijke kiest ervoor om naar de Middelbare Meisjesschool in Amersfoort te gaan en niet, zoals haar zussen, naar het Baarnsch

Lyceum. In 1965 slaagt zij met vlag en wimpel voor deze opleiding en twijfelt lang wat zij hierna moet gaan doen. Ze zoekt het niet, zoals haar zus Irene, op spiritueel gebied. Marijke staat met beide benen op de grond. Zij schrijft zich in aan de sociale academie De Horst in Driebergen en volgt lessen in cultuurgeschiedenis, sociologie en psychologie. Ze volgt niet de vier jaar durende cursus, maar wil graag rondkijken voordat ze een definitieve keuze maakt voor een vervolgopleiding. Ook stort ze zich met volle overgave op haar muzieklessen aan het conservatorium in Utrecht.

Zelfstandigheid
Op 19-jarige leeftijd denkt Marijke haar keuze te hebben gemaakt. In Groningen gaat zij pedagogie studeren voor de middelbare akte A. Deze opleiding duurt minimaal drie jaar. De prinses heeft inmiddels laten weten niet langer haar meisjesnaam Marijke te dragen; zij wil voortaan Christina genoemd worden. En o wee degene die het per ongeluk vergeet! Moeder Juliana moet erg wennen aan de nieuwe naam van haar dochter en vergist zich nog vaak. Christina luistert absoluut niet meer naar de naam Marijke, op zo'n moment is zij gewoon Oost-Indisch doof. Marijke gaat niet alleen in Groningen studeren, zij gaat op kamers wonen in een huis aan de Quintuslaan 10 in Groningen. Dit huis is van professor dr. F.A.L. van Os. Zijn zoons zijn de deur al uit en dus heeft hij enkele kamers over, die worden omgetoverd tot kamers voor de prinses waar ze heerlijk op zichzelf kan zijn. Ook al geeft Groningen haar alle mogelijke kansen, het blijkt toch niet te vermijden dat zij zichzelf herhaaldelijk als 'de prinses' moet blijven zien. Soms heffen voorbijgangers spontaan het Wilhelmus aan en een enkeling kijkt haar tijdens het winkelen ongegeneerd na. Het hof blijft zich ook met Christina bezighouden. Er is prikkeldraad aangebracht aan de achterzijde van haar woning en aan de overkant woont een rechercheur van de paleisbewaking. De volledige vrijheid en zelfstandigheid die zij in Groningen probeert te vinden is haar niet gegeven.

Na twee jaar studie neemt prinses Christina het heft in eigen hand en zij besluit haar studie onder de Martinitoren te staken. Christina zoekt een nieuwe toekomst buiten onze landsgrenzen. In gezelschap van haar muziekpedagoge Phia Berghout vertrekt Christina naar Canada om daar een soort ontdekkingsreis te gaan maken. De laatste jaren is er vrijwel geen zomer voorbijgegaan of prinses Christina was in Canada of Amerika op vakantie. Al snel duiken de geruchten op dat Christina niet voor studie, maar voor een medische behandeling naar Canada gaat. Zij stelt zich inderdaad herhaaldelijk onder behandeling van bekende oogspecialisten, zoals dr. Robert Morison, professor Claes Dohlman en professor David Paton. Deze specialisten werken volgens nieuwe methoden, die neerkomen op het transplanteren van regenboogvliezen. Ook bij deze behandelingen heeft Christina niet echt baat.

In Canada vindt Christina wel rust en vrijheid en ongestoord studeert zij voor een Bachelor of Music-graad. De prinses woont zo ver weg dat er vrijwel niets meer over haar in Nederland bekend is. Soms is zij nog aanwezig op Koninginnedag en verblijft zij enkele weken per jaar in Porto Ercole, maar verder leidt de prinses een onopvallend, maar zeker gelukkig leven in Canada. Even sijpelen berichten door dat de prinses verliefd is op de Canadese student Emile Bourrée, maar hij blijkt niets meer of minder dan een goede vriend. Na haar studie vestigt de prinses zich in New York. Daar geeft zij les op een kleuterschool in Frans en muziek en werkt ook verder aan haar muzikale carrière.

Staatloze Cubaan

Over haar periode in New York vertelt Christina dat zij een zeer alledaags leven leidt. Tot ze op een dag Jorge Guillermo tegenkomt, die op een school voor arme kinderen in Harlem werkt. Samen gaan zij vaak naar de schouwburg en bezoeken veel toneel-, opera-, en muziekvoorstellingen. De liefde is heftig, nog nooit heeft een man zo het hart van de prinses op hol kunnen brengen. Zij neemt hem in het diepste geheim mee naar Nederland waar hij wordt voorgesteld aan de koninklijke familie. Niet iedereen is enthousiast, vooral prinses Beatrix ziet niets in die 'staatloze Cubaan', zoals zij spottend zegt. Maar zoals Christina dat gewend is in haar leven, laat zij zich ook nu niet beïnvloeden. Jorge is voor mij de man, zo laat de prinses weten als zij op 14 februari 1975 haar verloofde Jorge in Nederland voorstelt. Binnen vijf maanden willen zij trouwen en het liefst in Nederland. De prinses doet afstand van de troon. Tot dan toe was zij negende in de lijn van de troonopvolging. Door geen toestemming te vragen aan de regering voor haar huwelijk, doet zij automatisch afstand van dit recht. Zelf noemt zij het vragen van toestemming 'niet zinvol'. Zij geeft aan dat haar leven in New York is en dat zij voorlopig niet van plan is om terug te keren. Christina vermijdt daardoor tevens alle moeilijkheden die destijds zijn ontstaan rond het huwelijk van haar zuster Irene met prins Carlos Hugo. Jorge is als vluchteling uit Cuba op het moment van de verloving staatloos. Als enig reisdocument heeft hij een Amerikaans 'laissez passer' en in feite vertoeft hij illegaal in Nederland. Prinses Christina en haar verloofde zijn als het ware door prins Bernhard het land binnengesmokkeld aan boord van de regerings-Fellowship. Jorge zou een Nederlands visum moeten hebben, zoals iedere staatloze refugé dat nodig heeft als hij Nederland binnenkomt. Prins Bernhard doet het lachend af met de woorden: 'Laten wij hopen dat wij er geen moeilijkheden over krijgen.'

Slechts vier dagen blijft het verloofde paar in Nederland en dan moeten zij beiden weer aan de slag in New York. Jorge Guillermo komt vrij ontspannen over en vertelt dat hij niet van plan is ooit naar Cuba terug te keren. Hij is bezig om Amerikaan te worden en vertelt ook nog even dat hij rooms-katholiek is en dat ook wil blijven. Jorge weet precies hoe hij prins Bernhard voor zich moet winnen. Hij draagt een armband van olifantenhaar, net als prins Bernhard en de andere schoonzoons van de prins. Niemand gelooft Jorge als hij zegt deze armband al veel langer te dragen, zelfs voor zijn kennismaking met Christina.

Huwelijk

Als Amerikaans burger komt Jorge Guillermo in juni 1975 naar Nederland om op 28 juni met zijn bruid van Oranje prinses Christina te trouwen. Het huwelijk wordt niet door leden van andere koninklijke huizen bijgewoond. Alleen de broer van prins Bernhard, prins Aschwin, en zijn echtgenote wonen met vrienden en goede kennissen van het bruidspaar de huwelijksplechtigheden bij. Wel zal op 28 juni de vlag met oranje wimpel van de huizen en gebouwen wapperen. De ondertrouw vindt plaats op 18 juni en om dit gebeuren niet helemaal ongemerkt voorbij te laten gaan geven de koningin en prins Bernhard een feest op paleis Huis ten Bosch waarvoor maar liefst 500 gasten zijn uitgenodigd. Christina en Jorge zijn het stralende middelpunt, de prinses staat eindelijk eens in het middelpunt van de belangstelling. Maar liefst 1050 genodigden, onder wie 175 buitenlandse gasten, zijn aanwezig bij het huwelijk. De getuigen van het huwelijk zijn professor dr. Frans Alting von Geusau en zijn echtgenote Anna Houben uit Oisterwijk, mevrouw Elisabeth Benneker-ten Hove uit Roden, psycholoog Bonifatius van der Haer uit Bunnik, het bankiersechtpaar Hany en Annette Kamal-O'Gorman uit New York, directeur van de haven van Montreal Renée Ligtermoet, vriendin Kathy Sesink uit Soestdijk en het Amerikaans bankiersechtpaar Christopher en Caroline Smiles-Fritszche.

Op verzoek van prinses Christina wordt er veel aandacht besteed aan de muzikale begeleiding van de kerkelijke inzegening in de Domkerk in Utrecht. De muziek wordt verzorgd door het Nederlands Kamerorkest onder leiding van David Zinman en de Dom Cantorij onder leiding van Maarten Kooy. Als solisten treden op Elly Ameling en de organisten Stoffel van Viegen en Jan Jansen. De vroege ochtend van de huwelijksdag begint met een door pater Bernhard Bot in de Stuczaal van paleis Soestdijk gecelebreerde eucharistieviering, waarbij alleen het bruidspaar en de naaste familie aanwezig is. Onderweg naar Baarn wordt het bruidspaar al enthousiast toegejuicht door de vele belangstellenden die zich geruime tijd van tevoren langs de route van de bruidsstoet hebben opgesteld. Terwijl buiten een flink aantal belangstellenden ongeduldig op het jonge bruidspaar wacht, geven de jongste Oranjeprinses en Jorge Guillermo in de trouwzaal van het stijlvolle gemeentehuis in Baarn elkaar het jawoord. De plechtigheid wordt geleid door de burgemeester van Baarn, mr. J. van Haeringen, die daarbij wordt geassisteerd door de ambtenaar van de burgerlijke stand, de heer F.C. van der Vliet. Naast de koninklijke familie, de moeder van Jorge Guillermo en enkele andere familieleden van de bruidegom zijn ook de officiële getuigen bij de plechtigheid aanwezig.

Na de voltrekking van het burgerlijk huwelijk rijden het bruidspaar, de ouders, familie en de getuigen naar de Domkerk in Utrecht waar in het begin van de middag het kerkelijk huwelijk wordt ingezegend. Een erehaag van de Utrechtse weerbaarheid wacht bij de Domkerk het bruidspaar op. De ingang is met een prachtige pergola versierd. Als laatsten treden Christina en Jorge de kerk binnen, terwijl stadsbeiaardier Chris Bos het orgel bespeelt. Omdat prinses Christina lid is van de Nederlands-hervormde Kerk en Jorge rooms-katholiek is, wordt de kerkelijke plechtigheid geleid door zowel de Nederlands-hervormde predikant dominee J. van Werf uit Utrecht als pater drs. B. Bot uit Den Haag. Het is een mooie en indrukwekkende dienst van deze voorlopig laatste Bruid van Oranje. Wat zou er door Christina heengegaan zijn toen zij minutenlang Jorges hand vasthield toen de Dom-Cantorij en orkest het Et Incarnatus Est van Johan Sebastiaan Bach vertolkten? Denkt zij aan het inzegeningsgebed dat even daarna klinkt: 'Vrede voor jou en vrede voor jou, alles wat goed is en gelukkig maakt?' Koningin Juliana heeft het moeilijk. Verscheidene malen vertrekt zij haar gezicht alsof de ontroering haar bijna te machtig wordt, de lippen opeen en de ogen iets samengeknepen. De bekende gelaatsuitdrukking van het jaarlijkse defilé op Paleis Soestdijk als iets haar plotseling aangrijpt. Het zijn moeilijke momenten voor haar als Christina de kerk binnenkomt en als na het 'Yes I do' het koor in een juichend Hosannah uitbarst, wordt het Juliana even iets te veel... de tranen biggelen over haar wangen. Na het huwelijk vindt een galadiner plaats op Slot

Loevestein. De bruiloft die voor Jorge en Christina zo anders is, maar wel eerlijk en oprecht, komt ten einde. De laatste vogel uit het Oranjenest is nu helemaal uitgevlogen. De honderden in en rond de Dom, de honderden langs de weg naar Baarn en de duizenden thuis aan de beeldbuis begrijpen dat het om meer gaat dan alleen maar een spektakelstuk. De liefde tussen Christina en Jorge is echt, tenminste zo lijkt het op deze trouwdag en later in die eerste huwelijksjaren.

Jorge en Christina gaan terug naar New York en hun grootste wens is om zo snel mogelijk een gezin te stichten. Dat lukt niet helemaal direct, maar twee jaar na haar huwelijk wordt de eerste zoon geboren. Op vrijdag 17 juni 1977 komt Bernardo Fedrico Tomás in Utrecht ter wereld. Een week later wordt hij gedoopt tijdens een plechtigheid in paleis Soestdijk. De Utrechtse predikant, dominee J. van der Werf verricht de doopplechtigheid. Grootvader Bernhard, naar wie de baby is vernoemd, en zijn tante prinses Irene zijn peten. Al spoedig reist het gezinnetje weer terug naar New York, waar de Guillermo's een flat hebben. In juli 1978 krijgt Christina een miskraam. Koningin Juliana gaat regelmatig op bezoek bij haar dochter. Prinses Christina heeft een depressie en dat doet haar huwelijksgeluk geen goed. De baan van Jorge Guillermo brengt met zich mee dat hij vrijwel dagelijks op reis is en alleen in het weekeind thuis is. Niet alleen koningin Beatrix maakt zich zorgen, ook prins Bernhard is niet gerust op de toestand van zijn dochter. Hij belooft uit te zien naar een baan voor Jorge. Zover is het nog niet als op 6 juli 1979 de tweede zoon, Nicolàs Daniel Mauricio, wordt geboren. Ook hij wordt op paleis Soestdijk gedoopt. Tante Margriet is een van de peten. Op 8 oktober 1981 krijgt prinses Christina haar derde kind. Het is een meisje en zij heet Juliana Edenia Antonia. Bij haar doop op paleis Soestdijk is koningin Beatrix peet.

Zwijggeld
Prinses Christina heeft het niet echt naar haar zin in New York en vindt het ook geen geschikte stad om haar kinderen te laten opgroeien. Ze

logeert vaak met haar kinderen op Soestdijk en na negen jaar New York besluiten de Guillermo's zich in Nederland te vestigen. Hun oog is gevallen op het prachtige natuurgebied De Horsten bij Wassenaar. Dit gebied is op dat moment persoonlijk eigendom van prinses Juliana. De Guillermo's willen een riant landhuis laten bouwen. Dit gaat niet zonder slag of stoot. Er is toestemming gegeven voor de bouw in een gebied waar in principe niet meer gebouwd mag worden, wat leidt tot veel kritiek en zelfs processen van omwonenden. Zij vinden dat er met twee maten wordt gemeten. Verder hebben zij veel overlast omdat een toegangsweg om veiligheidsredenen wordt afgesloten. De bouw van villa Eikenhorst begint in 1984 en neemt lange tijd in beslag. De plannen worden vaak gewijzigd en daar moeten vergunningen voor worden afgegeven. De gewijzigde plannen zijn nodig om de afmetingen van de kamers aan te passen aan een aantal antieke kasten, die het echtpaar Guillermo op antiekbeurzen zo voordelig mogelijk heeft aangekocht. Uiteindelijk kunnen prinses Christina en haar man en kinderen in 1986 Sinterklaas vieren in de speciaal voor haar gebouwde villa. De bouw van het in zeventiende-eeuwse stijl opgetrokken landhuis heeft bijna twee miljoen gulden gekost. De ruim vijftien kamers tellende villa op het koninklijke landgoed De Horsten is een eldorado voor de kinderen. Ze hebben een eigen zwembad en de kinderen voelen zich al helemaal thuis op de Wassenaarse Kievitschool. Alledrie zijn zij artistiek, Bernardo en Nicolás zijn muzikaal en Juliana kan aardig tekenen. Jorge Guillermo leeft zich uit als antiekverzamelaar, een hobby waar hij zijn vrouw in meesleept.

Ondanks dat zij terug zijn in Nederland verloopt het huwelijk van Jorge en Christina niet vlekkeloos. Guillermo vernedert haar en lijkt zich niets meer van haar aan te trekken. Zij besluiten in 1995 om te scheiden en in april 1996 is de scheiding een feit. Christina wil niet langer in Eikenhorst blijven wonen, zij is in deze prachtige villa niet gelukkig geweest. Jarenlang staat de villa leeg tot prins Willem-Alexander en prinses Máxima hun oog laten vallen op dit schitterende landgoed.

Zonder enig hartzeer laat Christina een groot deel van haar inventaris veilen en keert terug naar New York. Van de opbrengst van de veiling, ruim twee miljoen gulden, koopt zij een flat in Boston waar haar twee kinderen, dochter Juliana en zoon Nicolás, studeren. Bernardo studeert elders in New York. Ook heeft zij een ruim appartement in New York aan de Lexington Avenue gekocht voor ruim 2,5 miljoen gulden. Regelmatig is zij in Nederland voor familiebezoek of optredens en verder verdeelt zij haar tijd tussen haar appartement in New York en haar flat in Boston. Sjofel gekleed loopt zij over straat, niemand herkent haar als de jongste zuster van de koningin van Nederland. Christina geeft op een club Amerikanen les in etiquette en zangles. Van een nieuwe man in haar leven is geen sprake, zij lijkt dat ook niet te zoeken. Christina gaat weinig uit en zij leidt een rustig leven. De scheiding lijkt haar goed te hebben gedaan. In New York bewoont de prinses een appartement in een van buiten foeilelijk gebouw, dat van binnen echter schitterend is ingericht met een deel van het antiek van haar villa Eikenhorst in Wassenaar. Als Christina in Nederland is, woont zij in een appartementje in de koninklijke stallen in Den Haag, pal naast het werkpaleis van koningin Beatrix. Met Jorge heeft Christina nooit meer contact. Alleen haar kinderen zien af en toe hun vader, die in Londen een teruggetrokken leven leidt en met geen enkele Oranje nog contact heeft. Jorge zou leven van de uitkering die hij na de scheiding heeft ontvangen. Een soort zwijggeld! Christina is na haar scheiding in een nieuwe levensfase gekomen en richt zich nu volledig op een muzikale carrière. Haar eerste cd *My Christmas Album* verkocht meer dan 200.000 exemplaren en haar tweede album *The Me Nobody Knows*, waar zelfs een duet met Rob de Nijs op staat, is ook goed voor ruim 100.000 verkochte exemplaren. Christina verbaast menigeen als zij tijdens het huwelijk van prins Bernhard jr. met Annette Sekrève op indrukwekkende wijze het liefdesliedje 'Amarilli' van Caccini ten gehore brengt. En ook haar optreden tijdens de begrafenis van prinses Juliana maakt grote indruk bij kenners en liefhebbers. Christina heeft haar weg gevonden, een weg die zij zelf uitstippelt en ook op haar eigen wijze volgt.

Hoofdstuk 12

Burgermeisje Marilène
wordt Prinses

Terwijl Nederland een verlovingsaankondiging verwacht van prins Willem-Alexander en zijn vriendin Emily Bremers, blijkt het tot ieders verrassing de 29-jarige prins Maurits te zijn die op zaterdag 29 november 1997 zijn neef, de kroonprins, voor is. Hij maakt zijn verloving bekend met zijn twee jaar jongere vriendin Marilène van den Broek. Marilène is de dochter van oud-minister van Buitenlandse Zaken, mr. Hans van den Broek en zijn vrouw Josée. Tot op het moment van haar verloving is zij nog een onbekend burgermeisje. Maar dat verandert snel, want in enkele maanden tijd is Marilène een van de populairste leden van de koninklijke familie.

Prins Maurits is de oudste zoon van mr. Pieter van Vollenhoven en prinses Margriet. Hij is geboren op 17 april 1968 in het Stads- en Academisch Ziekenhuis van Utrecht. Zijn namen, Maurits Wilem Pieter Hendrik, worden bij de aangifte bekendgemaakt en op 10 september 1968 wordt hij gedoopt in de Grote Kerk aan de Apeldoornse Loolaan. Bij zijn doop treedt de Nederlandse Koopvaardij als peet op, net als bij de doop van zijn moeder prinses Margriet. Maurits groeit op in Apeldoorn en bezoekt daar de lagere en middelbare school. Aan de scholengemeenschap Veluws College slaagt hij in 1978 voor zijn vwo-eindexamen. Daarna gaat de prins in dienst, hij kiest voor een mariniersopleiding. Het zware trainingsprogramma breekt hem echter na enkele maanden op en hij besluit te gaan varen op een fregat van de marine. Eenmaal weer aan wal vertrekt Maurits naar Groningen, waar hij samen met zijn broer Bernhard economie gaat studeren.

Prince Charming

In deze noordelijke studentenstad krijgt hij zijn bijnaam Prince Charming. Ook ontmoet hij hier zijn grote liefde Marilène van den Broek. Zij studeert in Groningen bedrijfskunde. Hun eerste ontmoeting vindt plaats in het dinercafé Soestdijk aan de Grote Kromme Elleboog. Maurits staat daar achter de tap en Marilène werkt er als serveerster. Vijf jaar lang kunnen Marilène en Maurits hun liefde voor elkaar niet of nauwelijks in het openbaar tonen. Vaak zijn er geheime afspraakjes, al woont het stel maar enkele honderden meters bij elkaar vandaan. Zo logeert Maurits in het weekend vaak bij Marilène die een appartement heeft in de P.C. Hooftstraat. Op vrijdagavond parkeert hij zijn snelle BMW gewoon voor de deur bij een parkeermeter. De volgende morgen haalt hij zelf jus d'orange en verse broodjes bij de delicatessenwinkel in de buurt en een ochtendkrantje bij de kiosk aan de overkant. Gewoon in jeansjack en baseballcap in de drukke PC wordt hij door niemand herkend in het 'hol van de leeuw'. Vrienden zijn al geruime tijd op de hoogte van hun romance en voor hen is het dan ook geen verrassing als zij hun verloving bekendmaken. Voor Marilènes ouders is Maurits uiteraard de ideale schoonzoon en zij zijn ook duidelijk met hem ingenomen. Al beseffen zij ook dat een huwelijk met een prins toch wel wat beperkingen heeft. En hoe graag Marilène ook met Maurits zou blijven leven zoals ze tot nu toe heeft gedaan, ook zij begrijpt goed dat het vrije leventje na hun huwelijksdag zal veranderen.

Aanzoek

Op de dag van de verloving weet Marilène direct de harten van de Nederlanders te veroveren. In de statige Audiëntiezaal van Paleis Het Loo in Apeldoorn stelt Maurits zijn verloofde voor. De toekomstige prinses met haar open blik en brede glimlach lijkt zich op haar gemak te voelen bij haar ouders en aanstaande koninklijke schoonouders. De slanke Marilène is gekleed in een Pauw-ensemble, een van haar favoriete outfits. Als Maurits vertelt hoe hij zijn aanzoek heeft gedaan, giechelt de toekomstig prinses en krijgt zij rode blosjes op haar wangen. Vanaf het moment dat het paar over een verloving nadenkt, heeft Maurits al precies in zijn hoofd hoe hij om de hand van Marilène gaat vragen. Zo gedacht, zo gedaan. Geheel in stijl heeft hij zich in jacquet gehuld, en aangekleed en wel meldt hij zich op de stoep van zijn aanstaande schoonvader mr. Hans van den Broek. Een beetje stotterend zegt hij aan de voordeur: 'Ik heb u iets belangrijks te vragen, schikt dat nu misschien?' Van den Broek moet lachen als hij zijn aanstaande schoonzoon in vol ornaat in de stromende regen aan de voordeur ziet staan. 'Ach jongen, kom maar binnen, buiten regent het', is zijn verrassende reactie.

Over het tijdstip van bekendmaking van hun verloving vertelt prins Maurits: 'Het lijkt ons nu een goed moment. Wij zien veel vrienden in onze omgeving hetzelfde doen, nu zo vlak voor de kerst'. De bekendmaking van hun verloving wilden zij ook niet langer uitstellen, zij waren bang dat het nieuws voortijdig zou uitlekken. Marilène geeft tijdens de persconferentie aan graag hetzelfde 'betrekkelijk anonieme leven' dat zij tot nu toe heeft geleid ook na het huwelijk volgend jaar zoveel mogelijk te kunnen voorzetten. 'Ik denk dat er weinig zal veranderen ten opzichte van heden', zegt zij. Marilène ziet Maurits als een heel gewone jongen die toevallig prins is. Wel beseft zij terdege dat het lastig is en even wennen zal zijn om in de toekomst als lid van de koninklijke familie door het leven te gaan. Als een rechtgeaarde moderne vrouw zal zij ook na haar huwelijk blijven werken. Zij heeft een leuke baan met aardige collega's bij Koninklijke Ahold in Zaandam. De wederzijdse ouders zijn trots, zo vertelt Hans van den Broek: 'Het is hartverwarmend voor ouders om je kinderen zo gelukkig te zien en hen zo in vertrouwen naar elkaar en naar de toekomst te zien kijken.' Prinses Margriet, net terug uit het Spaanse Sevilla waar zij een vergadering van het Internationale Rode Kruis heeft bijgewoond, zegt heel erg gelukkig te zijn met het voorgenomen huwelijk van haar oudste zoon. 'Zij zijn heel gelukkig en stralend samen. Ik denk dat dit een heel mooi begin is voor hun toekomst'.

Charmant

Maurits en Marilène zijn het eerste koninklijke koppel sinds lange tijd dat in het huwelijksbootje stapt. Het laatste koninklijke huwelijk is 23 jaar geleden, wanneer prinses Christina in 1975 met Jorge Guillermo trouwt. De afloop van deze relatie is inmiddels bekend. Nu eindelijk weer een Bruid van Oranje, Nederland verheugt zich erop. Maar wie is eigenlijk Marilène van den Broek, die charmante vrouw die zo plotseling uit het niets tevoorschijn komt en direct ook iedereen voor zich weet te winnen?

Marie-Helène Angela van den Broek wordt op 4 februari 1970 in Dieren geboren. Haar vader is directiesecretaris bij AKZO en bovendien fractieleider van de KVP in Rheden. Haar moeder is drs. Josée van den Broek-Van Schendel. Marilène doorloopt de lagere school in Rheden en verhuist later naar Wassenaar. Haar vader is inmiddels staatssecretaris en wordt later minister van Buitenlandse Zaken. Aan het Rijnlands Lyceum is zij een slimme leerling en ze behaalt met gemak haar vwo-diploma. Daarna gaat zij bedrijfskunde studeren, eerst in het Belgische Leuven en later in Groningen. Marilène studeert in Groningen bedrijfskunde als Maurits daar colleges loopt. Tijdens haar studententijd is zij onder meer voorzitter van AIESEC, een wereldwijde studentenorganisatie die zich bezighoudt met het organiseren van studentenstages en bedrijfsinformatiedagen. Zelf loopt zij drie maanden stage in Taiwan bij een internationaal bedrijf in consumentenproducten. Aansluitend maakt zij een treinreis door China en Mongolië. Nadat zij is afgestudeerd neemt ze een baan aan bij Koninklijke Ahold NV in Zaandam.

De toekomstige prinses groeit op als een echte diplomatendochter. Zij is van jongs af aan gewend zich in chique kringen te begeven. Ondanks dat haar vader een druk bezette baan heeft, is er toch veel tijd over voor leuke familie-uitjes. De vakanties worden meestal in het buitenland doorgebracht, waarbij Italië vaak de voorkeur heeft. Samen met haar ouders en oudere zus Caroline leidt Marilène een vrij normaal gezinsleven. Zij was en is nog steeds gek op dieren en verder heeft zij allerlei sporten als hobby. Hardlopen is een van haar grootste liefhebberijen en samen met Maurits loopt zij dan ook met gemak de marathon van New York. Marilène deelt een appartement in de chique P.C. Hooftstraat in Amsterdam-Zuid met haar studievriendin, barones Alexandra MacKay.

Maurits werkt op het moment van de verloving bij de NV Luchthaven Schiphol. Daarvoor heeft hij in Groningen colleges in financiering/ belegging, logistiek, marketing en strategisch management gevolgd. In oktober 1995 behaalt hij zijn doctoraalexamen. Zijn afstudeerscriptie gaat over de strategische planning van de luchthaven Schiphol. Door zijn contacten met de directie van de luchthaven Schiphol krijgt hij hier zijn eerste baan. Kruiwagens of de R van relaties, Maurits kan aan de slag.

Natuurtalent
Na de bekendmaking van hun verloving heeft het stel geen rustig moment meer. Zij zijn naarstig op zoek naar een gezamenlijk huis in Amsterdam dat zij ten slotte vinden in het chique Zuid. De Toestemmingswet voor het huwelijk wordt op 31 maart aangenomen. Het is voor het eerst in de geschiedenis, het gevolg van de grondwetswijzigingen van 1983, dat een dergelijke wet in een gezamenlijke zitting wordt behandeld. De huwelijksdatum wordt vastgelegd: op 29 mei 1999 trouwen zij in Apeldoorn voor de wet en op 30 mei vindt de kerkelijke inzegening plaats tijdens een oecumenische dienst in de Grote Kerk. Marilène is al aardig ingeburgerd in de koninklijke familie. Zij heeft er dan ook geen enkele moeite mee zich tijdens Koninginnedag te presenteren. Zij stapt met veel enthousiasme in een van de hoge koetsen en laat zich

rondrijden, uitbundig zwaaiend naar het laaiend enthousiaste publiek. Marilène geniet van alle aandacht, dolt wat met haar aanstaande zwagers en neven en krijgt alle eer toebedeeld. De volgende dag staan de kranten vol over het eerste officiële optreden van Marilène. Een natuurtalent, een aanwinst voor het koningshuis, prinses Marilène gaat het helemaal maken.

Het aftellen kan beginnen, de uitnodigingen zijn verstuurd, de trouwjapon is in de maak en de verlanglijstjes zijn uitgedeeld. Op het cadeaulijstje van het aanstaande bruidspaar staan de meest uiteenlopende wensen. Zo vragen zij een Zweeds ontbijtservies in vele kleuren, maar ook huishoudelijke artikelen als een dienblad, donkerblauwe fruitschaal en een dekbedovertrek (240x220) kleur crème staan op het verlanglijstje. Blijkbaar is Marilène van plan om zelf af te wassen, want zij heeft ook nog blauwgele theedoeken met kuikentjes op het lijstje staan. En wat te denken van handdoeken, washandjes en een Brabantia puntzeef. Het paar heeft duidelijk nog van alles nodig. Wie echt iets duurs wil geven kan het stel verblijden met een zilveren kandelaar in de Louis XVI-stijl of een broodmand van 2.350 gulden. Een van de duurste geschenken op de lijst is een zilveren theeservies van maar liefst zesduizend gulden.

'Heb jij geslapen?' vraagt prins Maurits vol verbazing aan zijn kersverse echtgenote Marilène kort na afloop van de burgerlijke huwelijksvoltrekking op Paleis Het Loo. 'Ja, hoor, ik heb prima geslapen', bekent een lachende Marilène. 'Nou, dan ben je denk ik de enige geweest, ik heb geen oog dicht gedaan', zegt prins Maurits. Marilène van den Broek logeert met haar ouders, zus Caroline en zwager jonkeer drs. W. van Weede en haar twee grootmoeders op het Jachtslot Het Oude Loo. Prins Maurits brengt zijn laatste nacht als vrijgezel door in zijn ouderlijk huis bij Het Loo. De 52 stappen die hun beider appartementen in Amsterdam scheiden en die zij vaak hebben geteld, omdat zij tegen ongehuwd samenwonen zijn, zijn voortaan gereduceerd tot nul. Het paar blijft in de Amsterdamse binnenstad wonen.

Vertederend

Het bruidspaar straalt als zij in een open auto arriveren bij Paleis Het Loo, dat voor deze bijzondere dag dienst doet als gemeentehuis. Burgemeester Bruins Slot van Apeldoorn fungeert voor het eerst van zijn leven als ambtenaar van de burgerlijke stand en voltrekt het huwelijk. De plechtigheid wordt bijgewoond door de wederzijdse ouders van het paar, prinses Margriet en mr. Pieter van Vollenhoven en Hans van den Broek en zijn echtgenote. Prinses Juliana is er en haar man prins Bernhard. Prinses Irene zit naast haar moeder en verder zijn de prinsen Willem-Alexander, Johan Friso en Constantijn aanwezig en uiteraard de broers van Maurits, de prinsen Pieter-Christiaan en Floris. Getuigen zijn Marilènes zus Caroline, prins Bernhard jr., Jean Paul Drabbe, vriend van Maurits, en jonkvrouw Emilie van Karnebeek. Prinses Juliana, die na haar heupbreuk al weer vlot ter been is en met een stok loopt, arriveert via een zij-ingang. Zij krijgt een opvallend plaatsje naast mr. Pieter van Vollenhoven. Een teken naar buiten toe dat er geen sprake is van onenigheid. Enkele dagen voor het huwelijk werd namelijk bekend dat het Juliana was die er destijds een stokje voor heeft gestoken dat mr. Pieter van Vollenhoven na zijn huwelijk de titel Prins der Nederlanden zou krijgen. Een fabel, zo is later wel gebleken. Grote afwezige op deze huwelijksdag is koningin Beatrix. Zij en prins Claus hebben verplichtingen in Lissabon, waar zij de Wereldtentoonstelling bezoeken. Beiden zullen wel bij de kerkelijke inzegening aanwezig zijn.

Na uitbundige felicitaties over en weer, champagne en het loslaten van de ballonnen met kaartjes voor gelukwensen, volgt een luidkeels 'lang zullen ze leven' voor het bruidspaar dat snel de feestelijkheden in de tuin verlaat voor een gesprek met de pers. Marilène is nu officieel prinses, maar vindt het niet nodig zo aangesproken te worden. 'Ik heb begrepen dat mensen mij zo mogen aanspreken. Als iemand zich daar prettig bij voelt, mag die dat vooral doen, maar als iemand mij liever gewoon Marilène noemt, is dat goed. Daar ben ik heel erg tevreden mee, ben ik altijd geweest en zal ik altijd blijven. Ik maak nergens een probleem van.

Tussen Maurits en mij is niets veranderd, maar we zijn nu wel echt man en vrouw.' Maurits, nog duidelijk onder de indruk van de plechtigheid, vergeet even zijn perfecte Nederlands. Zo zegt hij: 'Daar wouwen we iedereen voor bedanken.' De Nederlandse taalpuristen krijgen kippenvel. 'Wouden is spreektaal, wouwen is daarvan een verbastering. Het had natuurlijk "wilden" moeten zijn', aldus de experts van de taaladviesdienst van het Genootschap Onze Taal. De perschef van de Rijksvoorlichtingsdienst Eef Brouwers stelt zich onmiddellijk solidair op als hij zegt: 'Ik neem het bruidspaar mee, er zijn wat familieleden die Maurits en Marilène nog even wouden zien.' Enfin, iedereen begrijpt wat hij bedoelt. Vertederend is de aanwezigheid van prinses Juliana, die er zichtbaar van geniet dat er voor het eerst een kleinkind van haar gaat trouwen en dat zij daarbij mag zijn. De prinses, net hersteld van een zware heupoperatie, loopt nog moeilijk en ook heeft zij enige last van verwardheid, wat zou komen door de narcose. Maar op de dag zelf is er niets van haar handicaps te merken. Zij is vol belangstelling en heeft het hoogste woord tijdens de receptie. Ook drinkt ze een lekker glaasje champagne en knabbelt aan de nootjes. Prins Bernhard, net herstellende van een prostaatoperatie, is ook van de partij. Hij is een echte feestganger en gaat graag naar bruiloften. Als hij een begrafenis moet bezoeken is de prins aanzienlijk minder enthousiast en laat hij regelmatig verstek gaan.

Humor
Een golf van ontroering gaat door de Grote Kerk van Apeldoorn op het moment dat Marilène van den Broek aan de arm van haar trotse vader de kerk binnenschrijdt. Haar lieve glimlach, haar schitterende trouwjapon en bovendien haar vertederende uitstraling zorgen bij de ruim elfhonderd gasten voor een gelukzalig gevoel. De liefde die dit bruidspaar uitstraalt wordt overgenomen door alle gasten. Bruidegom prins Maurits is behoorlijk ontdaan bij de eerste aanblik van zijn lieve bruid. Zijn gezicht spreekt boekdelen, zo verliefd en zo gelukkig. Deze koninklijke trouwpartij is een lust voor het oog. Eindelijk weer eens een stukje

romantiek in Nederland. Tranen van geluk stromen zowel bij bruid Marilène als bij de wederzijdse ouders over de wangen. Na het jawoord is er een klein onderonsje tussen Maurits en zijn mooie bruid Marilène. De prins fluistert heel zachtjes de alleszeggende woorden die alleen bestemd zijn voor zijn vrouw: 'dankjewel'.

Behalve momenten van ontroering zijn er ook momenten met humor. Bij het binnenkomen van prinses Juliana is iedereen blijven staan in afwachting van het bruidspaar. Na een paar minuten staan besluiten prins Bernhard en prins Claus een seintje te geven. Ze steken de koppen bij elkaar en besluiten demonstratief weer te gaan zitten. Lachend volgt de kerk dat voorbeeld. Gelachen wordt er ook als het de twee bruidsmeisjes, de vierjarige barones Giverny van Heemstra en jonkvrouwe Marie-Christine Alting von Gesaum, allemaal te lang duurt. Zij willen op eigen houtje de kerk uitlopen. Vertederd neemt Marilène een van de kleine meisjes in de armen en geeft haar een warme knuffel.
De kerkelijke inzegening van hun huwelijk is voor Marilène en Maurits de mooiste dag van hun leven. Terwijl het bruidspaar knielt op hetzelfde knielbankje waarop ook koningin Wilhelmina tijdens haar huwelijk met prins Hendrik in 1901 en prinses Juliana en prins Bernhard in 1937 knielden voor de kerkelijke inzegening, legt pastor Gerard Oostvogel (Orde der Dominicanen) zijn rechterhand op het hoofd van de rooms-katholieke Marilène, terwijl dominee Nico ter Linden hetzelfde doet bij de Nederlands-hervormde Maurits. Nadat zij elkaar in alle seizoenen van het leven trouw hebben beloofd, de ringen hebben uitgewisseld en de zegen van beide voorgangers hebben ontvangen, laat Marilène haar tranen van ontroering de vrije loop en kan prins Maurits de droge zakdoekjes niet aanslepen. Terwijl het Ave Maria klinkt, speelt 'gevleugelde' huisvriend Louis van Dijk op het kerkorgel.
In de kerkbankjes van de in 1842 door koning Willem I gebouwde Grote Kerk luistert een bonte verzameling van genodigden toe. Van 'Soldaat van Oranje' Erik Hazelhoff Roelfzema, die met zijn vrouw Karin even over is uit Hawaï, tot Ronnie Tober en Tony Eyk. Maar ook

koningin Beatrix, prins Claus en hun zonen, prins Carlos Hugo en zijn vier kinderen. Verder zijn er premier Wim Kok, vice-premier Hans Dijkstal en de oud-premiers Ruud Lubbers en Dries van Agt. Buitenlandse royalty is er nauwelijks, alleen de prinsessen Rahma en Badiya uit Jordanië zijn aanwezig. Verder prins Nicolas en prinses Margaretha van Liechtenstein, Maurits' peetvader Alois prins zu Löwenstein, enkele leden van hoge Oostenrijkse adel en Stephan von Watzdorf, de stiefzoon van prins Bernhards broer Aschwin. Onder de aanwezigen zijn ook vier bewindslieden van het eiland Mauritius, dat vierhonderd jaar geleden zijn naam kreeg van stadhouder Maurits. Tot de gasten behoren ook oud-bisschop Bär van Rotterdam, Freddy Heineken en oud-hofmaarschalk Robby van Zinnicq Bergman. Ruim 2,5 miljoen landgenoten volgen dit eerste Oranjehuwelijk sinds 23 jaar. Veel aandacht is er voor Emily Bremers, de vriendin van prins Willem-Alexander. Zij wordt via de achterdeur de kerk binnengesmokkeld, maar al heel snel wordt zij ontdekt. Ze gaat ook via de achterdeur weer naar buiten en stapt snel in een auto die haar naar Paleis Het Loo brengt.

Bitterballen

Het bruidspaar gaat keurig door de voordeur van de kerk. Daar staan duizenden belangstellenden om het paar toe te juichen. Zij nemen plaats in de landauer getrokken door een vierspan Friese paarden. Na een rondrit door Apeldoorn gaan zij terug naar Het Loo waar de festiviteiten worden voortgezet. Liefde en humor voeren de boventoon op de receptie, waar het geluk van Maurits en Marilène wordt gevierd. Zo staan de gasten op Paleis Het Loo in de rij om het bruidspaar te feliciteren. De wachtenden hebben zich opgesteld in de galerij waar de historische portretten hangen van de Oranjes. Maar wat blijkt tot ieders hilariteit: alle gezichten op de schilderijen, van prins Hendrik tot Willem van Oranje, zijn voor de gelegenheid vervangen door kopjes van de Van Vollenhovens.

Na de felicitaties mogen de gasten zich storten op de onvermijdelijke hapjes en drankjes. Wie echter bij zo'n chique huwelijk heeft gerekend op champagne en kaviaar komt bedrogen uit. Men serveert witte en rode wijn, frisdrank en... bitterballen. Gelukkig maakt het uitzicht vanaf het terras over de prachtige tuinen van Paleis Het Loo veel goed. De gasten zijn unaniem van mening dat de receptie uitermate geslaagd is. En ondanks het officiële tintje is de sfeer intiem, maar vooral buitengewoon gezellig. Zelfs een onverwachte tegenslag voor het feest begint kan de betovering van deze dag niet verbreken. Want zelfs bij een 'royal wedding' kan er wel eens iets misgaan. Zo worden de gasten onverwacht getrakteerd op een ferme wandeling in de regen, als de bussen die hen van de kerk naar Paleis Het Loo moeten brengen, niet op komen dagen. Bang om te laat te komen besluiten de meeste gasten te gaan lopen.

Sprookjes
Als prinses Margriet te kennen geeft zich te gaan verkleden voor het diner, en zich met een grote weekendtas uit de voeten maakt, betekent dit het einde van de receptie. Voor familie en vrienden is de sprookjesachtige dag nog niet afgesloten. Na een intiem diner volgt een spetterend feest in de balzaal van Paleis Het Loo. Als thema van het feest is toepasselijk gekozen voor 'sprookjes'. En vele genodigden hebben hun best gedaan ook iets sprookjesachtig aan te trekken of mee te nemen. Zo heeft vriendin Paulette Schröder een ceintuur van broodkruimels om haar ranke taille en heeft haar moeder speciaal rode muiltjes laten maken. Velen hebben voor kikkers gekozen – een kus en je hebt een prins – die als broche of armband dienst doen. Eén dame heeft een soort tasje laten maken in dezelfde stof als haar jurk, waar zij een erwt op heeft geplakt. En zo duurt het sprookje voort tot in de kleine uurtjes.

Na een dag te zijn bijgekomen van alle huwelijksplechtigheden en de vermoeienissen van een spetterend feest met ruim 1000 genodigden op het Apeldoornse Paleis Het Loo, vertrekken prins Maurits en prinses Marilène voor hun huwelijksreis naar een ver zonnig oord. Niet voordat zij nog een erg sympathiek gebaar hebben gemaakt. De opbrengst van de gebruikelijke collecte aan het eind van de oecumenische viering van hun huwelijk is bestemd voor Mappa Mundo in Wezep. Dit Rode Kruis-huis vangt kinderen op die levensbedreigend of ongeneeslijk ziek zijn. Van alle rumoer die er na hun huwelijk ontstaat, hebben Maurits en Marilène geen weet, zij liggen heerlijk uit te rusten op een zonnig strand op een heel klein tropisch eiland in de nabijheid van Bali.

Commotie

De kerkelijke inzegening van het huwelijk tussen prins Maurits en prinses Marilène leidt tot een grote commotie binnen de Nederlands-hervormde kerk en de rooms-katholieke kerk. Tijdens de oecumenische plechtigheid werd wel de eucharistie gevierd, maar niet het protestantse heilig avondmaal. Daarbij is er grote ophef over het feit dat enkele hervormde leden van het koninklijk huis, zoals prinses Margriet, haar zoon Bernhard jr., prinses Juliana en prins Bernhard op uitnodiging van pastor Gerard Oostvogel openlijk ter communie gaan en het brood des heren (heilige hostie) tot zich nemen. Opvallend is dat koningin Beatrix bijna demonstratief op haar stoel blijft zitten als haar ouders en zus een hostie en wijn in ontvangst nemen. Met deze actie van pastor Gerard Oostvogel zijn veel katholieken op de tenen getrapt. Volgens de rooms-katholieke kerk veranderen brood en wijn in het lichaam en bloed van Christus zodra een priester tijdens de eucharistieviering de instellings-woorden uitspreekt. Protestanten geloven dat niet. Daarom zijn ze niet welkom aan de rooms-katholieke tafel des Heren. Alleen voor prins Maurits, als bruidegom van de katholieke Marilène, had de rooms-katholieke kerk vooraf een uitzondering gemaakt om ter communie te gaan. Het gaat er hard aan toe: pastor Oostvogel moet opstappen en dominee Nico ter Linden moet op zijn minst op het matje worden geroepen door de Nederlands-hervormde Kerk. Kardinaal Simonis weet nog niet of hij gelukkig is met het feit dat enkele hervormde leden van het koninklijk huis ter communie zijn gegaan. Hij gaat de inzegening van het huwelijk van Maurits en Marilène zorgvuldig evalueren met de leiding van de Nederlands-hervormde kerk. Pas na dit overleg zal hij zijn oordeel vellen. De kwestie is actueel omdat men een huwelijk van de hervormde Willem-Alexander met de rooms-katholieke Emily Bremers verwacht. Zoals bekend is dit huwelijk nooit doorgegaan, maar trouwt Willem-Alexander wel met een katholieke vrouw. Op 2-2-2002 waren alle problemen opgelost. Waarschijnlijk heeft men toch wel iets geleerd van het huwelijk van Maurits en Marilène. De storm luwt na enkele dagen en als Oostvogel in zijn eigen parochie met een minutenlange ovatie wordt ontvangen, reageert hij heel nuchter met de woorden: 'Dan moet ik even Apeldoorn bellen.'

Heel gewoon
Na hun huwelijksreis pakken Maurits en Marilène het gewone leventje weer op. Maurits blijft voorlopig werken bij de KLM en Marilène gaat weer aan de slag bij Ahold. Zo af en toe nemen zij officiële verplichtingen op zich. In september 1998 reizen zij naar het eiland Mauritius, dat evenals prins Maurits is vernoemd naar stadhouder Maurits die leefde van 1567 tot 1625. Zij vertegenwoordigen de Nederlandse regering bij het vierhonderdjarige bestaan van Mauritius. Verder leiden Maurits en Marilène een vrij normaal leven. Eén keer per jaar, op Koninginnedag, voelen zij zich echt lid van het koninklijk huis. De grootste wens van Maurits en Marilène komt uit als op 15 april 2001 hun dochtertje Anna, officieel Anastasia Margriet Josephine, wordt geboren. De bevalling vindt gewoon thuis in Amsterdam-Zuid plaats en enkele dagen later gaat Maurits zijn dochter aangeven bij het stadsdeelkantoor Amsterdam Oud-Zuid, ook weer heel gewoon op de fiets. Op de 92e verjaardag van prinses Juliana gaan Maurits en Marilène oma feliciteren en laten haar voor het eerst kennismaken met haar achterkleindochter Anna. Tijdens een oecumenische dienst in de Amsterdamse Obrechtkerk wordt Anna op zondag 23 september 2001 gedoopt. Pastoor Oostvogel en dominee Nico ter Linden zijn beiden actief bij de doopdienst. Anna wordt zowel in het doopboek van de rooms-katholieke kerk als in het doopboek van de Nederlands-hervormde kerk ingeschreven. Ruim een jaar later, op 26 oktober 2002, wordt zoon Lucas Maurits Pieter

Henri geboren. Zijn naam is een anagram van de naam Claus, als eerbetoon aan de prins die enkele weken daarvoor is overleden. Een mooie manier om iemand te vernoemen. Dit kindje wordt gedoopt op 21 april 2003 in de kapel van Paleis Het Loo.

Of hun gezin nu compleet is, dat weten alleen Maurits en Marilène. In ieder geval zijn zij wellicht een van de meest populaire leden van de koninklijke familie en tegelijkertijd leven zij als iedere normale burger. Een gelukkig, hardwerkend stel dat geniet van een zondagmiddag gezellig wandelen met de kinderen in het Vondelpark, maar ook van het enthousiasme dat voor hen wordt getoond tijdens de viering van Koninginnedag.

Hoofdstuk 13

Annette Sekrève:
prinses in stilte

Direct nadat prins Bernhard jr. op romantische wijze zijn geliefde Annette Sekrève ten huwelijk heeft gevraagd, gaat de prins nogmaals op zijn knieën. Dit keer voor koningin Beatrix, die hij hoogstpersoonlijk officieel om toestemming vraagt. De koningin heeft namelijk eerder gezegd dat het eerstvolgende koninklijke huwelijk dat van een van haar zonen moet zijn. Om speciale redenen mag Bernhard jr. toch voorgaan...

Prins Bernhard jr., de tweede zoon van prinses Margriet en mr. Pieter van Vollenhoven, heeft al geruime tijd plannen om zijn vriendin Annette Sekrève ten huwelijk te vragen. Maar hij twijfelt. Niet aan zijn liefde voor Annette, maar aan zijn tante, koningin Beatrix. Zij heeft namelijk in familiekring gevraagd of niemand dit jaar wil gaan trouwen in verband met het op handen zijnde huwelijk van prins Constantijn en Laurentien Brinkhorst en een eventuele verloving van prins Willem-Alexander en Máxima Zorreguieta. Toch besluit Bernhard jr. de moeilijke stap te wagen en verzoekt hij de koningin om toestemming te geven. Prins Bernhard jr. heeft een dringende reden om te trouwen, hij wil absoluut dat zijn opa en naamgenoot prins Bernhard bij het huwelijk aanwezig is. De prins kampt in 2000 met gezondheidsproblemen en dat argument kan de koningin niet negeren. Zij geeft haar goedkeuring

aan het voorgenomen huwelijk van prins Bernhard jr. en Annette Sekrève. Het paar verlooft zich op 11 maart 2000 en zij gaan op 6 juli voor
de wet en op 8 juli voor de kerk trouwen.

Zijne Hoogheid Bernhard Lucas Emmanuel Prins van Oranje, Van Vollenhoven wordt op 25 december 1969 geboren in Nijmegen. Een kerst-
kindje, deze tweede zoon van prinses Margriet en mr. Pieter van Vollenhoven. Hij zorgt, zo klein als hij is, direct voor een probleem. Grootmoeder koningin Juliana heeft haar jaarlijkse kersttoespraak, die zij
altijd live voorleest via de Nederlandse radiozenders, al voorbereid. Op
kerstochtend is zij, samen met prins Bernhard, aanwezig bij de geboorte van haar vijfde kleinzoon. Na de eerste blijdschap realiseert zij zich
dat zij haar kersttoespraak moet aanpassen. Een trotse oma houdt een
zeer persoonlijke toespraak. Uit de eerste hand vertelt zij over de
geboorte van dit nieuwe prinsje: 'Mijn man en ik zijn vanmorgen de
grootouders geworden van een lief, klein, stevig, gezond en welgescha-
pen jongetje. Het is een geweldig moment als je meemaakt dat iemand
op deze vroege kerstmorgen ter wereld komt.' Voor de vorstin en haar
man is het nog bijzonderder als zij horen dat deze Oranjetelg is vernoemd naar zijn opa, prins Bernhard. Op 21 februari 1970 wordt Bernhard jr. samen met zijn neef Constantijn (11 oktober 1969) in de
Utrechtse Domkerk gedoopt door dominee H.J. Kater.

Bernhard jr. is een slim en verstandig ventje. Hij groeit op in Apeldoorn, gaat daar samen met zijn broers naar de basisschool, om daarna
door te stromen naar het Veluws College waar hij in 1987 zijn havo-
diploma haalt. Een jaar later slaagt hij voor het staatsexamen vwo en hij
gaat economie studeren aan de Georgetown University in Washington.
De prins mist toch het Nederlandse gezellige leventje en zijn broers en
besluit in 1989 zijn studie economie voort te zetten aan de Rijksuniversiteit in Groningen. Bernhard jr. specialiseert zich in marketing en
marktonderzoek. Hij gaat toch weer naar het buitenland om stage te
lopen bij Philips in Singapore. In 1995 haalt hij zijn doctoraal in Gro-

ningen. Prins Bernhard jr. blijkt een zakentalent in de dop en zet zijn studie vaak opzij om zijn zakelijke aspiraties voor te laten gaan. Samen met enkele medestudenten richt hij het koeriersbedrijf Ritzen Koeriers op. Ritzen komt van de naam van Ritzen, de minister van Onderwijs. De studenten hebben een gratis OV-jaarkaart die zij wel op een zeer bijzondere manier gebruiken. Zij reizen het hele land door en bezorgen overal in sneltreinvaart brieven en pakketjes. Een slim studentenbedrijf waar ze een aardig zakcentje mee verdienen. Dit ondernemersschap van de prins wordt in Nederland gewaardeerd. Goed werk, een prins die zelf voor zijn geld zorgt en daarvoor ludieke ideeën bedenkt.

Slim studentenbedrijf

Bernhard jr. gaat door in het zakenleven. In 1995 richt hij de eerste webwinkel van Nederland, Shop.nl op. In die tijd is het nog bijzonder om via internet iets te bestellen. In de winkel van Bernhard jr. kunnen de meest uiteenlopende artikelen besteld worden, variërend van schoeisel tot vakantiereizen, van boeken tot auto's. Samen met twee vrienden richt Bernhard jr. in 1996 het internetbedrijf Clockwork op. Zij specialiseren zich in het bouwen van websites. Enkele jaren later verkoopt hij zijn bedrijf aan Scaramea N.V., onderdeel van de Achmea Groep. Bernhard wordt mededirecteur van Scaramea. Met deze verkoop is de prins in één klap miljonair geworden. Hoewel het exacte bedrag nooit is genoemd, is het zeker dat het gaat om miljoenen.

Allergie

De prins houdt van skiën, watersport en muziek. In de winter van 1999 komt hij bij een ski-ongeluk lelijk ten val. Het levert hem een ernstige blessure op aan zijn knie en onderbeen. De prins wordt in Oostenrijk geopereerd en moet daarna in Nederland nog een aantal operaties ondergaan. De revalidatie die hierop volgt neemt veel tijd in beslag. Niemand vindt het leuk om in een ziekenhuis te liggen, maar voor Bernhard jr. is het een extra moeilijk moment. Niet vanwege de entourage, maar de prins heeft een behoorlijk heftige allergie, die opspeelt zodra hij lakens of dekens uit het ziekenhuis krijgt. Prinses Margriet weet dat en zij neemt iedere dag de was mee uit het ziekenhuis en prins Bernhard jr. heeft ook zijn eigen dekbed van huis meegenomen. Eenmaal weer thuis moet de prins ergens anders gaan logeren. Het trappetje naar de kajuit van zijn woonboot lukt niet met een been in het gips. Zijn handicap weerhoudt de prins er niet van om zijn werk gewoon te blijven doen. Iedere ochtend wordt hij met de auto naar zijn werk gebracht. Daar staat een bed klaar en vanuit zijn bed blijft de prins aan het werk. Af en toe strompelt hij met twee krukken door het kantoorpand, het werk moet doorgaan.

Opgevoed door grootouders

Tijdens zijn studie in Groningen leert Bernhard jr. Annette Sekrève kennen. Samen zijn zij lid van dezelfde studentenvereniging, het Groningse corps Vindicat. Ook kennen zij elkaar uit het dinercafé Soestdijk, waar Bernhard, evenals zijn broer Maurits en diens vriendin Marilène werkt. De Van Vollenhovens hebben nooit een studiebeurs gehad en zij moeten dus zelf bijverdienen. Annette is op 18 april 1972 geboren in Den Haag. Haar ouders zijn Ulrich Sekrève en Jolanda de Haan. Haar vader is sales service manager Benelux van een internationale parfumerie-cosmeticaonderneming. Hij woont in Oosterhout en is gescheiden van Annettes moeder, mevrouw J.C. de Haan. Annette is de oudste van drie kinderen, zij heeft twee jongere zussen, Marjolein en José. Annette gaat op school in Den Haag en in het Brabantse Oosterhout. De eerste jaren wordt Annette grotendeels opgevoed door haar grootouders. Deze grootouders De Haan hebben altijd een belangrijke rol in haar leven gespeeld. Vaak gaat zij met haar grootouders en de andere kleinkinderen op vakantie naar een zomerhuisje in Ouddorp of een appartement in Kirchberg. Annette is het lievelingetje van opa De Haan, hij verwent haar door en door. Haar vwo-diploma haalt zij aan het plaatselijke Sint-Oelbertgymnasium. Conrector Hans van Drunen heeft les gegeven aan de aanstaande prinses: 'Ik herinner mij haar als een makkelijke leerling, die zonder al te veel moeite de school heeft doorlopen. Zij trad nooit echt op de voorgrond, maar was altijd vrolijk. Ook was zij sportief, ze speelde graag tennis. Niet echt fanatiek, maar samen met vriendinnen had ze wel veel lol. Misschien ging het Annette wel iets te gemakkelijk af. Als ze had gewild, had zij zeker tot de besten van de klas kunnen behoren. Maar ja, zoals veel kinderen op de middelbare school had zij een gezonde aandacht voor andere zaken.' In het jaarboek van 1991 van het Sint-Oelbert schrijft Annette dat zij een leuke tijd op school heeft gehad. Het leukst vond zij de studiereis naar Rome. Na haar vwo-tijd vertrekt Annette Sekrève naar de Rijksuniversiteit in Groningen. Haar doel is bedrijfskunde te studeren, maar ze wordt uitgeloot en kiest voor bedrijfspsychologie. Later specialiseert zij zich in arbeidspsychologie. In 1996 studeert zij af. De hobby's van Annette zijn tennis, hockey en lezen. Daarnaast houdt zij ook van skiën en internetten, twee bezigheden waar haar aanstaande man ook een fervente liefhebber van is. Annette en Bernhard jr. zijn een van de eerste Oranjes die al samenwonen voordat zij getrouwd zijn. Tot dan toe taboe binnen de koninklijke familie. In Amsterdam hebben zij een woonboot aan de Amstel, tegenover theater Carré en daar wonen zij al ruim voor hun huwelijk samen. Annette werkt als personeelsadviseur en arbeidspsychologe voor de gemeente Amsterdam.

Chaotisch
Lachend kijkt prinses Margriet hoe haar zoon prins Bernhard jr. zijn vriendin Annette Sekrève kust. Dat gebeurt kort nadat de twee op paleis Het Loo in Apeldoorn officieel hun verloving bekend hebben gemaakt. Annette is een leuke, pientere meid, goedlachs, altijd vrolijk en sportief. Iemand die je graag als schoondochter wil hebben. Zij kan ook goed opschieten met prinses Margriet en mr. Pieter van Vollenhoven en met haar aanstaande zwagers. Het nieuws van de verloving slaat in als een bom. Het is dan ook bijna chaotisch druk in de paleistuin van Het Loo in Apeldoorn, waar het jonge paar zich aan het publiek voorstelt. Cameraploegen verdringen zich om de beste plaatjes van het gelukkige stel te schieten. Over de nieuwe prinses is op dat moment alleen bekend dat

zij al enkele jaren met prins Bernhard jr. samenwoont en dat het paar elkaar heeft ontmoet tijdens de studietijd in Groningen. Al direct bij de verloving duikt het eerste probleem op. De ouders van Annette zijn gescheiden. Daar is echter tijdens de bekendmaking van de verloving niets van te merken. Jolanda en Ulrich staan naast elkaar, terwijl zij elkaars bloed wel kunnen drinken. Ulrich is namelijk op dat moment al verliefd op de ruim twintig jaar jongere Cindy Mielaerts, die de zus van Annette had kunnen zijn. Voor hun kinderen houden Ulrich en Jolanda op deze verlovingsdag de schijn op. Tijdens de verloving maakt Bernhard jr. ook bekend dat hij het parlement toestemming voor het huwelijk vraagt. Hij zegt: 'Dat is een bewuste keuze, de grondwet schrijft voor dat leden van het Koninklijk Huis toestemming moeten vragen. Wij doen dat ook uit respect voor mijn ouders, grootouders en tante, de koningin.' Als het parlement toestemming geeft blijft Bernhard jr. volwaardig lid van het Koninklijk huis. Hij is op het moment van zijn verloving zesde in de lijn van troonopvolgers. Voor Annette heeft de toestemming van het parlement tot gevolg dat zij zich na het huwelijk prinses Van Oranje-Nassau, Van Vollenhoven-Sekrève mag noemen. Zij wordt door haar huwelijk met prins Bernhard jr. niet van adel, omdat hij zijn titel prins Van Oranje-Nassau op persoonlijke titel voert. Wel gaat de bruid, net als haar schoonzus prinses Marilène de titel van haar man voeren, zodat zij prinses Van Oranje-Nassau wordt. Haar aanspreektitel is, net als die van haar man, zijn broers en haar schoonzus: Hoogheid. Zowel Bernard als Annette komen uit een protestants milieu. Beroering om het al dan niet ter communie gaan van leden van het Koninklijk huis, zoals tijdens het huwelijk twee jaar geleden van prins Maurits en de rooms-katholieke Marilène van den Broek, zijn dan ook niet te verwachten. In een reactie zegt Annette 'dolgelukkig' te zijn met het voorgenomen huwelijk. Duidelijk is wel dat zij zich overdonderd voelt door de enorme belangstelling. 'Maar dat hoort erbij,' zegt zij. Het aanstaande bruidspaar wil niet verklappen op welke wijze Bernhard jr. zijn Annette ten huwelijk heeft gevraagd. 'Heel romantisch,' wil Annette slechts kwijt.

Bernhard sr. ontbreekt

Heel romantisch wordt het ook op de twee feestelijke dagen dat zij in het huwelijk treden. Op 6 juli 2000 wordt het burgerlijk huwelijk gesloten in Utrecht. Twee dagen later, op 8 juli, wordt het huwelijk kerkelijk ingezegend in de Domkerk in Utrecht. Het innig verliefde paar komt op donderdag 6 juli met een antieke auto, de uit de jaren twintig stammende Minerva van prins Hendrik, bij het Utrechtse Paushuize aanrijden. Het paar heeft voor een oldtimer gekozen omdat prins Bernhard jr. allergisch is voor paarden. De oldtimer staat normaal gesproken in de koninklijke stallen in Den Haag. Het tweetal straalt van geluk en staat te popelen om in de echt te worden verbonden. Al is er ook een tikkeltje spanning van het gezicht af te lezen. Burgemeester mevrouw A. Brouwer-Korf van Utrecht heeft de eer het paar te trouwen. Er heerst een ontspannen en vooral gezellige sfeer. De gasten zijn in een goed humeur. Koningin Beatrix, prins Claus, prins Willem-Alexander en prinses Irene en Christina worden door de Utrechtse commissaris van de Koningin mr. Boele Staal verwelkomd. Prins Constantijn moet wegens studieverplichtingen in het buitenland verstek laten gaan, maar zijn vriendin Laurentien Brinkhorst bevindt zich wel in het gezelschap. Johan Friso is ook nog in het buitenland maar komt wel over voor de kerkelijke inzegening. Prins Bernhard en prinses Juliana zijn helaas niet aanwezig. De grote wens van Bernhard jr. gaat dus niet in vervulling. Hij had zo graag zijn opa en naamgenoot bij het huwelijk gezien, maar hun gezondheidstoestand staat het bijwonen van de huwelijksplechtigheid niet toe. Wel worden zij zoveel mogelijk bij de feestelijkheden betrokken. Het gezelschap heeft zich 's morgens op paleis Soestdijk verzameld om daarna naar Utrecht te vertrekken. Tijdens de ceremonie wordt de aanwezigheid van beide grootouders verbeeld door hun lievelingsbloemen. Te midden van de lathyrussen, de lievelingsbloemen van Juliana, prijkt een enkele anjer. Prins Bernhard herstelt van een recente darmoperatie en de complicaties die daarna zijn opgetreden. Prins Bernhard jr. vertelt dat hij het erg jammer vindt dat zijn grootouders er niet bij zijn, maar 'wij hebben ze vanochtend al bezocht en wij gaan er straks weer heen.' Getuigen van het huwelijk zijn prins Maurits en prinses Marilène samen met Diederik de Rooij, een goede vriend van de bruidegom, en Saskia Bish, een vriendin van de bruid.

Gedurende de plechtigheid, waarbij vooral vader Sekrève tegen zijn tranen vecht, houdt burgemeester Brouwer het paar voor vooral zichzelf te blijven binnen het huwelijk. 'Immers, als je jezelf niet laat zien, kan de ander niet weten wie je bent, kun je elkaar niet vinden en weet je ook niet goed wanneer hij of zij nodig is. Want houden van kent geen vast patroon.' Hilariteit is er als het bruidspaar niet kan wachten om elkaar te feliciteren. Direct na het jawoord willen zij kussen, terwijl de burgemeester nog niet eens uitgesproken is. Bruid en bruidegom hebben duidelijk plezier tijdens de plechtigheid en lachen ontspannen naar elkaar en naar de toeschouwers. De kersverse prinses laat na afloop weten dat het haar niet uitmaakt hoe zij wordt aangesproken: 'Mensen mogen mij noemen zoals ze willen. Ik blijf gewoon Annette.' Een prinses zonder enige poeha. Annette weet ook nog niet zo goed hoe haar volledige naam luidt, waarschijnlijk interesseert het haar niet. 'Ik weet het nog niet precies', zegt zij enigszins verrast als zij wordt gevraagd wat haar officiële naam nu is. Echtgenoot prins Bernhard jr. schiet haar echter meteen te hulp en noemt de volledige naam van zijn vrouw zo op. Hare Hoogheid prinses Annette van Oranje-Nassau, Van Vollenhoven, geboren Sekrève.

Roddels
Na het officiële gedeelte worden op de binnenplaats van Paushuize de champagneglazen geheven. Uit de uitbundige en innige felicitaties blijkt nog eens hoe innig de onderlinge band van de Oranjes is. Prinsen kussen en omarmen elkaar hartelijk. De hoeden van de dames blijken overigens niet allemaal even kusbestendig, ze moeten menigmaal worden rechtgezet. Opa en oma De Haan, de grootouders van Annette, halen na de huwelijksplechtigheid opgelucht adem. Alles is goed gegaan en ook de gescheiden ouders van Annette, Ulrich Sekrève en Jolanda de

Haan, lijken voor het oog goed met elkaar overweg te kunnen. Voor de bruiloft vertelt opa De Haan dat hij wel tegen de trouwdag opziet. Zijn dochter Jolanda wordt achtervolgd door roddels en zou zelfs hebben overwogen niet op de trouwdag aanwezig te zijn. Er gaan verhalen dat Jolanda geen contact meer wil met haar zus José. Zij is getrouwd met Erik de Lorne, een vroegere geheime relatie van Jolanda in de periode dat zij al getrouwd was met Ulrich Sekrève. Erik heeft dan ook geen uitnodiging gehad voor de bruiloft en Annette zou alleen bij haar tante komen als Erik er niet is. Roddels volgens opa De Haan, die vertelt: 'Mijn dochter Jolanda vindt al die verzonnen verhalen afschuwelijk. Gelukkig heeft zij zich hersteld en zij kan dan nu ook volop genieten van haar prachtige dochter. Annette ziet er schitterend uit, wij zijn echt heel trots op haar. Het is zo'n lief stel en zij zijn zo gelukkig met elkaar.'

Groot belang
Na afloop van de plechtigheid en een informele borrel op het terras van Paushuize vertrekt het gezelschap naar paleis Soestdijk om van een feestelijke lunch te genieten. Máxima Zorreguieta, de vriendin van prins Willem-Alexander, wacht het bruidspaar op om hen te feliciteren. De Argentijnse heeft de huwelijksplechtigheid niet bijgewoond, maar voegt zich later bij het gezelschap om de lunch te gebruiken. Máxima heeft samen met de grootouders Bernhard en Juliana op paleis Soestdijk naar de televisie gekeken. Eén dag mag het kersverse bruidspaar uitrusten om op zaterdag 8 juli weer pico bello voor de dag te komen. Prinses Annette zegt vlak voordat zij in de prachtige oldtimer richting Soestdijk stapt: 'Wij gebruiken vrijdag om bij te komen van deze plechtigheid, het een beetje te verwerken en ons op te laden voor de kerkelijke inzegening. U moet goed begrijpen dat de ceremonie best een aantal emotionele aspecten heeft.' Hoewel Annette niet godsdienstig is opgevoed, heeft het bruidspaar bewust voor de kerkelijke inzegening in de Utrechtse Domkerk gekozen. Bij zo'n verbintenis hoort een bezegeling door God, aldus Annette, die wel gelovig is. 'Het huwelijk bestendigt de relatie tussen man en vrouw. Dat wij dat in de kerk doen, voor God, vinden wij alle-

bei van groot belang,' zegt Annette terwijl haar echtgenoot Bernhard jr. instemmend knikt.

Op zaterdagmiddag 8 juli 2000 om vijf minuten voor twaalf arriveert prins Bernhard jr. in een Ford Landauer van koningin Beatrix bij de Domkerk. De bruid komt met haar vader in een Ford LTP convertable. Op de maat van orgelmuziek en het indrukwekkende trompetgeschal 'Trumpet Voluntary', gecomponeerd door Henri Purcell, schrijdt prinses Annette aan de arm van haar trotse vader Ulrich Sekrève de kerk binnen. Een stralende bruid die staat te popelen om ook voor de kerk het jawoord te geven aan haar prins. In de kerk heeft iedereen al plaatsgenomen. Behalve de getuigen, de familieleden en goede vrienden zijn ook enkele koninklijke gasten aanwezig. H.K.H. prinses Christina van Zweden en de heer Tord Magnusson Aloys Konstantin Fürst zu Lowenstein-Werthem-Rosenberg en Anastasia Fürstin zu Lowenstein-Werthem Rosenberg, prinses van Pruisen. Namens het kabinet zijn aanwezig minister-president Wim Kok, mr. F. Korthals Altes en mevrouw J. van Nieuwenhoven.

Het wordt op verzoek van het bruidspaar een vrolijke dienst, waarbij het Oranjegeluk hoogtij viert, maar ook menig traantje wordt weggepinkt. Natuurlijk is het niet alleen jolijt in de Domkerk. Dominee Anne van der Meiden is de voorganger. Hij begint zijn preek met de volgende woorden: 'Erg veel jonge mensen werken in een wereld van snelle ontwikkelingen. Alles in het leven lijkt op en neer te gaan met de beursstanden. Helaas lijkt het er ook wel eens op dat het huwelijk ook zo'n mobiel product aan het worden is, maar dat mag en kan het niet zijn, het is totaal iets anders. Het is een IT-fonds op de levensbeurs: Intense Toewijding...' Van der Meiden laat niet alleen ruimte voor vrolijkheid. Zijn preek richt zich op twee thema's: vriendschap en familie. Niet toevallig de belangrijkste elementen in het leven van het bruidspaar. 'De inhoud van vriendschap is voor mensen communicatief verschillend. Wie met een vriend spreekt, zendt een boodschap in code uit. De vriend luistert met een uniek decoderingsapparaat. In nood leer je echte vrienden kennen. Dat betekent dat de nood zo'n situatie is waarin de codering van vriendschap nauw luistert. Net als in het huwelijk. Directe communicatie op het echte internet, dat is de wezenlijke ontmoeting van mens tot mens. Het onzegbare, dat mensen zo bijzonder aan elkaar bindt en het leven en vriendschap zo waardevol maakt,' zo spreekt Van der Meiden, ooit hoogleraar. Over familie zegt de predikant: 'Een familie is een warmtebron, een bak vruchtwater, een vangnet, een groot scherm waaronder je schuilt, een cocon die zich sluit tegen gevaar. Ik ben daarom zo blij dat de familie een grote rol in deze dienst wil spelen.' De dienst die voor een groot deel door het paar zelf is uitgedacht is inderdaad een dienst van de familie. Bernhards broer, prins Pieter-Christiaan, leest een stuk van de Prediker. Hij doet dat in het Engels, waarna Van der Meiden de versie leest zoals die te vinden is in het concept voor de nieuwe vertaling van het Bijbelgenootschap: 'Hoe krijgt iemand die alleen slaapt het ooit warm?' Bernhard en Annette kijken elkaar bij deze veelzeggende woorden glimlachend aan. Broer prins Floris leest een stuk uit Johannes. 'Mooi, als je zulke broers hebt,' stelt Van der Meiden vast. Prinses Christina, mezzo-sopraan, zingt 'Amarilli' van Caccini, een mooi liefdesliedje. Iedereen in de kerk is verbaasd over de prachtige stem van prinses Christina en de indrukwekkende wijze waarop zij zingt. Haar zang imponeert en ontroert menigeen. Zelfs koningin Beatrix moet een traantje wegpinken. Prins Claus, op deze dag helaas in een niet al te beste conditie, knikt zijn schoonzus bemoedigend toe en geeft haar een langdurig applaus.

Bruid en bruidegom slaan zich manmoedig door de plechtigheid heen. Al wordt het de bruid tussen het jawoord en het wisselen van de ringen even te veel, en moet er een zakdoek aan te pas komen. Van der Meiden geeft het paar, in tegenstelling tot de Utrechtse burgemeester Brouwer bij het burgerlijk huwelijk, uitgebreid de kans om elkaar meteen na het jawoord te kussen: 'O, eerst zoenen, want dat ging donderdag niet goed.' Het paar krijgt een huwelijksbijbel met illustraties van Marc

Chagall. Aan het slot betrekt Van der Meiden ook op subtiele wijze prins Bernhard sr. en prinses Juliana bij de dienst. Hij bidt: 'Wij bidden voor de zieken in deze familie en voor diegenen die oud worden. Wij vragen niet het onmogelijke, maar het haalbare. Laat het een beetje licht zijn in de avond.' Net als tijdens het burgerlijk huwelijk zoeken bruid en bruidegom doorlopend steun bij elkaar, de handen opnieuw stevig ineengestrengeld.

Foutjes

De dienst wordt afgesloten door het gospelkoor Berget Lewis & The Gospeltrain met You've got a friend. Eerst aarzelend, maar daarna uitbundig klapt de kerk mee. Vooral prins Maurits lijkt helemaal in zijn element en ook premier Kok swingt mee. De absolute uitsmijter van de dienst is, onbedoeld, voor NOS-verslaggeefster Maartje van Weegen. Door een technisch foutje knalt haar stem direct na de laatste noten van de muziek door de kerk: 'Tja, het was tot nu toe een heel traditionele dienst, maar...' Daarop wordt het euvel hersteld en is Maartje alleen nog te horen in de huiskamers. Dit is niet het enige wat misgaat, kleine foutjes komen nu eenmaal altijd voor. Elke zitplaats in de kerk is voorzien van een naamkaartje. Zo zijn er links van het bruidspaar vijf stoelen gereserveerd voor Willem-Alexander, prins Claus, prins Johan Friso en Irene van Lippe-Biesterfeld. Opmerkelijk is echter dat op een van de stoelen het naamkaartje ontbreekt. Deze zitplaats is bedoeld voor de koningin, maar zij moet hier naar raden. Een beetje slordig. Tientallen gasten zijn al in de Domkerk aanwezig als een van de vrijwilligers tot zijn grote schrik iets vergeten is: de rode loper. Even is er paniek, want waar is dat ding eigenlijk? Gelukkig brengt een van de ouderlingen uitkomst: de loper wordt nog even goed uitgeklopt en zo snel mogelijk neergelegd. En zo kan prins Bernhard jr. aan de arm van zijn moeder prinses Margriet toch over de rode loper lopen. Even later gevolgd door Ulrich Sekrève, die prinses Annette naar haar grote liefde brengt. Haar stoel is dan wel gereserveerd naast die van prins Johan Friso, toch laat prinses Irene zich niet vergezellen door de middelste zoon van de koningin. Aan de zijde van haar ex-man Carlos Hugo de Bourbon-Parma komt zij de kerk binnen. Carlos neemt plaats naast zijn kinderen, maar werpt toch enkele malen een blik van verstandhouding naar Irene. Jarenlang hebben zij elkaars gezelschap gemeden, maar nu lijkt de strijdbijl begraven te zijn. Carlos en Irene genieten van het huwelijksfeest en samen met hun kinderen lijken zij even weer een gezin.

Het paar, dat de giften tijdens de dienst bestemt voor de Stichting Nationaal Fonds Gehandicapten, gaat naar buiten voor een ongedwongen ontmoeting met het publiek, zeker meer dan duizend personen. Het geduld van de belangstellenden is aardig op de proef gesteld, aangezien de dienst ruim een half uur uitloopt. Het geduld wordt beloond, want het bruidspaar neemt uitgebreid de tijd om langdurig handen te schudden. Vrolijk neemt Annette Sekrève, met haar man prins Bernhard jr. aan haar zijde, felicitaties van het massaal toegestroomde publiek in ontvangst. Na de receptie in Utrecht reist het gezelschap af naar Paleis Het Loo, waar tot in de late uurtjes wordt gefeest. Zanger René Froger, een goede kennis van de bruidegom en zijn broers, verzorgt een optreden. Prins Willem-Alexander verschijnt met zijn vriendin Màxima Zorreguieta.

Spannend!
Na hun huwelijksreis naar een zonnige, maar vooral geheime bestemming gaat het paar vrijwel op dezelfde voet voort als voor hun huwelijk. Zij blijven voorlopig wonen op de woonboot in de Amstel, zijn op en top Amsterdammers en worden regelmatig gesignaleerd in het uitgaanscircuit en in de restaurants van de hoofdstad. De bruid blijft ook gewoon werken. Het enige nieuwe is dat zij voortaan bij officiële gelegenheden aan de zijde van prins Bernhard jr. in het openbaar verschijnt. Dat kan een beetje spannend zijn, maar tijdens haar eerste Koninginnedag in Katwijk en Leiden slaat zij zich daar goed doorheen. Bernhard jr. komt nog even in de problemen als verzekeraar Achmea de stekker uit internetdochter Scaramea trekt. Achmea, voor 83.5 procent eigenaar

van Scaramea, ziet geen heil meer in het ontwikkelen van internet. Bernhard jr. koopt zijn eigen internetbedrijf Clockwork terug. Prinses Annette zoekt, als zij zwanger is, een andere werkgever. Zij gaat werken in de gehandicaptenzorg bij de Stichting Ago in Amsterdam. Daar is zij begeleidster op de kunstwerkplaats, een deeltijdbaan die zij wil combineren met het ouderschap. Op 14 mei 2002 wordt na een moeilijke bevalling dochter Isabella Lily Juliana geboren. Intussen hebben Bernhard jr. en Annette hun geliefde woonboot ingeruild voor een huis in Amsterdam-Zuid, in de nabijheid van prinses Marilène en prins Maurits. De onderlinge band tussen deze twee jonge ouderparen is heel goed. Vaak gaan zij met elkaar op vakantie en passen op elkaars kinderen. Bernhard jr. en Annette verwachten in juni 2004 hun tweede kindje.

Hoofdstuk 14

Prinses Laurentien:
reservekoningin in hart en nieren

De verloving van de jongste zoon van koningin Beatrix en prins Claus komt op zaterdag 16 december 2000 niet helemaal uit de lucht vallen. Prins Constantijn en Laurentien Brinkhorst zijn al ruim vijf jaar met elkaar bevriend. Enkele weken voordat hun officiële verloving bekend-gemaakt wordt, zijn zij al op bezoek geweest bij minister-president Wim Kok om hem op de hoogte te stellen van hun toekomstplannen. De minister-president ziet geen bezwaren, de ouders ook niet en dus gaan Constantijn en Laurentien een zonnige toekomst tegemoet.

Zijne Koninklijke Hoogheid Constantijn Christof Frederik Aschwin, prins der Nederlanden, prins van Oranje-Nassau, jonkheer Van Ams-berg wordt op 11 oktober 1969 geboren in Utrecht. Hij is de derde zoon van prinses Beatrix en prins Claus. Net als zijn twee oudere broers komt ook deze prins langs operatieve weg ter wereld. Eerst is er vreug-de over zijn geboorte, maar die wordt al snel overschaduwd door het bericht dat de conditie van de baby achteruit gaat. Hij heeft te kampen met ademhalingsproblemen en wordt in een couveuse 24 uur bewaakt. Gelukkig knapt het kleine prinsje na enkele weken op en heeft hij aan zijn ziekte niets overgehouden. Op zaterdag 21 februari 1970 wordt hij tegelijkertijd met zijn neefje Bernhard jr. gedoopt in de Utrechtse Dom-kerk.

Echte ondeugd!

Zijn jeugd verloopt vrij rustig in de prettige omgeving van kasteel Drakensteyn. De prins gaat naar de Nieuwe Baarnse School. Op Koninginnedag staat hij traditioneel ieder jaar met de hele familie op het bordes van Paleis Soestdijk. Daar wordt hij in 1978 door zijn moeder betrapt op het schieten van proppen naar de fotografen. Ten overstaan van alle bezoekers en feestgangers op Paleis Soestdijk wordt hij tot de orde geroepen. Prins Constantijn is een echte ondeugd en altijd voor een geintje te porren, de jongste belhamel van Oranje-Nassau met die open brutale blik in zijn ogen. De verhuizing naar Den Haag is ook voor deze prins geen pretje. Gelukkig voelt hij zich wel snel thuis op het Eerste Vrijzinnig Christelijk Lyceum in Den Haag waar hij de middelbare school doorloopt. Dan slaat hij zijn vleugels uit en volgt taalcursussen in Frankrijk in Italië. In september 1988 verhuist hij naar Leiden, waar hij aan de faculteit der rechtsgeleerdheid van de Rijksuniversiteit gaat studeren. Hij is een vlotte student, op 1 februari 1995 studeert hij af in de studierichting burgerlijk recht.

Na zijn studie gaat prins Constantijn stage lopen bij het Kabinet van de commissaris van de Europese Commissie, mr. Hans van den Broek. Geen onbekende binnen de koninklijke familie: hij is de vader van prinses Marilène. Ook na zijn stage kan Constantijn aan de slag en hij gaat ook in Brussel wonen. In Brussel heeft prins Constantijn volop werk, hij reist veel en leert veel over het gemeenschappelijk buitenlands en veiligheidsbeleid en het mensenrechtenbeleid. Hans van den Broek treedt in 1999 af en Constantijn verliest zijn baan. De prins is werkloos en besluit weer te gaan studeren en tegelijkertijd uit te kijken naar een andere interessante baan. In navolging van zijn broer Johan Friso schrijft Constantijn zich in voor een opleiding aan het European Institute of Business Administration (Insead) in Fontainebleau in Frankrijk. Na zijn studie – hij is inmiddels verloofd – krijgt hij een baan aangeboden als strategisch beleidsadviseur bij Booz Allen & Hamilton in Londen. Officiële verplichtingen gaat Constantijn nooit uit de weg, hij wil zijn ouders daarmee enigszins ontlasten. Constantijn is een echte sport-liefhebber. Zijn favoriete sporten zijn voetbal, tennis, golf en skiën. Andere hobby's van de prins zijn tekenen, koken en lezen.

Prins Constantijn kent Laurentien Brinkhorst al vanaf zijn kinderjaren. Beide families zijn bevriend vanaf de tijd dat Beatrix in Leiden in het-zelfde studentenhuis aan de Rapenburg woont als moeder Jantien Brinkhorst. Als kinderen spelen Constantijn en Laurentien samen in de paleisgangen van Kasteel Drakensteyn en later op Huis ten Bosch. De drie jaar oudere Laurentien is Constantijn meestal de baas en zij trekt meer op met Johan Friso en Willem-Alexander. De echte liefde tussen Constantijn en Laurentien bloeit op tijdens Sail 1995 in Amsterdam. Ruim twintig jaar nadat zij samen speelden op de koninklijke Groene Draeck komen zij elkaar weer tegen en krijgt de relatie amoureuze trek-ken. De prille relatie wordt voortgezet in Brussel, waar beiden wonen en werken.

Petra is niet chic
Petra Laurentien Brinkhorst is haar officiële naam en zij is geboren op 25 mei 1966 in Leiden. Zij is de enige dochter van Laurens Jan Brink-horst en Jantien Heringa. Zij heeft één broer, de twee jaar oudere Mari-us. Laurentien, die dan nog Petra heet, volgt in Groningen het lager onderwijs. Een rustig balletmeisje dat het heel goed doet op school. Een dametje met een opvallend uiterlijk met pikzwarte wenkbrauwen onder haar blonde haar. Zij verhuist naar Den Haag om daar naar de middel-bare school te gaan. De naam Petra vindt zij niet langer chic genoeg en zij verandert haar naam in Laurentien. Een samentrekking van de voor-namen van haar vader Laurens Jan en haar moeder Jantien. Als Lauren-tien volgt zij eerst vier jaar gymnasium en daarna een jaar vwo aan het Eerste Vrijzinnig Christelijk Lyceum. Papa Brinkhorst wordt Europees ambassadeur in Japan en Laurentien doet eindexamen aan het Lycée Francais in Tokio. Terug in Nederland studeert zij tot 1986 aan de Rijksuniversiteit van Groningen en in 1989 behaalt zij een Bachelor of

Arts in de politieke wetenschappen aan de University of London. Dan volgt een tweejarige studie journalistiek aan de University of California in Berkeley. Zij heeft een enorme gemotiveerdheid, zegt precies wat zij denkt maar is niet dominant. Laurentien gaat werken bij CNN Headline News in Atlanta. Eerst mag zij daar alleen faxen scheuren of een studiocamera verplaatsen, maar later krijgt ze meer opdrachten voor interviews en reportages. In 1992 wordt ze aangenomen als executive director van het Belmont European Policy Centre en vanaf 1995 werkt ze als manager government relations bij Philip Morris. Laurentien knokt voor het belang van deze tabaksfabrikant om het al te harde antirookbeleid tegen te gaan. Uiteindelijk belandt zij bij Adamson BSMG Worldwide in Brussel en gaat na haar huwelijk bij de hoofdvestiging van dit bedrijf in Londen werken.

Traantjes

Met een glimlach kondigt koningin Beatrix op zaterdag 16 december 2000 de verloving aan van haar jongste zoon prins Constantijn met ministersdochter Laurentien Brinkhorst. De vorstin is opgelucht, na de paleiscrisis van enkele weken geleden moet deze spoedverloving de gemoederen enigszins tot bedaren brengen. Mocht kroonprins Willem-Alexander zonder wettelijke toestemming van het parlement toch kiezen voor Máxima Zorreguieta, dan staan Constantijn en Laurentien klaar om de taken over te nemen. 'Laurentien is intelligent, sterk en heeft een warm hart. In haar heb ik een fantastische vrouw gevonden.' Liefdevolle woorden van prins Constantijn bij de officiële bekendmaking van zijn verloving met Laurentien Brinkhorst op Paleis Huis ten Bosch. Als reactie grapt Laurentien spontaan: 'Maar hij is niet objectief.' Volgens Laurentien heeft de jongste zoon van koningin Beatrix haar 'met veel bloemen' ten huwelijk gevraagd. Met een smoes heeft hij haar van kantoor gelokt. Toen zij thuiskwam was haar huis één bloemenzee. Zij zegt niet van het woord romantisch te houden, maar nu even wel. En na 'veel traantjes' heeft zij zijn huwelijksaanzoek aanvaard.

Overhaaste beslissing

Eigenlijk was Constantijn helemaal niet van plan om zich zo snel te ver-loven. Zijn studie aan het instituut Insead in Fontainebleau in Frankrijk heeft hij nog niet afgerond. Wel hoopt hij zeer binnenkort daar de graad Master of Business Administration te halen. Wat is dan de reden van deze vlotte verloving? In ieder geval heeft koningin Beatrix een vinger in de pap. Zij wil haar oudste zoon Willem-Alexander en zijn vriendin Máxima Zorreguieta even rust gunnen en ervoor waken dat zij geen overhaaste beslissingen nemen. De commotie in Nederland is groot, de onderzoeken naar de vader van Máxima zijn in volle gang en het is nog niet zeker of het parlement toestemming geeft voor dit huwelijk van de kroonprins. Nu Laurentien en Constantijn verloofd zijn is de druk even van de ketel. Koningin Beatrix is dan ook zichtbaar opgelucht. Als een trotse moeder en schoonmoeder kondigt zij de verloving van haar jong-ste zoon met Laurentien aan. Zij is zeer tevreden met de keuze van Con-stantijn en ziet in haar toekomstige schoondochter ook een goede opvolgster. Al vanaf het begin is duidelijk dat Laurentien de ideale schoondochter is voor koningin Beatrix. Vaak was zij al gast tijdens vaartochtjes op De Groene Draeck, ze was aanwezig op de 60ste ver-jaardag van Beatrix, ging mee op vakantie naar Tavernelle en was eregast tijdens de huwelijken van Maurits en Marilène en Bernhard jr. en Annette. Koningin Beatrix roemt haar tijdens de verloving als zij zegt: 'Wij krijgen een schoondochter met wie wij heel gelukkig zijn.' Bij deze woorden houdt de vorstin haar toekomstige schoondochter stevig vast en weldra volgt een hartelijke knuffel- en zoenpartij tussen de weder-zijdse ouders.

Reservekoningschap

Over de reactie van zijn grootouders op zijn voorgenomen huwelijk zegt Constantijn: 'Mijn opa keek mij met een grote grijns aan. Dit is het mooiste nieuws van de dag, gaf hij als antwoord. Het was heel hartver-warmend hoe mijn grootouders reageerden.' Laurentien heeft de eerste proeve van bekwaamheid goed doorstaan. Eerst nog met een zenuwachtige blik in haar ogen, maar later heel ontspannen, staat zij aan de zijde van haar verloofde. Laurentien is niet op haar mondje gevallen en zij heeft geen enkel probleem met spreken in het openbaar. Duidelijk is dat dit jonge paar al goed is voorbereid op een eventueel reservekoningschap. Zij vragen dan ook officieel toestemming voor hun huwelijk aan het parlement. Tenslotte is prins Constantijn de derde in de rij van troonopvolging. Hierover zegt hij: 'Ik ben opgegroeid binnen het Koninklijk Huis. Graag wil ik de verantwoordelijkheid nemen die daarbij hoort. Het zou onnatuurlijk zijn om geen toestemming te vragen.' Laurentien ziet het ook als een uitdaging. Zo zegt zij: 'Het hoort bij Constantijn en dan vind ik het logisch dat je daarin meegaat en hem daarin steunt. Al kun je je natuurlijk nooit voldoende voorbereiden op zo'n nieuwe toekomst.'

Schaduw
Een kleine schaduw hangt over deze verloving en dat is de zwakke gezondheid van prins Claus. Met moeite kan hij zich staande houden tijdens de korte ceremonie in een van de ontvangstruimtes van Huis ten Bosch. De prins wil per se bij de verloving van zijn jongste zoon zijn, maar heeft overduidelijk heel veel last van gezondheidsproblemen. Al bij binnenkomst valt direct op dat de prins moeite heeft met lopen. Hij zoekt telkens oogcontact met zijn vrouw koningin Beatrix, wier steun hij heel hard nodig heeft. De medicijnen die de prins gebruikt hebben invloed op zijn algehele gesteldheid. Zijn ogen staan dof en afwezig en het lijkt erop dat de prins zich af en toe niet realiseert waar hij is. Grappig is dat de prins de aanwezige journalisten en fotografen gaat tellen om het aantal even later te melden aan koningin Beatrix en prins Constantijn. Bij het afscheid omhelst hij liefdevol zijn aanstaande schoondochter Laurentien. De band tussen de twee is overduidelijk heel erg innig.

In de aanloop naar het huwelijk op 17 en 19 mei 2001 in Den Haag is de mening over de toekomstige prinses zeer wisselend en vaak verrassend. Zeker, zij is ongetwijfeld een intelligente en sterke vrouw. Stijlvol, internationaal geschoold en nog protestants ook. Er valt op haar weinig aan te merken. Alleen is haar 'warme hart', door haar prins zo geroemd tijdens de huwelijksaankondiging, nog niet door iedereen opgemerkt. Toch is het beeld dat de Nederlanders hebben van Laurentien, die overkomt als een zakelijke tante, niet juist, want Laurentien is wel degelijk warm en hartelijk. Vrienden en familie weten wel beter, haar vader noemt haar origineel en haar vriendinnen houden het op sociaal. Europarlementariër Lousewies van der Laan bijvoorbeeld wil geen kwaad woord horen over Laurentien. Zij heeft tijdens haar relatieproblemen veel steun gehad van de toekomstige prinses. Laurentien biedt Lousewies spontaan een sleutel van haar appartement aan zodat zij in geval van nood in het Brusselse huis van Laurentien kan gaan wonen.

Uitgesproken mening
Twee weken voor haar huwelijk houdt Laurentien een vrijgezellenfeest in het Belgische Lier. Máxima Zorreguieta is hierbij aanwezig, maar ook vriendinnen uit haar studietijd in Groningen. Het wordt een dol weekend, slapen in een jeugdherberg en brood bakken bij een plaatselijke bakker. Een week na haar vrijgezellenfeest, als zij het al heel druk heeft met de voorbereidingen van haar huwelijk, brengt Laurentien iedere vriendin die op het vrijgezellenfeest aanwezig was, een fotoboek ter herinnering. In dit boek niet alleen foto's van dat dolle weekend, maar ook nog eens persoonlijke teksten van Laurentien. Minpuntjes van Laurentien zijn dat zij soms uit enthousiasme en overtuiging haar zin wil doordrijven. Dan ontpopt zij zich als een drammer, al ziet zij dat later zelf in. Met deze eigenschap past zij toch uitstekend bij Constantijn, die ook bekend staat als de prins met de meest uitgesproken mening. Zij kunnen elkaar in ieder geval goed in toom houden.

De voorbereidingen voor het huwelijk zijn in volle gang. Besloten is om op 17 en 19 mei 2001 te trouwen in Den Haag. Allereerst is er op zaterdag 12 mei een groots besloten huwelijksfeest, georganiseerd voor vrienden van het bruidspaar uit Nederland en België. Dan op vrijdag 18 mei een diner dansant voor familie en bruidsgasten. Uit Japan komen prins en prinses Akishino, uit België prins Filip en de zwangere prinses Mathilde. Jordanië heeft een grote afvaardiging onder wie prins Hassan bin Talal en prinses Sarvath El Hassan en uit Liechtenstein komen prins Nikolaus von und zu Liechtenstein en prinses Margaretha, geboren prinses van Luxemburg. Luxemburg is vertegenwoordigd door prins Guillaume en prinses Silibila en uit Noorwegen zijn prins Haakon en zijn verloofde Mette-Marit Tjessem Hoiby en prinses Märtha Louise gekomen. Engelse genodigden zijn prins Edward en prinses Sophie en prinses Victoria is de Zweedse afgevaardigde. Ook uitgenodigd is koning Constantijn van Griekenland.

Huwelijksstress
Voorafgaand aan alle feestelijkheden geven Laurentien en Constantijn nog een televisie-interview. Openhartig vertellen zij over hun huwelijk en het verdere leven dat zij voor zich zien. Zij spreken over het geloof, vertellen dat ze in Londen gaan wonen en dat zij hopen op zeker drie kinderen. Maar eerst is er het huwelijk. 'Het worden twee mooie dagen, omringd door familie en vrienden. En een heel mooie bruid,' zegt een enthousiaste Constantijn. Van huwelijksstress lijkt geen sprake. 'Je hoort wel eens dat de voorbereidingen op een huwelijk moeilijk zijn, omdat beide families andere ideeën hebben. Hier hebben wij alles in samenspraak met ons beider ouders gedaan. Zij hebben ons behoorlijk de ruimte gegeven om onze eigen dagen in te delen. Niet te veel volgens het protocol. Het zijn onze dagen,' vertelt Laurentien. Constantijn benadrukt het belang van de kerkelijke inzegening van het huwelijk. 'We zijn gelovig opgevoed en dat zou erop kunnen duiden dat je dit uit gewoonte doet of omdat de ouders dat zo wensen. Voor ons is het echt belangrijk. Je sluit eerst je burgerlijk huwelijk en daarna willen wij het laten inzegenen, omdat wij dan toch een gelofte afleggen tegenover een hogere orde. Daarbij doen wij het niet alleen voor onszelf, maar ook voor onze toekomstige kinderen.' Laurentien knikt: 'Ik wil wel drie kin-

deren, als het ons gegund wordt.' Over de relatie tussen de op 31 maart 2001 verloofde Willem-Alexander en Máxima is het stel duidelijk. Laurentien: 'Zij worden de toekomstige koning en koningin en dat is een heel bijzondere situatie. Het zijn ook twee heel bijzondere mensen. Het heerlijke is dat Máxima en ik nu het verloofd zijn met elkaar kunnen delen. Wij kunnen voluit pret hebben om hoe het is om in deze familie toe te treden. Wij hebben steun aan elkaar en praten veel over hoe het is om inderdaad een deel van je anonieme leven op te geven. Of over de praktische dingen van het verloofd zijn met deze twee broers. We zijn echt goede vriendinnen geworden.' Constantijn: 'Het is mooi om te zien hoe blij ze zijn en dat de reacties zo positief zijn geweest. Zij hebben het niet gemakkelijk gehad in de tijd voor hun verloving.'

Warm onthaal
De eerste verrassing voor Laurentien komt op de dag van het burgerlijk huwelijk op 17 mei 2001. De koningin verleent haar het Grootkruis in de Huisorde van Oranje. Deze onderscheiding is weggelegd voor mensen die zich verdienstelijk hebben gemaakt voor het Koninklijk Huis. In een half open blauwe Ford Scorpio, begeleid door acht motoren van de Koninklijke Marechaussee, komen Constantijn en Laurentien stapvoets aanrijden. Precies op het moment dat beiden uitstappen, laat de zon zich prompt weer zien. Het is een echt familiefeestje op donderdag 17 mei in de raadzaal van het voormalig stadhuis van de gemeente Den Haag. Vrijwel alle leden van de koninklijke familie zijn present voor het burgerlijk huwelijk van de jongste zoon van koningin Beatrix en prins Claus. Daarnaast zijn er veel leden van het kabinet en enkele kopstukken uit de Eerste en Tweede Kamer aanwezig. Bijzondere gast is de bijna 90-jarige prins Bernhard, die vorig jaar nog het huwelijk van zijn kleinzoon en naamgenoot prins Bernhard jr. om gezondheidsredenen moest laten schieten. Een warm onthaal is er ook voor de verloofde van prins Willem-Alexander, Máxima Zorreguieta. Zij viert haar dertigste verjaardag en krijgt voor deze gelegenheid een bijzonder cadeau, zij wordt officieel Nederlandse.

Toch gaat alle aandacht voornamelijk uit naar het bruidspaar en de naaste familie. Het is mooi om te zien hoe Laurentien van haar stuk raakt als zij wordt toegesproken door de peetoom van Constantijn, de 86-jarige M. Kohnstamm. Deze oud-particulier secretaris van koningin Wilhelmina is een goede vriend van het bruidspaar. Hij benadrukt dat het voor het paar meer dan voor andere paren geldt dat zij moeten leren leven in verschillende werelden. Laurentien staat, nadat zij even na twaalven haar jawoord heeft gegeven aan prins Constantijn, nog te trillen op haar benen. Prins Constantijn is minder nerveus, maar laat zich niet verleiden tot een kus. 'Zoenen doen wij alleen op ons eigen commando,' grapt Constantijn, die zijn bruid vervolgens een handkus geeft. 'Het is nu echt dik aan,' grapt Constantijn nadat hij zijn jawoord heeft gegeven aan prinses Laurentien. Het paar is in de echt verbonden door burgemeester Deetman van Den Haag. Getuigen zijn broer prins Johan Friso, jaarclubgenoot Mikkel Hofstee, broer Marius Brinkhorst en vriendin Sophie van de Woud. Het bruidspersoneel bestaat uit kroonprins Willem-Alexander, Carlos de Bourbon-Parma, graaf Jean-Charles Ullens de Schooten en Mabel Wisse Smit.

Na de huwelijksvoltrekking in de oude Raadzaal aan de Javastraat in Den Haag wordt het paar, dat door een haag van familieleden naar buiten loopt, getrakteerd op een regen van bloemblaadjes. Eenmaal op straat belonen zij de schoolkinderen, die in de regen hebben gestaan, voor hun enthousiaste gezang. Zo neemt het net getrouwde stel breed glimlachend de moeite om de leerlingen een hand te geven. Dan gaan zij terug naar Paleis Noordeinde waar zij 's avonds een diner dansant geven. Prinses Laurentien en prins Constantijn openen het bal. Zij vormen hierbij het stralende middelpunt tussen hun vele familieleden en vrienden.

Onverstaanbare teksten

Zaterdagmorgen zo rond een uur of halfelf vertrekken de vijf koetsen met onder andere prins Constantijn en prinses Laurentien vanaf paleis

Noordeinde. In de eerste koets zitten Marius Brinkhorst, de broer van Laurentien, en zijn vrouw. Kroonprins Willem-Alexander en zijn verloofde Máxima en prins Johan Friso zitten in het volgende rijtuig. In de derde koets de ouders van het bruidspaar en in de vierde koets het bruidspersoneel. De bruidsmeisjes zijn prinses Carolina de Bourbon-Parma en Charlotte Waldeck en de bruidskinderen zijn Alice gravin Von Oeynhausen-Sierstropff, Gabriella Crossick-Kountourides, Julius-Constantin Freiherr von dem Bussch-Haddenhausen en Floris de Nijs Bik. Van een massale drukte langs de route van de rijtoer is nog geen sprake. Een rekje eieren en een aantal borden met onvriendelijke teksten over de familie Brinkhorst zijn in beslag genomen. Het rekje eieren is van de actiegroep Burgers Steunen Boer en Dier. Tijdens de rijtoer schreeuwen in zwart geklede boeren onverstaanbare teksten naar minister Brinkhorst, de vader van Laurentien.

Genieten
Bij de Grote of Sint Jacobskerk is het inmiddels een drukte van belang; hier staat het publiek wel al rijendik. Als de koets met de wederzijdse ouders voor de kerk stopt, gaat er een enorm gejuich op. Het publiek geeft een groot applaus, vooral bestemd voor prins Claus. Hij weigert de aangeboden hand van Laurens Jan Brinkhorst en laat zien dat hij gezond genoeg is om zelf uit de koets te stappen. Het publiek wacht nu in spanning op het bruidspaar. In een open rijtuig, waarmee zij vanaf paleis Noordeinde zijn vertrokken, rijdt het stralende paar langs het gedeeltelijk in het oranje uitgedoste, dan nog 5000-koppige publiek. Breed glimlachend en volop zwaaiend steelt het bruidspaar de harten van de Oranjefans. De oh's en ah's zijn niet van de lucht als het bruidspaar uit de koets stapt om de kerk in te gaan. Laurentien zwaait uitbundig naar het enthousiaste publiek, zij geniet volop van alle belangstelling.

Het bruidspaar wordt in de kerk omringd door een groot aantal leden van de koninklijke familie. Op prinses Juliana na is iedereen aanwezig, ook de kinderen van prinses Christina en prinses Irene. De kerk puilt verder uit van de hoge adellijke gasten en onder de vrienden van het paar die de dienst bijwonen is ook Emily Bremers, de ex-vriendin van prins Willem-Alexander. Daarnaast is het neusje van de zalm van politiek, cultureel en ambtelijk Nederland aanwezig. Zo is vrijwel heel het kabinet present, maar ook Bram Peper en zijn vrouw Neelie en oud-minister van Mierlo en zijn levensgezel, de schrijfster Connie Palmen.

De dienst wordt geleid door voorganger dominee Carel ter Linden, emerituspredikant van de Kloosterkerk in Den Haag. De organist is Ben van Oosten en het muzikale gedeelte wordt verzorgd door het Residentie Kamerkoor, het Residentie Bachorkest en sopraan Johannette Zomer. De knielbank waarop Laurentien en Constantijn plaatsnemen is dezelfde die ook is gebruikt voor het huwelijk van koningin Wilhelmina en prins Hendrik in 1901. De knielkussens zijn gebruikt in 1937 bij de inzegening van het huwelijk van prinses Juliana en prins Bernhard. Ruim 2,5 miljoen mensen volgen via de televisie de kerkelijke inzegening door dominee Carel ter Linden. Hij slaagt erin om een intieme sfeer te creëren in de met ruim 1400 genodigden gevulde Grote of St. Jacobkerk. De dienst van Ter Linden, die in nauwe samenspraak met het bruidspaar tot stand is gekomen, kenmerkt zich door een gebalanceerde mix van persoonlijke en religieuze elementen. De dominee gaat uitvoerig in op de rol van man en vrouw. Ter Linden heeft het paar, toen zij zich de dag na hun verloving meldden met de vraag of hij hun huwelijk wilde inzegenen, de opdracht gegeven om hem te schrijven over hun gevoelens voor elkaar. 'Een groot wonder,' noemt prinses Laurentien het feit dat Constantijn op haar weg is gekomen. 'Twee mensen, met eigen opvattingen en manieren van denken en handelen die samenkomen en samen verder willen gaan. Dat is toch een wonder? De essentie is natuurlijk dat Constantijn en ik geloven in ons verleden, huidig en toekomstig samenzijn.' De prins is voor Laurentien een steunpilaar, zo blijkt. 'Hij heeft mij echt leren vertrouwen in mijzelf en in hem.' Voor Constantijn is Laurentien de eerste vrouw voor wie hij wil vechten. 'Zij is de persoon die ik mis als ik het zelf niet meer aankan.' Tijdens de trouwdienst ontvangt het bruidspaar een huisbijbel.

Emoties

Vrijwel iedereen van de koninklijke familie is onder de indruk van de dienst, zeker na de schriftlezingen van Laurens Jan Brinkhorst en kroonprins Willem-Alexander. De enige lach die door de kerk heen gaat is op het moment dat de platina trouwringen worden uitgewisseld. Zowel prinses Laurentien als prins Constantijn hebben hier moeite mee. Door de spanning zijn hun vingers opgezet en passen de ringen niet meer. Opvallend is dat zij tijdens de gehele dienst strak voor zich uit kijken en proberen hun emoties te verbergen. Het lukt Laurentien niet helemaal, zij voelt af en toe een traantje biggelen. Vooral bij het trouwlied, voor deze dag geschreven door Huub Oosterhuis, houdt zij het niet langer droog.

Omhelzing

Als de kerkdienst is afgelopen staan er nog meer belangstellenden bij de kerk te wachten. Ook bij Paleis Noordeinde is het al een drukte van belang, het publiek wacht op de traditionele balkonscène. Constantijn en Laurentien stappen echter eerst opnieuw in hun rijtuig om onder ruiterescorte nog een keer langs de enthousiaste menigte en de ruim tienduizend saluerende militairen te rijden. Het slotstuk is de balkonscène; eindelijk is daar ook de langverwachte kus van Constantijn en Laurentien. Maar het meest ontroerend is de hartelijke en liefdevolle omhelzing van prins Claus. Een beeld dat nog lang op ieders netvlies blijft staan. Zoveel liefde tussen vader en zoon, dat zie je maar zelden. Op Paleis Noordeinde wordt het huwelijksfeest afgesloten met een traditioneel dejeuner.

Claus is oppas

Na de huwelijksreis, vanzelfsprekend naar een zonnig ver oord, gaan Constantijn en Laurentien in Londen wonen en werken. Constantijn bij adviesbureau Booz Allen & Hamilton en Laurentien bij BSMG Worldwide in Londen. Toch zijn zij ook nog vaak in Nederland en zij wonen dan in een zijvleugel van Paleis Huis ten Bosch. Als Laurentien in verwachting is wil zij de geboorte afwachten in Nederland, ook vanwege het Nederlanderschap voor haar kindje. Op 8 juni 2002 wordt hun dochter Eloise Sophie Beatrix Laurence, gravin van Oranje Nassau geboren. Niet alleen voor Constantijn en Laurentien is dit een enorm hoogtepunt, ook de dan al doodzieke prins Claus is dolgelukkig met zijn eerste kleindochter. Hij fungeert als een ideale oppas als Laurentien en Constantijn verplichtingen hebben. Zij blijven, ook vanwege de ernstige toestand van prins Claus, nog lange tijd in Nederland. Als de prins in het AMC in Amsterdam wordt opgenomen bezoekt Laurentien samen met haar baby vrijwel iedere dag prins Claus. De doodzieke prins geniet van zijn kleindochter en zelfs al lijdt hij vreselijke pijnen en voelt hij zich erbarmelijk, Eloise kan hem even al het leed doen vergeten.

Enkele maanden na het overlijden van de prins besluiten Constantijn en Laurentien toch terug te gaan naar Londen, waar beiden weer aan het werk willen. De officiële verplichtingen in Nederland en werken in Londen blijken echter niet samen te gaan. Laurentien zegt haar baan op en begint een onafhankelijk communicatie-adviesbureau voor zichzelf. Ook is zij European director of Strategy van UBMC African Parks, waar zij de belangen behartigt van nationale parken in Afrika. Verder zet Laurentien zich volop in voor de analfabeten in Nederland en verricht daarvoor veel werk. Opvallend is dat Laurentien er na de geboorte van haar dochtertje Eloise een stuk moderner uitziet. Haar geheim? Zij wordt qua kleding en make-up geadviseerd door visagist en kapper Mari van de Ven.

Prins Constantijn treedt in deeltijdbasis in dienst van het ministerie van Buitenlandse Zaken. Drie dagen per maand is hij voor het ministerie adviseur Europa. Ook is hij samen met zijn broer prins Johan Friso erevoorzitter van het prins Claus Fonds. Duidelijk is dat dit paar zich steeds vaker zal inzetten voor officiële verplichtingen.

Wordt eerst door de Rijksvoorlichtingsdienst gemeld dat Laurentien en Constantijn hun tweede kind zo rond half april verwachten, later blijkt dat de prinses eind maart is uitgerekend. Een geboorte die binnen de koninklijke familie nooit vergeten zal worden. Op 20 maart 2004 overlijdt prinses Juliana 's morgens om tien minuten voor zes en enkele uren later wordt Laurentien met weeën in het Bronovo ziekenhuis opgenomen. Een kerngezonde zoon wordt geboren op 21 maart als deze dag slechts 37 minuten oud is. Een dubbel gevoel voor de Oranjes en met name voor koningin Beatrix. Urenlang heeft zij aan het sterfbed van haar moeder gezeten en als zij uiteindelijk Soestdijk verlaat kan zij direct door naar het Bronovo ziekenhuis om haar eerste kleinzoon in de armen te sluiten. Een dubbel en ook moeilijk gevoel; zo neem je afscheid van je moeder en nog geen achttien uur later is er blijdschap om een nieuw leven. Diepe ontroering bij de koningin als Laurentien en Constantijn haar de naam van de pasgeborene vertellen. De baby wordt Claus-Casimir genoemd. Zijn andere namen zijn Bernhard, Marius en Max. Hij is graaf Van Oranje-Nassau en jonkheer Van Amsberg. Enkele uren na de geboorte verlaten Laurentien en de baby het ziekenhuis. De eerste maanden blijft het jonge gezinnetje nog op Paleis Huis ten Bosch wonen. Als het aan koningin Beatrix ligt blijven zij altijd in haar nabijheid. Maar het ziet ernaar uit dat Laurentien en Constantijn teruggaan naar Londen. Daarbij moeten zij wel beloven zoveel mogelijk bij de koningin in Den Haag te komen logeren. Laurentien en Constantijn hebben hier begrip voor en omringen hun moeder en schoonmoeder met alle mogelijke liefde en aandacht.

Hoofdstuk 15

Prinses Margarita:
het buitenbeentje van de Oranjes

Jarenlang is Prinses Margarita, de dochter van prinses Irene en prins Carlos Hugo de Bourbon-Parma, uit de schijnwerpers gebleven. Haar jeugdjaren brengt zij door in Spanje, Frankrijk en Nederland. Een zeer onopvallend, frêle meisje dat slechts zelden in de openbaarheid treedt. Koninginnedag op Soestdijk wordt meegevierd, maar als oma Juliana met pensioen gaat en Margarita's peettante Beatrix koningin wordt, verdwijnt Margarita uit het zicht. Pas op het moment dat zij in het Franse Auch haar jawoord geeft aan Edwin de Roy van Zuydewijn keert zij terug voor het voetlicht en gonst het van de geruchten rondom haar persoontje. Opeens is Margarita het buitenbeentje van de Oranjes. Prins Carlos Hugo laat verstek gaan tijdens het huwelijk van zijn dochter en ook haar peettante Beatrix is niet aanwezig. Langzamerhand wordt duidelijk dat er heel wat familieperikelen zijn binnen het gezin van prinses Irene. Vooral als Margarita in februari 2003 een boekje opendoet over haar familie. Wie had dat in 1972 kunnen vermoeden, toen heel Nederland meeleefde met prinses Irene die zorgen had over haar zes weken te vroeg geboren tweeling Margarita en Jaime?

Vechtertjes
Lange tijd wordt gedacht dat prinses Irene en prins Carlos Hugo de Bourbon-Parma moeite hebben met kinderen krijgen. En dat is ook zo!

In het diepste geheim worden artsen geraadpleegd, maar er is geen duidelijk aanwijsbare reden voor hun kinderloosheid. Groot is dan ook de verbazing, maar zeker ook de blijdschap, als in de zomer van 1969 blijkt dat de prinses in verwachting is. Op 27 januari 1970 brengt de prinses in het Radboud Ziekenhuis in Nijmegen haar eerste kind, een zoon, ter wereld: Carlos Xavier Bernardo Sixto Marie. In 1972 is de prinses opnieuw in verwachting. Tijdens de zwangerschap treden veel complicaties op en de prinses wordt begin 1972 in het Nijmeegse ziekenhuis opgenomen. Zij krijgt volledige bedrust voorgeschreven. Helaas helpt dat niet en op 13 oktober 1972 wordt een tweeling geboren. Het meisje Margarita Maria Beatriz is de eerstgeborene, het jongetje Jaime Bernardo volgt een minuut later. De kinderen zijn zes weken te vroeg en worden direct naar de couveuseafdeling overgebracht. Het zijn twee vechtertjes, die knokken voor hun leven. De gezondheid van de tweeling laat lange tijd te wensen over. Zij groeien niet goed en hebben moeite met eten. Op 31 oktober 1972 worden zij in het ziekenhuis gedoopt door kardinaal Alfrink. De twee koninklijke baby's mogen zelfs tijdens hun doop de couveuse niet uit, hun toestand is nog steeds zorgelijk. Stapje voor stapje gaat het iets beter en op 23 november 1972 mag Jaime het ziekenhuis verlaten, hij is de sterkste van de twee. Voor Margarita duurt het allemaal wat langer, maar uiteindelijk mag zij voor het eind van het jaar toch naar paleis Soestdijk.

Problemen
Het is een spannende en moeilijke periode voor prinses Irene en haar man. Zij blijven al die tijd in Nederland op paleis Soestdijk, terwijl zij toch al enkele jaren in Parijs wonen. In de zomer van 1973 gaat het gezin weer terug naar de Franse lichtstad om een jaar later weer terug te komen voor de geboorte van de jongste dochter Maria Carolina Christina. Margarita, een kleine opdonder met een ijzersterke wil, woont gedurende haar peuterjaren in Parijs. In 1975 krijgen haar ouders van koning Juan Carlos toestemming om terug te keren naar Spanje. Het zeskoppige gezin gaat in Madrid wonen en het familiegeluk lijkt com-

pleet. Dat is uiterlijke schijn, want het rommelt behoorlijk in de relatie. Na veel problemen gaan Irene en Carlos in mei 1981 scheiden. Een moeilijke tijd voor Margarita, die inmiddels ruim acht jaar oud is en donders goed begrijpt wat er in het gezin aan de hand is. Papa en mama houden niet meer van elkaar en dat komt voor het stille, teruggetrokken meisje hard aan. Inmiddels woont het verscheurde gezin bij opa en oma op paleis Soestdijk. Deze situatie is verre van ideaal, vooral omdat prinses Juliana het niet kan laten om zich met haar dochter en de opvoeding van haar kleinkinderen te bemoeien. Irene besluit de meest wijze te zijn en betrekt met haar kinderen een villa aan de Baarnse Vredehofstraat vlak bij Soestdijk.

De kinderen gaan naar school en lijken weinig last te hebben van de veranderde situatie. Dit is echter maar schijn, want Margarita heeft er juist grote moeite mee. Zij mist haar vader en ook het warme en huiselijke gezinsleven dat zij in Spanje had heel erg. Samen met haar broers en zus gaat zij naar de Zeister Vrije School. Het is een grote overgang van de Internationale School naar deze school, waar het accent meer ligt op de creatieve vakken en talen. Hier worden de pedagogische ideeën van de Duitse antroposoof Rudolf Steiner gevolgd en daar kan Margarita zich niet direct aan aanpassen. De prinses mist niet alleen haar vader, maar ook haar vriendinnetjes van haar oude school. Gelukkig ziet zij papa regelmatig, maar voor haar gevoel toch veel te weinig.

Ontvoering

Tot op de dag van vandaag heeft Margarita veel last van de scheiding, een trauma uit haar jeugd dat zij nog niet heeft verwerkt en waarschijnlijk ook nooit zal verwerken. Het litteken van de scheiding van haar ouders draagt zij haar leven lang mee. Margarita is een in zichzelf gekeerde vrouw die niet snel haar gevoelens prijsgeeft. Zij is terughoudend en argwanend en pas nadat zij iemand door en door vertrouwt kan zij wat van zichzelf laten zien. Als kind heeft ze vaak genoeg haar neus gestoten; haar vertrouwen is geschaad, door haar vader en haar moeder. Zelf denkt Margarita dat de relatie van haar ouders is stukgelopen vanwege het feit dat haar vader geen koning van Spanje is geworden en haar moeder dus geen koningin van Spanje. Irene en Carlos maken dan wel geen ruzie waar de kinderen bij zijn, maar de gespannen sfeer is duidelijk merkbaar. Ieder kind, en zeker de fijngevoelige Margarita, voelt dat vlekkeloos aan. Irene en Carlos beginnen ook een getouwtrek om de kinderen. De prinses heeft tijdens de openhartige verklaring over het leven binnen de koninklijke familie verteld dat haar vader zelfs een poging heeft gedaan om zijn kinderen te ontvoeren. Op een dag, als prinses Irene niet thuis is, wordt Margarita samen met haar broers en zus meegenomen door Carlos Hugo. De wacht bij de paleispoort vindt het niet vreemd dat hij zijn kinderen meeneemt, dat gebeurt wel meer. Carlos Hugo gaat met de kinderen naar Parijs. Volgens Margarita is dat niet gepland, geen van de kinderen heeft bagage meegenomen. De kinderen begrijpen dat deze logeerpartij niet normaal is. Hun vader blijft ontkennen dat het een ontvoering is, hij noemt het 'gewoon een gezellig uitstapje'. Na veel geharrewar en gekissebis worden zij uiteindelijk teruggebracht naar Soestdijk. Prinses Irene spreekt vanaf die tijd van een 'ontvoering'.

Moeilijke jeugd

De werkende en studerende moeder Irene bemoeit zich weinig met de dagelijkse opvoeding van haar kinderen. Zij volgt een studie aan de Hogere Agogische Beroepsopleiding in Amsterdam en stort zich op haar esoterische activiteiten. Zij is spreekster bij een anti-kernwapendemonstratie, schrijft over een bewust ongehuwde moeder en over buitenlandse vrouwen in Nederland. Irene kiest voor zichzelf en laat haar kinderen vaak aan de zorgen van een kamermeisje over. Dit kamermeisje is een soort tweede moeder, zij zorgt ervoor dat de jongelui op tijd hun kopje thee krijgen, op tijd naar school gaan, hun huiswerk maken en hun kamer opruimen. Ritme en regelmaat, zo belangrijk voor kinderen, wordt geboden door een kamermeisje en niet door de moeder. Een moeilijke tijd voor Margarita die zich nu ook nog eens erg in de steek gelaten voelt door haar moeder. Later zal Irene zeggen: 'Mijn kinderen hebben mij niet altijd begrepen, nu zij ouder zijn snappen ze wat mij bezighoudt en hebben daar ook alle begrip voor.'

Toch is dat begrip er niet bij Margarita. Zij worstelt nog met veel herinneringen uit haar jeugd. De woorden die haar moeder ooit uitsprak hebben diepe littekens bij Margarita achtergelaten. Zij zou gezegd hebben veel van haar kinderen te houden, maar het niet altijd even makkelijk te vinden. Volgens Margarita zou Irene haar kinderen zelfs verweten hebben dat zij zich veel verder had kunnen ontwikkelen, als zij hen niet gehad had... Met deze woorden heeft zij Margarita niet alleen een enorm schuldgevoel aangepraat maar ook opgezadeld met een jeugdtrauma dat maar moeilijk te verwerken valt.

Margarita trekt dan ook vaak naar haar vader en is in haar element als papa Carlos haar en haar broertjes en zus in 1982 meeneemt voor een lange zomervakantie in Spanje. Carlos kan het recht tot zijn kinderen ook niet ontzegd worden, de kinderen zijn tenslotte bij de scheiding toegewezen aan hun vader. Hij blijft zich ook op de achtergrond wel bemoeien met hun opvoeding en volgt nauwlettend de studieprestaties. En terwijl prinses Irene juist zo veel mogelijk afstand van haar titel prinses neemt, houdt Carlos Hugo oude waarden en tradities hoog in het vaandel. Hij wil zijn kinderen ook bij de Nederlandse adel inlijven. De Hoge Raad van Adel adviseert in mei 1996 gunstig en koningin Beatrix bekrachtigt deze beslissing door haar handtekening te zetten. Carlos jr., Jaime, Margarita en Maria Carolina zijn nu prinsen en prinsessen uit het Huis van Bourbon Parma. Zij behoren tot de Nederlandse adel met het predikaat 'koninklijke hoogheid' en staan met deze titel ook in het jaarlijks verschijnende Nederlandse adelboek. Verder is Margarita door haar vader ook nog bedeeld met de titel 'Gravin van Colorno'.

Sterke band
Prinses Margarita gaat culturele antropologie studeren in Amsterdam. Zij neemt wat meer afstand van haar familie en probeert een eigen leven

op te bouwen. Wel heeft zij een goed contact met haar peettante koningin Beatrix. Zij kan goed met haar praten en houdt ook na haar 21ste jaar contact met haar. De contacten met haar vader en moeder zijn redelijk tot goed te noemen. Prins Carlos interesseert zich voor de studie van zijn dochter en dat vergoedt veel voor Margarita, die bij haar drukbezette moeder maar weinig gehoor vindt. De onderlinge band tussen de twee broers Carlos jr. en Jaime en zus Maria Carolina is zonder meer goed te noemen. De kinderen hebben in hun jeugd veel aan elkaar gehad en nu zij ouder zijn is de band sterk en hecht.

Margarita voelt zich prettig in Amsterdam, waar zij een vrij anoniem leven leidt. Voor haar studie loopt zij stage in Kenia en krijgt daar ook bezoek van prins Bernhard. Haar opa en oma zijn voor Margarita altijd heel belangrijk geweest. Zij is een van de lievelingskleindochters van prinses Juliana, met wie zij ook een sterke band heeft. Margarita besluit haar opleiding culturele antropologie aan de Vrije Universiteit te beëindigen. Zij voelt zich niet prettig in deze deprimerende omgeving en besluit een opleiding voor binnenhuisarchitecte te volgen. Ze heeft ook een vriendje, Philip Kaufmann, met wie zij vaak in het Amsterdamse uitgaansleven wordt gesignaleerd. De relatie wordt heftiger en Philip wordt geïntroduceerd bij de familie. Hij wordt redelijk goed ontvangen en als zijn eigen telecombedrijf failliet gaat krijgt hij door toedoen van opa Bernhard zelfs een baan bij het Wereld Natuur Fonds. Ook is Philip tot op de dag van vandaag bestuurslid van het Lippe-Biesterfeld Natuurcollege, opgericht door prins Irene. Toch is hij niet de ware liefde voor Margarita en zij verbreekt de relatie.

De relatie van Edwin de Roy van Zuydewijn met prinses Margarita begint als een mooi sprookje. Het eerste contact is bij gezamenlijke vrienden in Amsterdam. Ze babbelen wat, vinden elkaar aardig, maar tot een vervolgafspraak komt het niet. Als Edwin aan een vriendin vertelt dat hij zo'n leuk meisje heeft ontmoet, verklapt die vriendin dat zij de dochter van prinses Irene is. In 1999, ruim een jaar later, zien ze elkaar weer terug bij sportschool Barry's op de Lijnbaansgracht in Amsterdam. Een week lang traint Edwin zich suf. Hij is helemaal niet gewend om iedere dag naar de sportschool te gaan, maar hij wil niet dat Margarita hem nu nog ontglipt. Zijn avances en doorzettingsvermogen hebben succes. Er wordt een afspraak gemaakt voor een diner en de liefdesvonk slaat over. Na enkele afspraakjes vindt Margarita het tijd worden om Edwin voor te stellen aan haar moeder. Irene is nieuwsgierig naar de nieuwe vriend van Margarita en het eerste contact verloopt vlekkeloos. Edwin vertelt wie hij is, waar hij gestudeerd heeft en hoe hij de kost verdient. Edwin de Roy van Zuydewijn is in 1966 geboren in Amsterdam en moet zijn vader al op 12-jarige leeftijd missen. Edwin studeert aan de Webster University in Leiden en aan de University of California in Los Angeles. Op zijn 29ste promoveert hij in Oxford. Op het moment van de kennismaking werkt hij als strategisch analist voor Bouwfonds, een grote vastgoedonderneming. Later zal hij zijn eigen bedrijf Fincentives oprichten. Dit bedrijf wordt in 2003 weer opgeheven.

Bedonderd
De eerste indruk die Edwin op de familie maakt is zeker niet negatief en prinses Irene is enthousiast als Edwin en Margarita besluiten samen verder te gaan. Weliswaar een beetje snel – zij kennen elkaar pas een paar maanden – maar het zit goed tussen de twee. Edwin leert ook Margarita's vader Carlos Hugo de Bourbon-Parma kennen en ook hij geeft zijn zegen. Edwin en Margarita gaan samenwonen in een pand aan de Keizersgracht in Amsterdam. Edwin maakt ook zijn opwachting bij de voltallige koninklijke familie als hij wordt uitgenodigd voor het verjaardagsfeest van koningin Beatrix. Dan opeens is daar die ommekeer. Edwin wordt door Carlos Hugo aan een kruisverhoor onderworpen en Edwins verleden lijkt niet zo brandschoon als in eerste instantie wordt gedacht. Tenminste, zo oordeelt zijn aanstaande schoonvader. Margarita en Edwin voelen zich bedonderd en vragen zich af waar de verhalen vandaan komen. Edwin zou namelijk gelogen hebben over zijn werkzaamheden, hij zou niet gepromoveerd zijn en hij zou zijn familie in

financiële moeilijkheden hebben gebracht. Volgens Edwin onwaarheden, maar voor de koninklijke familie genoeg aanleiding om zich tegen Edwin en Margarita te keren. Achteraf blijkt dat Carlos Hugo inzage heeft gehad in het dossier van de Sociale Dienst en er zo achter is gekomen dat Edwin na zijn studie enkele maanden een bijstandsuitkering heeft gehad. Uit dit dossier worden door Carlos Hugo allerlei conclusies getrokken die volgens Edwin niet waar zijn. Edwin denkt dat Carlos Hugo dit dossier door bemoeienis van de koninklijke familie in handen heeft gekregen, maar er zijn ook verhalen dat Edwins neef Rogier hierin heeft bemiddeld. Hij werkt namelijk bij Sociale Zaken in Zoetermeer en zou makkelijk inzage in het dossier hebben gehad.

De stemming ten aanzien van Edwin de Roy van Zuydewijn wordt er binnen de koninklijke familie niet beter op. Het stel voelt de aversie en Edwin wordt als een soort persona non grata behandeld. Als zij zich op 16 december 2000 verloven en een feestje geven in het koetshuis van prinses Irene wordt op dezelfde dag ook de verloving van prins Constantijn en Laurentien Brinkhorst afgekondigd. Margarita is ziedend als achteraf blijkt dat iedereen van deze verloving af wist behalve zij. Koningin Beatrix wil niet dat Edwin en Margarita van de verloving horen. Zij vertrouwt Edwin niet, zo denkt Margarita. Het wordt een triest verlovingsfeest met slechts enkele gasten. De liefde tussen Margarita en Edwin is blijkbaar zo sterk, dat zij – ondanks tegenwerking en pesterijen – toch met elkaar door willen gaan. Zij gaan op zoek naar een huis en vinden een echt kasteel, Château de Bartas in Frankrijk, zo'n vijftig kilometer van Toulouse.

Op 19 juni 2001, Edwins verjaardag, trouwen zij in Amsterdam in stilte voor de wet. Dan verhuizen zij naar Frankrijk en de voorbereidingen voor hun huwelijk in het Franse plaatsje Auch zijn in volle gang. Prinses Irene bemoeit zich nog wel met de voorbereidingen en belooft de helft van de kosten te betalen en de bruidsjurk. Tenminste, dat beweren Margarita en Edwin. Zij zeggen ook dat de bruiloft ruim 498.000 gulden heeft gekost en dat Irene achteraf nooit een cent heeft meebetaald.

Vreemd sfeertje

De bruiloft moet plaatsvinden in de kathedraal van Auch en de inzegening wordt gedaan door monseigneur Philippe Bär. Twee maanden voor de bruiloft laat Carlos Hugo de Bourbon-Parma weten niet bij het huwelijk aanwezig te zijn. Carlos ziet niets in een huwelijk tussen Margarita en Edwin en wil zijn zegen niet geven. Ondanks herhaalde verzoeken van Margarita denkt haar vader er niet over om zijn mening te herzien.

En dan is het zover. Op zaterdag 22 september 2001 trouwen Edwin de Roy van Zuydewijn en prinses Margarita de Bourbon-Parma in het Franse Auch. Een dag van tevoren is het in het idyllische Franse plaatsje al een drukte van belang. 's Middags is er een generale repetitie van het huwelijk en Château de Bartas wordt in orde gemaakt voor het feest van de volgende dag. Er heerst een raar en vreemd sfeertje. Eén keer langs het kasteel rijden betekent al dat de gendarmerie van Auch direct gealarmeerd wordt, naar paspoorten vraagt en aantekeningen maakt. Voor het kasteel staat al permanente bewaking van een veiligheidsdienst uit Nederland. Onsympathieke mannen die geen enkele toerist toestaan om ook maar een glimp van het kasteel op te vangen. De oprijlaan wordt versierd met witte ballonnen en linten, maar van een echte feeststemming is weinig te merken. 's Middags komen Margarita en Edwin naar de kerk toe en ook monseigneur Bär is aanwezig. Edwin is geblesseerd aan zijn been en loopt mank. Hij is tijdens een reparatie in zijn kasteel van een trapje gevallen. Van enig vertoon van verliefdheid tussen de twee is nauwelijks sprake, er heerst duidelijk huwelijksstress. Margarita ziet in- en inwit en Edwins gezicht staat op onweer. Als Margarita niet direct begrijpt wat monseigneur Bär zegt, valt Edwin lelijk uit tegen zijn aanstaande bruid. Hij loopt met grote manke stappen door de kerk en wil niet verder gaan met repeteren. Hij heeft commentaar op de versiering in de kerk en wordt steeds chagrijniger. Vloekend en tierend wil hij de kerk verlaten en Margarita staat als een zielig vogeltje alleen voor het altaar. Een nietig meisje in een spijkerbroek en wit T-shirt. Het duurt zeker twintig minuten voordat Edwin weer een beetje gekalmeerd is. Terneergeslagen verlaten Edwin en Margarita de kerk om weer terug te gaan naar het kasteel. Het zit hen niet mee die dag: in de nabijheid van het vliegveld Toulouse heeft een grote ontploffing plaatsgevonden en veel gasten zijn niet op tijd voor het huwelijksfeest aanwezig.

Ongenoegen

Ondanks dat het eind september is en er 's morgens enkele regenbuitjes gevallen zijn, zet er een schraal zonnetje door op het moment dat de Rolls-Royce Corniche met het bruidspaar aan komt rijden. Zij worden begeleid door motoragenten en voor de in de steigers staande kathedraal van Auch verdringen zich een paar duizend mensen, voornamelijk Nederlandse toeristen, om een glimp van het bruidspaar op te vangen. Echt vrolijk kijkt het bruidspaar niet en al snel blijkt waarom. De vader van de bruid, Carlos Hugo, laat verstek gaan, evenals veel andere familieleden van Margarita. Koningin Beatrix heeft een jachtpartij in Nederland en verontschuldigt zich met een kort briefje, weliswaar wel gepaard gaande met een gouden collier voor Margarita, het huwelijkscadeau. Prins Claus is erg ziek, prins Willem-Alexander en Máxima Zorreguieta zijn verhinderd, prins Johan Friso heeft helemaal niet op de uitnodiging gereageerd. Van de familie Van Vollenhoven is alleen prins Pieter-Christiaan aanwezig, de rest van de familie is verhinderd omdat de volgende dag Anna, het dochtertje van Maurits en Marilène, wordt gedoopt. Prins Constantijn en prinses Laurentien zijn er wel. Ook is er niemand van het gezin van prinses Christina, terwijl Margarita toch een goede band heeft met de jongste zus van haar moeder. Prinses Irene, prinses Maria-Carolina en de twee broers Carlos jr. en Jaime zijn wel aanwezig. Prinses Irene laat duidelijk haar ongenoegen blijken over het huwelijk van haar dochter. Zij wil niets zeggen en heeft hetzelfde mantelpakje aan dat zij ook droeg tijdens het huwelijk van prinses Laurentien en prins Constantijn.

Het bruidspaar gaat de kathedraal Sainte Marie in waar oud-bisschop van Rotterdam, monseigneur Bär, het huwelijk inzegent. De norse beveiliging voorkomt dat ongenode gasten de kerk binnengaan. Even is er een kleine opluchting te zien op het gezicht van Margarita. Na het wisselen van de ringen volgt een lange, dikke zoen waarbij de bruid zelfs haar armen om haar kersverse echtgenoot heen slaat. De plechtigheid is indrukwekkend, maar ingetogen. Bär benadrukt dat mooie en minder mooie momenten in het leven elkaar afwisselen. De minder mooie zijn nodig om de voorspoedige tijden op waarde te kunnen schatten.

Slechte smoes

Een tikkeltje romantiek is er als het bruidspaar over een pad van rozenblaadjes naar buiten komt om zich voor te stellen aan de duizenden belangstellenden op het plein voor de kathedraal. Bruid en bruidegom stralen op dit moment en omhelzen elkaar. Helaas kan niemand zich aan de indruk onttrekken dat dit er weer heel erg hard aan toegaat. Edwin drukt Margarita wel heel erg hard tegen zich aan. De prinses krijgt bijna geen adem en wringt zich los uit de omhelzing. Het gezicht van Margarita betrekt als haar wordt gevraagd naar de afwezigheid van haar vader. Broer Carlos jr. neemt het woord en zegt dat Carlos sr. niet aanwezig is vanwege de aanslagen in Amerika. Een slechte smoes, zo blijkt later. Een korte wandeling door de stad mondt al snel uit in een conflict tussen Edwin en Margarita. De prinses loopt volgens de bruidegom niet snel genoeg de trap op en hij sleurt haar naar boven terwijl hij lelijk tegen haar snauwt. 'Loop door,' blaft hij haar toe. Het gezicht van de kersverse bruid betrekt, het verdriet is ervan af te lezen. Weer staat het gezicht van Edwin op onweer. Die donkere blik in zijn ogen verraadt dat hij echt kwaad is. Margarita is geen gelukkige bruid, zij vertoont meer tekenen van een ongelukkige vrouw. Het feit dat zoveel leden van de koninklijke familie verstek hebben laten gaan is voor Margarita een enorme dreun. Dat zelfs haar vader niet de hand over zijn hart heeft gestreken had zij nooit verwacht en dat haar moeder haar nog eventjes haarfijn onder de neus wrijft: 'Ik ben op je huwelijk, maar alleen voor jou,' is voor Margarita een uitspraak die haar huwelijksdag behoorlijk bederft.

Het bruidspaar vertrekt na de huwelijksinzegening in een rijtuig naar hun Château de Bartas in het Franse dorpje Saint-Georges. De gasten hebben geen haast, zij blijven nog enkele uren hangen op de terrassen van Auch. Er wordt veel kwaad gesproken over het kersverse bruidspaar. Zo lacht iedereen om het feit dat Edwin zich baron zou noemen en wordt zijn financiële handel en wandel uitgebreid besproken. Vanzelfsprekend komt ook de afwezigheid van prins Carlos en de rest van de koninklijke familie ter sprake. Er zijn maar weinig positieve uitlatingen over Margarita en Edwin. Pas laat in de middag maken de gasten aanstalten om naar het kasteel te gaan. Daar wordt 's avonds een groot feest gehouden. Een feest waar Margarita en Edwin alleen nog maar een nare nasmaak van hebben, zo vertellen zij later. Irene zou op deze avond hebben gezegd dat zij haar dochter de eerste tien jaar niet meer hoeft te zien en verlaat zonder haar dochter gedag te hebben gezegd het kasteel. Constantijn, Laurentien en Pieter-Christiaan hebben volgens het bruidspaar niet eens hun felicitaties uitgesproken en houden zich tijdens het feest afzijdig van de andere gasten.

Weigering
Edwin en Margarita gaan niet op huwelijksreis, maar brengen hun wittebroodsweken door in Nederland om daar nog een keer te proberen alle familieperikelen op te lossen. Margarita schrijft brieven aan koningin Beatrix en gaat bij haar op bezoek, maar vindt geen gehoor. Dan krijgt Margarita een briefje van Willem-Alexander waarin hij haar schrijft dat zij niet welkom is op zijn huwelijk. Als er tijdens de tv-uitzending van het huwelijk van de kroonprins ook nog eens wordt gezegd dat Margarita en Edwin niet aanwezig zijn vanwege financiële problemen, barst de bom bij Margarita en haar echtgenoot. Zeker als zij ook nog eens geweigerd worden bij de begrafenisplechtigheid van prins Claus. Margarita mag weliswaar op Paleis Noordeinde afscheid nemen van haar oom voor wie zij altijd veel respect heeft gehad, maar het echtpaar is op de begrafenis niet welkom. Omdat er op deze dag veel van buitenaf gehuurde beveiligingsmensen rondlopen zijn er foto's van Mar-

garita en Edwin verspreid met de opdracht: deze mensen absoluut weg-sturen, zij mogen de kerk niet in. Vanzelfsprekend vragen Edwin en Margarita zich af of zij wel aanwezig mogen zij bij de eventuele uitvaart van prinses Juliana of prins Bernhard. Kan een kleinkind geweigerd worden op de begrafenis van haar opa of oma?

Al hun grieven
Deze laatste dreun voor prinses Margarita en Edwin doet de deur dicht. Zij besluiten nu met hun hele verhaal naar buiten te komen. In een serie van maar liefst vijf afleveringen spuien zij in een landelijk opinieblad al hun grieven. Verder proberen zij prins Bernhard, prins Carlos en zelfs Maartje van Weegen als getuigen voor de rechtbank op te roepen. Dit verzoek wordt geweigerd, maar Margarita en Edwin geven niet op en gaan door met hun strijd tegen de koninklijke familie en de Neder-landse staat. Tot op de dag van vandaag is er geen enkele rechtszaak die door het paar is gewonnen, het lijkt dan ook een verloren strijd. Inmid-dels is wel duidelijk dat alle commotie en problemen ook tot huwe-lijksproblemen hebben geleid. Margarita woont op dit moment in Amsterdam, volgens Edwin omdat zij daar werkt. Edwin schijnt nog steeds op Chateau de Bartas te wonen, maar neemt al geruime tijd de telefoon niet meer aan. Wat als een sprookje is begonnen is al snel geëin-digd in een nachtmerrie waar zelfs de meest sterke relatie onder zou lij-den. Edwin blijft echter zijn huwelijksproblemen ontkennen, zegt met Margarita heel gelukkig te zijn en hoopt dat hun grootste wens: een baby, ooit nog uit zal komen. Liegt hij of spreekt hij de waarheid? De toekomst zal het uitwijzen!

Hoofdstuk 16

Máxima Zorreguieta kwam, zag en overwon!

Bij iedere huwelijkskandidaat van de Oranjes staat heel Nederland op zijn kop. Zeker als het gaat om een huwelijk van de troonopvolger. Duidelijk is dat vrijwel alle liefdes van de Oranjes in het verleden hebben gezorgd voor politieke opschudding. Kroonprins Willem-Alexander zal deze traditie niet doorbreken. Na verschillende vriendinnen, onder wie Paulette Schröder, Josephina Laraburre, Claudette Bockstart, Frederique van de Wal, Vanessa Loudon, Yolande Adriaansens en Barbara Boomsma duikt in januari 1995 een nieuwe vriendin op: Emily Bremers. Zij is de dochter van een tandarts in Groesbeek. Ruim drie jaar duurt deze vriendschap en in 1998 houdt Nederland rekening met een verloving. Helaas is deze tandartsdochter volgens koningin Beatrix niet de geschikte kandidaat en Emily beseft dat zij aan het lijntje wordt gehouden. Emily vraagt om duidelijkheid, maar krijgt die niet. Dan besluit zij de relatie te verbreken. Emily en Willem-Alexander blijven wel goede vrienden. Willem-Alexander is behoorlijk aangeslagen en wil de eerste maanden niets van een nieuwe liefde weten. Tot hij in het Spaanse Sevilla een Argentijnse vrouw tegenkomt die voor de prins van Oranje de vrouw van zijn dromen blijkt te zijn en voor wie hij desnoods de troon had opgegeven. Voor welke toekomst kiest deze troonopvolger?

Een troonopvolger! Het is de bedoeling dat het eerste kind van prinses Beatrix en prins Claus thuis op Drakensteyn geboren wordt. Maar de natuur werkt soms tegen en Beatrix moet zich laten opnemen in het Academisch Ziekenhuis van Utrecht. Met de keizersnede wordt de eerste Oranjetelg sinds lange tijd gehaald. Op de avond van de 27^e april 1967 wordt een nieuwe kroonprins geboren. Een trotse prins Claus maakt zelf de eerste foto's van zijn flinke zoon. Vijf dagen later doet hij aangifte van de geboorte en wordt de naam van de baby bekend: prins Willem-Alexander Claus George Ferdinand. De eerste twee namen zijn verbonden door een koppelstreepje. Zijn roepnaam is Alexander. De jonge prins wordt op 2 september 1967 in de Grote of Sint Jacobskerk in Den Haag gedoopt door ds. H.J. Kater, in die jaren de familiepredikant van de Oranjes.

Normale kwajongen

De jonge prins, die al snel gezelschap krijgt van twee jongere broers, Johan Friso en Constantijn, groeit als een normaal jongetje op. Zijn kinderjaren verschillen alleen door de rijkdom van zijn ouders, al probeert koningin Beatrix het effect daarvan te beperken door de jongens 'kort' te houden. Alleen op Koninginnedag en tijdens de wintersportvakanties in Lech en de zomervakanties in Porto Ercole merkt kroonprins Willem-Alexander iets van zijn koninklijke afkomst. Dan moet hij tijdens foto-uurtjes met de pers in het openbaar verschijnen. Verjaardagen worden in de familiekring gevierd, prins Claus is daarbij steeds de enige fotograaf. Altijd controleert hij of hij wel een rolletje in zijn camera heeft, die fout heeft de prins namelijk een keer gemaakt, vlak na de geboorte van Willem-Alexander.

Het geloof speelt in de opvoeding een belangrijke rol. Koningin Beatrix heeft daar zo haar eigen standpunt over: 'Ik ben iemand die niet zo makkelijk over het geloof praat, maar wel leef ik vanuit een godsgeloof en ik probeer dat ook aan mijn kinderen mee te geven.' Met zijn lange blonde haren gaat de prins steeds meer op zijn moeder lijken. Alexander is geen stijf prinsje in keurslijf, maar een normale kwajongen. Fotografen die op Koninginnedag plaatjes komen schieten van de koninklijke familie worden door de kroonprins beschoten met propjes. Op 21 augustus 1972 wordt Willem-Alexander door zijn ouders afgeleverd bij de Montessorikleuterschool in Baarn. Een jaar later stapt hij over naar de basisschool, de Nieuwe Baarnsche School. De prins krijgt geen voorkeursbehandeling, wel staan er beveiligingsmensen voor de deur. En mama Beatrix komt net als iedere ouder naar de ouderavonden en schooluitvoeringen om de vorderingen van zoonlief te bekijken.

Kostschool

In 1979 gaat Alexander naar het Baarnsch Lyceum. De prins blijkt geen wonderkind. Hij moet op school stevig blokken om behoorlijke cijfers te halen. Het beste is hij in exacte vakken. Als zijn moeder in 1980 koningin wordt, verhuist het gezin naar Den Haag. Vanaf dat moment voert prins Willem-Alexander ook de titel van prins van Oranje. In Den Haag volgt hij onderwijs op het Vrijzinnig Christelijk Lyceum. Met het leren wil het niet zo vlotten en als hij in de vijfde dreigt te blijven zitten wordt de jonge prins naar een kostschool gestuurd in Engeland, het Atlantic College van Wales. Even uit huis weg, even zonder protocol en keurslijf. Op zijn 17de haalt hij alvast zijn rijbewijs in Engeland, want autorijden – het liefst snel – is zijn lust en zijn leven. Na twee intensieve studiejaren behaalt de prins het diploma Internationaal Baccalaureaat – dit staat ongeveer gelijk aan een vwo-diploma.

Na zijn schoolopleiding wacht de militaire dienst. In de zomer van 1985 kiest hij voor de marine en vertrekt naar Den Helder, waar hij in de gelederen van de adelborsten wordt opgenomen. Varen, vliegen, skiën, zwemmen, schaatsen en duiken hebben zijn grote interesse. De prins van Oranje is net als zijn grootvader besmet met het vliegvirus. Op 18-jarige leeftijd ontvangt hij voor het eerst ook een eigen staatsinkomen. En hij krijgt zijn eerste officiële taak: het lidmaatschap van de Raad van State. Echt vaak zal hij dit college niet bezoeken. Voorlopig hebben bars en discotheken een grotere aantrekkingskracht op Alexander. Mama Beatrix is het niet altijd eens met de leefwijze van haar zoon. Als de prins na een avondje stappen thuiskomt en daar de stereo keihard aanzet, stampt zijn moeder, die nog laat zit te werken, op de vloer. Of hij wat minder herrie wil maken. Ook komt het voor dat hij om twee uur thuiskomt, boven zich niets hoort en denkt dat de kust veilig is. Hij vertrekt dan om vijf over twee 's nachts weer richting nachtclub. Moeder Beatrix, die om kwart over twee even komt kijken, treft een leeg bed aan en het laat zich raden welke reprimande de prins de volgende dag krijgt. Een weekendje huisarrest komt vaak voor.

Officiële verplichtingen
Er wordt ook veel gereisd door de prins en al snel komen de eerste officiële verplichtingen. In 1981 verricht hij de opening van de Willemsbrug in Rotterdam. In 1983 vervangt de jonge prins op 4 mei zijn zieke vader bij de jaarlijkse plechtigheid in de Nieuwe Kerk in Amsterdam en de kranslegging bij het Nationaal Monument. Er volgen reizen naar de Nederlandse Antillen, die al snel een speciaal plekje in zijn hart veroveren. Vaak zal hij hier nog terugkomen. Bij een staatsbezoek aan Japan vervangt hij opnieuw zijn vader.

Na de marine beginnen zijn studiejaren in Leiden, waar hij in 1986 de studie geschiedenis ter hand neemt. Hij koopt een pand aan het Rapenburg, dat hij met enkele medestudenten bewoont. Als student verwerft hij al snel de titel Prins Pils, want de kroonprins laat zich het gerstenat goed smaken. Aan het eind van zijn studietijd koopt hij van grootmoeder Juliana het pand aan het Haagse Noordeinde 66. Na een intensieve verbouwing betrekt hij het huis. Willem-Alexander begint aan de verdere opleiding tot het koningschap. Onder supervisie van Herman Tjeenk Willink, vice-voorzitter van de Raad van State, wordt de prins bekend gemaakt met de vaderlandse instituties door middel van een reeks oriëntatieprogramma's.

Ziekte

Even moet de prins rustig aan doen: in april 1991 worden er bij een keuring vlekjes op zijn long ontdekt. Na onderzoek blijkt dat hij lijdt aan de ziekte van Besnier Boeck. Er wordt niet over gesproken. De ziekte moet uit de publiciteit blijven. Het valt wel op dat de prins steeds dikker wordt. Pas later komt uit dat dit aan het medicijn prednison te wijten is en niet aan zijn bourgondische levensstijl. Besnier Boeck is geen erfelijke ziekte, maar komt in sommige families vaker voor. Meestal ontstaat de ziekte op jeugdige leeftijd en het is een aandoening die zich kenmerkt door 'granulomen'. Dit zijn afwijkingen die bij veel organen en weefsels in het lichaam kunnen voorkomen. Bij Willem-Alexander zit de ziekte in zijn longen. De prins wordt behandeld met corticosteroïden. Deze medicijnen, waarvan de bekendste prednison is, hebben een ontstekingsremmende werking. Bij Willem-Alexander zijn de klachten na de behandeling geheel verdwenen en hij kan zijn sportieve leventje weer oppakken. Wel moet hij ieder jaar terugkomen voor een controlefoto van de longen.

Het onderwerp water gaat het leven van de kroonprins beheersen. Hij is actief deelnemer aan internationale congressen en symposia op dit gebied. Hij is erelid van de World Commission on Water for the 21ste Century en beschermheer van het Global Water Partnership. Tijdens de Winterspelen van Nagano wordt hij door IOC-voorzitter Juan Antonio Samaranch persoonlijk gevraagd toe te treden tot zijn organisatie. Dit gaat niet zonder slag of stoot, vooral doordat er verhalen over corruptie binnen het IOC naar buiten worden gebracht. Kritiek die de kroonprins niet lijkt te deren. Hij werkt onbekommerd zijn programma af, maakt werkbezoeken, vergezelt zijn ouders bij staatsbezoeken en is, nadat hij Máxima Zorreguieta heeft leren kennen, in de ban van de liefde. De Argentijnse heeft een goede invloed op Alexander. Sinds hij haar heeft ontmoet is de prins zeker tien kilo afgevallen en ziet er fitter uit dan ooit. De proppenschieter van weleer is uitgegroeid tot een goedlachse joviale man, die zijn pils-imago van zich af heeft geschud.

Concorde

Het eerste liefdesverdriet vanwege het verbreken van de vriendschap met Emily Bremers is Willem-Alexander te boven als hij in maart 1999 met een groep vrienden naar het Spaanse Sevilla reist om daar de Féria De Sevilla, een grote folkloristische feestweek, mee te maken. Toevalligerwijs is de Argentijnse Máxima Zorreguieta daar ook aanwezig met een aantal vriendinnen. De kroonprins en Máxima komen elkaar tegen, babbelen wat en Máxima maakt foto's van die jonge blonde knaap uit Nederland. Willem-Alexander vertelt Máxima niets van zijn afkomst. Van echte liefde is bij de Argentijnse nog geen sprake, Máxima vindt Willem-Alexander aardig, maar meer ook niet. Andersom is Willem-Alexander wel onder de indruk van Máxima. Bij het afscheid nemen worden telefoonnummers en e-mailadressen uitgewisseld en er ontstaat een levendige correspondentie tussen de twee. Alexander heeft het goed te pakken en reist per supersnelle Concorde naar New York waar Máxima woont en werkt. Zij heeft een goede baan bij de Deutsche Bank. Intussen weet Máxima wie hij is en waar hij vandaan komt. Zij is daar niet echt blij mee. Als moderne vrouw beseft zij donders goed wat er – mocht zij met deze kroonprins trouwen – van haar verwacht zal worden. Haar ouders, inmiddels ingelicht over haar nieuwe vriend, raden aan de relatie maar te verbreken. 'Het is een hoop soesa met zo'n prins, allemaal ellende,' voorspelt vader Jorge. Hij realiseert zich dan waarschijnlijk al wat er gaat gebeuren als de vriendschap uitkomt en de identiteit van Máxima bekend wordt. Máxima gaat twijfelen en verbreekt na enkele weken de relatie met Willem-Alexander. Maar dat accepteert de Nederlandse prins niet zomaar. Hij overlaadt haar met cadeautjes en bloemen en belt haar ieder uur van de dag op. Als Willem-Alexander aandringt op een kennismaking met haar ouders kan zij niet langer weigeren. Het eerste contact is in Buenos Aires waar de ouders van Máxima een mooi appartement hebben in een buitenwijk van de stad. Het klikt, Willem-Alexander wordt geaccepteerd door de ouders van Máxima.

Eerste foto's

Dan wordt het de hoogste tijd dat zij voorgesteld wordt aan koningin Beatrix en prins Claus. Willem-Alexander heeft zijn moeder al voorbereid en hoopt er het beste van. Bloednerveus is Máxima, zij weet niet wat haar te wachten staat. Het eerste contact valt mee, er is sprake van enige hartelijkheid, maar zowel de ouders van Willem-Alexander als Máxima zijn niet direct in opperste euforie. Prins Willem-Alexander wordt door zijn opa prins Bernhard uitgenodigd om vakantie te houden op zijn jacht Jumbo VI in Porte Ercole in Italië. Samen met Constantijn en Laurentien en Maurits en Marilène wordt het een gezellig familieonderonsje. Inmiddels duiken in Nederland de eerste geruchten op over de nieuwe liefde van prins Willem-Alexander. Uit de hoek van Schiphol komt het verlossende woord, zo lijkt het. De jongedame die vrijwel om het weekend naar Nederland komt en wordt afgehaald door een beveiligingsbeambte van het Koninklijk Huis draagt de naam Herzog. Achteraf blijkt dit niet waar te zijn, maar onder deze schuilnaam heeft Máxima Zorreguieta korte tijd gereisd om iedere verdenking of onthulling te voorkomen. De vriendschap neemt steeds serieuzere vormen aan en Máxima komt steeds vaker naar Nederland. Samen met een paar goede vrienden gaat zij op 9 augustus 1999 met de Groene Draeck op het IJsselmeer zeilen. Een oplettende dame die met haar boot langs de Groene Draeck vaart neemt enkele foto's van de kroonprins en die blonde dame. De foto's komen tegelijkertijd uit met foto's van een persbureau dat Willem-Alexander en Máxima in Italië heeft gefotografeerd.

Wie is de nieuwe vriendin van Willem-Alexander? Dat wordt duidelijk als Willem-Alexander naar Argentinië reist om daar een wintersportvakantie te houden in Bariloche, samen met de familie van Máxima. Haar naam is in deze week uitgelekt en kranten melden dat het gaat om de Argentijnse Máxima Zorroguita. Haar familienaam is niet goed gespeld, het moet Zorreguieta zijn. Op 30 augustus trouwt Vanessa Loudon, al van kinds af aan een goede vriendin van Willem-Alexander. Iedereen verwacht dat de kroonprins samen met zijn nieuwe liefde dit feest zal bezoeken. 's Avonds in het donker komen Máxima en Willem-Alexander naar het bruiloftsfeest. Zij komen via een omweg door het bos aangeslopen en gaan dezelfde weg weer terug. Máxima maakt deze avond voor het eerst kennis met Emily Bremers, de ex-vriendin van Willem-Alexander.

Vanzelfsprekend is Nederland razend benieuwd naar de nieuwe geliefde van prins Willem-Alexander. De foto's op de Groene Draeck in Nederland en de Jumbo VI in Italië geven nog geen duidelijk beeld. In Argentinië wordt men wat wijzer. Er komen privé-videofilms vrij van een dansende, rokende en drinkende Máxima op een bruiloftsfeest. Zij is oogverblindend, gedistingeerd, spontaan, hyperintelligent, zelfverzekerd en warmbloedig. Dat zijn de eerste indrukken die men vanuit Argentinië over Máxima weet te vertellen. Op hetzelfde moment dat de Rijksvoorlichtingsdienst in Nederland toegeeft dat Willem-Alexander inderdaad bevriend is met Máxima Zorreguieta komen er op het Provinciehuis van Buenos Aires brieven binnen afkomstig van de Nederlandse ambassade. Het Provinciehuis is een hoge instantie waar staatszaken worden behandeld. Een officieel schrijven met allerlei stempels op de envelop van de Nederlandse ambassade is vrij opmerkelijk en roept vragen op. Wat blijkt: in deze brief worden inlichtingen gevraagd over Jorge Zorreguieta en zijn vrouw Maria del Carmen Cerruti. Alles over hun afkomst, hun geloof en hun familie moet duidelijk worden voor de Nederlandse regering en vanzelfsprekend voor koningin Beatrix.

Gedonder en discussies
De doopceel van Máxima wordt gelicht en dan begint het gedonder. Al snel komt uit dat de vader van Máxima, Jorge Zorreguieta, als minister van Landbouw deel heeft uitgemaakt van de regering van de militaire junta, die de meest vreselijke misdaden heeft begaan. Jorge Zorreguieta heeft dus een belangrijke rol gespeeld in een dramatische periode van de Argentijnse geschiedenis! Welke rol de vader van Máxima precies heeft

gespeeld blijft onduidelijk, maar filmbeelden laten zien dat hij zeer vriendschappelijk met de Argentijnse dictator Videla is omgegaan. Zo is hij mede verantwoordelijk voor alles wat er tijdens het kolonelsbewind in de jaren 1976-1983 is gebeurd. Wie herinnert zich niet de acties van de Dwaze Moeders die nog dagelijks demonstreren om de waarheid over hun vermiste kinderen boven tafel te krijgen? Mies Bouhuys, voorzitster van de Stichting Steun Aan Argentijnse Moeders (SAAM) vindt Videla een van de grootste misdadigers van de 20ste eeuw. Hij is verantwoordelijk voor de genocide en zijn wreedheden tegen de menselijkheid zullen hem nooit worden vergeven.

De commotie is groot, de BVD gaat op onderzoek uit en professor dr. Michiel Baud heeft opdracht gekregen een onafhankelijk wetenschappelijk onderzoek in te stellen naar de handel en wandel van Zorreguieta in de periode van het militaire bewind in Argentinië. Wat zijn aandeel in de liquidaties van al die onschuldigen ook is geweest, een ideale schoonvader is Jorge Zorreguieta in elk geval niet. Het legt een donkere sluier over de relatie en de negatieve reacties nemen toe. Moet Máxima zich officieel distantiëren van het verleden van haar vader? De discussies lopen hoog op, er worden kamervragen gesteld en er gaan stemmen op dat de vader van Máxima zeker niet bij een eventueel huwelijk aanwezig mag zijn.

De liefde tussen Máxima en Willem-Alexander wordt alleen maar hechter. Koningin Beatrix lijkt aardig in haar nopjes met haar aanstaande schoondochter en zij wordt dan ook uitgenodigd om mee te gaan naar India, waar de bijna voltallige koninklijke familie de jaarwisseling doorbrengt. Prins Claus heeft nog wat moeite met de nieuwe vriendin van zijn oudste zoon. Hij vindt Máxima veel te vrij in haar doen en laten en duldt ook niet altijd haar mening. Later blijken zij juist naar elkaar toe te groeien omdat zij waarschijnlijk in hetzelfde schuitje zitten. De vakantie in India doet het ijs tussen prins Claus en Máxima al enigszins smelten.

Aanpassen

Máxima heeft moeite met het keurslijf van de koninklijke familie en de koninklijke gewoonten. Zo onderhoudt zij een vriendschappelijk contact met de medewerkers van het koninklijk huis. Gewoon gezellig een babbeltje maken met de kok moet toch kunnen. De prinses wordt hiervoor berispt, zij moet weten dat er afstand is tussen de medewerkers van het koninklijk huis en de familie. Máxima vindt dit in eerste instantie belachelijk, we leven toch niet in de Middeleeuwen? Aanpassen, aanpassen en nog eens aanpassen. Máxima volgt zolang zij nog in New York woont al Nederlandse taalles bij mevrouw Hanny Veenendal, die in New York de goed aangeschreven taalschool 'Dutch in America' leidt. Met behulp van een leesplankje en Nederlandse kinderboeken leert de vriendin van de prins van Oranje de eerste beginselen van het Nederlands. En als zij naar Brussel verhuist om bij de Deutsche Bank te gaan werken neemt zij twee weken intensief taalles in het Belgische Spa. Ook krijgt zij een beginnend soort inburgeringscursus van de Leidse hoogleraar openbare financiën dr. Victor Halberstadt. Hij moet haar vertrouwd maken met de hoofdlijnen van de Nederlandse samenleving.

Het begint steeds duidelijker te worden dat Máxima wel eens een blijvertje zou kunnen zijn. Steeds vaker is zij ook in Nederland, waar zij weliswaar een aardig spelletje kiekeboe speelt. Zolang de onderzoeken naar haar vader nog niet zijn afgerond eist koningin Beatrix van Willem-Alexander en Máxima dat zij zich vooral niet samen laten fotograferen en dat leidt soms tot hectische taferelen. Zo gaan Máxima en Willem-Alexander op een zondagochtend op kraamvisite bij een vriend van Alexander, jonkheer John Collot d'Escury. Zij worden gesnapt door de fotografen en Willem-Alexander verlaat in zijn eentje het huis en gaat onder begeleiding van de beveiliging terug naar het paleis. Máxima wordt aan haar lot overgelaten en de jonkheer moet haar ten slotte thuisbrengen. Opvallend is dat het stel vaak vakantie houdt. Zo af en toe knijpen zij er een weekendje tussenuit om elkaar beter te leren kennen. Dat doen zij onder andere in het huis van goede huisvriend en zakenman

Fentener van Vlissingen. Hij heeft een riant landgoed van maar liefst 40.000 hectare in het noordwesten van Schotland. Zeer afgelegen en bijna onvindbaar. Het huis is alleen te bereiken met een bootje en heeft geen gas, water en licht. Bij kaarslicht en de warmte van de open haard beleven Máxima en Willem-Alexander een wel heel romantisch weekend.

Schoonvader

Grote opwinding ontstaat als blijkt dat de ouders van Máxima in de derde week van november 2000 een geheim bezoek hebben gebracht aan Nederland. Eef Brouwers, directeur-generaal van de Rijksvoorlichtingsdienst: 'De ouders van Máxima zijn hier inderdaad geweest. Zij hebben gelogeerd op Paleis Noordeinde en samen met koningin Beatrix en prins Claus gedineerd. Ook hebben zij een bezoek gebracht aan prinses Margriet en mr. Pieter van Vollenhoven op Het Loo in Apeldoorn. Het is toch logisch dat als een man en een vrouw een relatie hebben, de wederzijdse ouders kennis komen maken met elkaar.' In Nederland slaat het nieuws in als een bom, maar koningin Beatrix trekt zich er niets van aan. Zo langzamerhand raakt zij steeds meer gecharmeerd van Máxima. Om de ouders van Máxima nog beter kennis te laten maken met hun aanstaande schoonzoon organiseert de toekomstige prinses een gezellig weekend in Praag. Máxima heeft onder haar eigen naam het hotel geboekt en het viertal kan zeer goed met elkaar overweg. De band tussen Willem-Alexander en zijn aanstaande schoonvader is hecht, zij waarderen elkaar en kunnen goed met elkaar opschieten.

De geruchten over een aanstaande verloving nemen steeds grotere vormen aan. Maar iedereen wordt misleid als eerst prins Constantijn zijn verloving met Laurentien Brinkhorst bekendmaakt. Dat is vreemd, waarom gaat de kroonprins niet voor? In december 2000 waren de onderzoeken naar de vader van Máxima nog niet afgerond. Jorge Zorreguieta verzet zich fel tegen het verzoek om af te zien van aanwezigheid tijdens een eventuele bruiloft van zijn dochter. Uiteindelijk weet minister Max van der Stoel hem te overtuigen. Hij bespreekt de inhoud van het rapport 'Militair geweld, burgerlijke verantwoordelijkheid' met Jorge Zorreguieta. Máxima en Willem-Alexander zijn bij deze bespreking aanwezig. Zij proberen vader Jorge ervan te overtuigen dat het beter is om een oplossing te vinden voor de problemen. Jorge is een krachtige persoonlijkheid die zich niet snel op een zijspoor laat zetten. Hij wil dolgraag bij de bruiloft van zijn dochter zijn en is niet te vermurwen. Uiteindelijk geeft hij toe, ten gunste van zijn dochter. Van harte gaat dit besluit zeker niet, dat zal later ook wel blijken.

Huilend aan de telefoon
Romantisch aanzoek! Na een relatie van bijna twee jaar gaat Willem-Alexander door de knieën. Het is koud op 19 januari als hij voorstelt om Máxima te leren schaatsen op de bevroren vijver van Huis ten Bosch. Wankelend, terwijl zij voor het eerst de schaatsen heeft ondergebonden, snakt Máxima naar warme chocolademelk. In plaats daarvan knielt Willem-Alexander als een ware sprookjesprins voor haar neer en vraagt haar ten huwelijk. Lang nadenken hoeft zij niet. In dit typisch Hollandse decor roept Máxima volmondig ja. Van schaatsen komt weinig. Máxima is totaal verrast als Willem-Alexander een door hemzelf ontworpen verlovingsring met een opvallende oranjekleurige steen aan haar vinger schuift. Na een klein feestje met de ouders van Willem-Alexander wordt er direct gebeld met Argentinië. De ouders van Máxima komen huilend aan de telefoon. Eventjes staat Willem-Alexander met zijn mond vol tanden: hij spreekt nog niet voldoende Spaans om precies te weten wat Máxima met haar ouders bespreekt. Maar emotioneel is het zeker!

Sigaartje
Een week later gaan zij naar Engeland om het heuglijke nieuws aan de halfzus van Máxima te vertellen. Angeles woont met haar echtgenoot en kinderen op het universiteitsterrein van Norwich. Zij heeft zo haar eigen mening over de toekomst van haar zus en wil weten of Willem-

Alexander echt wel de ware voor haar is. Een weekend lang wordt er veel gepraat en uiteindelijk is ook Angeles gezwicht voor die blonde prins uit Holland. Willem-Alexander maakt waarschijnlijk voor het eerst kennis met een zeer sobere levensstijl. Angeles woont op het universiteitsterrein in een eenvoudig appartementje met een sobere inrichting. Eén bank, een televisie, twee opklapbedden en een keukentafeltje met vier stoelen. De kroonprins kan zich niet goed vermaken, hij voetbalt wat met het dochtertje van Angeles en wandelt verveeld over het universiteitsterrein. Bijzonder opvallend is dat er maar heel weinig bewaking is voor de kroonprins. Zonder bewaking staat hij buiten zijn sigaartje te roken, slaapt hij samen met Máxima in een gehuurd appartementje en ontbijt hij met haar, terwijl de beveiliging elders op het terrein uitslaapt. Als het toekomstig echtpaar naar het vliegveld teruggaat blijkt dat Máxima een hekel heeft aan de sigarenlucht. De prins rookt een sigaartje, maar houdt zijn arm buiten het opengedraaide raam zodat de stinkende sigarenlucht niet in de auto komt.

Verloving

En dan is het zover! Op donderdagavond 29 maart 2001 sijpelen de eerste geruchten naar buiten. De geruchtenstroom over de op handen zijnde verloving van Willem-Alexander met Máxima wakkert aan. Op vrijdag 30 maart 2001 wordt de verloving van Willem-Alexander en Máxima Zorreguieta bekendgemaakt. 'Dit is de mooiste dag van mijn leven!' roept kroonprins Willem-Alexander naar de uitzinnige menigte die voor Paleis Noordeinde staat te wachten. Een nieuwe periode is aangebroken in het leven van de kroonprins en zijn Máxima. Eindelijk kan Willem-Alexander haar voorstellen en dat doet hij vol trots met de woorden: 'Mijn lieve verloofde Máxima.' En dat hij Máxima echt heel lief vindt, straalt van Willem-Alexander af. Hij kan niet van haar afblijven, wrijft liefdevol over haar schouders en pakt bemoedigend haar hand. Wanneer zij tijdens de persconferentie een vraag niet begrijpt en hem hulpzoekend aankijkt, legt hij in een mengeling van Nederlands en Engels uit wat er tegen haar gezegd wordt. Als Máxima het woord neemt en het gevoelige onderwerp over het verleden van haar vader aanroert, wordt Alexander zelfs emotioneel. Met name als zij zegt: 'Ik ben geboren in een hechte familie en mijn vader is en zal altijd blijven, de integere, toegewijde vader die er altijd voor mij is. Ook nu is hij bij me, dat voel ik.' En daarbij legt zij haar hand op haar hart.

Over het steeds terugkerende onderwerp Máxima's vader raakt Willem-Alexander soms lichtelijk geïrriteerd. In Nederland is veel ophef ontstaan over uitspraken van kroonprins Willem-Alexander. Hij reageerde in New York persoonlijk op recente publicaties over Jorge Zorreguieta. Hij vindt dat de Nederlandse media zorgvuldiger moeten omgaan met hun berichtgeving over de positie die Zorreguieta bekleedde tijdens het bewind van Videla. Hij doelt vooral op het recent verschenen boek *El Dictador*, waaruit zou blijken dat Zorreguieta een veel grotere rol speelde bij de staatsgreep van 1976 dan gedacht. Prins Willem-Alexander refereerde aan een ingezonden brief van ex-dictator Videla die beweert dat hij nooit is geïnterviewd voor het boek. Premier Kok is verrast over de uitspraken van de kroonprins. Hij vindt het optreden van Willem-Alexander dan ook niet verstandig. Elke keer als het onderwerp wordt aangehaald, reageert Willem-Alexander ietwat kregel, maar op die momenten springt Máxima in. Met een glimlach pareert zij op een heel natuurlijke en open wijze de meest gevoelige vragen. Onzichtbaar trekt zij aan de touwtjes en leidt zij Alexander terug naar de euforische stemming waarin hij verkeert als het over hun verloving en ontmoeting gaat. En de woorden 'hij was een beetje dom' zijn legendarisch geworden. Liefdevol zegt hij dan ook: 'Met haar doorzettingsvermogen is zij keer op keer in staat geweest bij mij het beste en het diepste naar boven te halen. Zij kan met haar brede visie, haar gevoel voor humor, haar intelligentie en relativeringsvermogen mij de steun geven die voor mij in de toekomst onontbeerlijk zal zijn.' En hiermee doelt Alexander op het koningschap en geeft hij te kennen dat hij in Máxima de koningin heeft gevonden die goed op haar taak berekend is. Maar de voornaamste reden dat de prins voor de beeldschone Argentijnse heeft gekozen is dat zijn hart het hem ingeeft.

Vreemde eend

In nog geen half uur tijd weet Máxima de complete Nederlandse bevolking voor zich te winnen. Door haar charisma, haar warme uitstraling, haar lieve oogopslag, haar kalmte en ook de liefdevolle woorden naar haar schoonouders sluit iedereen haar onmiddellijk in het hart. Zelfs prins Claus laat zich niet onbetuigd. Al heeft hij moeite met spreken, toch neemt hij het woord. Hij begrijpt dan ook als geen ander hoe moeilijk het is om als 'vreemde eend in de bijt' met een troonopvolger te trouwen. Net als Máxima lag ook zijn – Duitse – achtergrond destijds gevoelig. Hij vertelt dat hij Máxima heeft geadviseerd om te beginnen met het leren van de Nederlandse taal en voegt er bijna trots aan toe dat zij het er beter vanaf brengt dan hij destijds. Koningin Beatrix, die toch niet als gemakkelijk bekend staat, spreekt eveneens lovende woorden over haar aanstaande schoondochter. 'Wij hebben Máxima leren kennen als een intelligente, moderne vrouw, moedig en trouw aan allen die haar dierbaar zijn.'

Modern is Máxima absoluut. Zij is afgestudeerd econoom en heeft al een glansrijke carrière achter de rug. Haar laatste baan was bij de Deutsche Bank in Brussel als vice-president op de afdeling Emerging Markets. Maar dat alles geeft zij nu op om zich te verdiepen in alles wat met Nederland te maken heeft, zodat zij haar toekomstige echtgenoot kan steunen in de zware taak die hem straks te wachten staat. En niet alleen haar carrière geeft zij op, ook haar vrije leventje en haar vrienden in Argentinië die zij niet zo vaak meer zal kunnen zien. Maar het grootste offer dat zij brengt is het feit dat haar ouders niet bij haar huwelijk zullen zijn. Juist omdat zij zo'n sterke band met haar familie heeft, zal deze beslissing haar immens veel pijn doen. De beslissing om 'ja' te zeggen tegen de kroonprins getuigt van kracht, moed en vooral van liefde. Máxima kiest voor Willem-Alexander, niet voor haar vader. Zij kiest voor de toekomst, niet voor het verleden... Verliefd, verloofd en bijna getrouwd. In ieder geval een huwelijk uit liefde...!

Hoofdstuk 17

Máxima's triomftocht
van de liefde

Direct na de verloving worden de eerste voorbereidingen voor het huwelijk getroffen. De stad Amsterdam is de plaats waar het huwelijk plaatsvindt op 2-2-2002. Het is verbazingwekkend hoe snel Máxima zich aanpast aan haar nieuwe rol en de officiële verplichtingen met een gemak doet alsof ze nooit anders heeft gedaan. Een munt slaan, een boom planten op de Keukenhof, de kennismakingsbezoeken of een koninklijk huwelijk in het buitenland, de toekomstige prinses draait haar hand er niet voor om. Toch gaat er ook veel onzekerheid en soms zelfs wel verdriet schuil achter haar zo op het oog spontaan lijkende glimlach. Er zijn momenten dat Máxima het heel moeilijk heeft en zich afvraagt waar zij toch aan begonnen is. Oké, zij is verliefd op Willem-Alexander, maar soms wordt zij overvallen door heel veel twijfels…

Máxima Zorreguieta wordt geboren op 17 mei 1971 in Buenos Aires in Argentinië. Zij is het eerste kind van Maria del Carmen Cerruti en Jorge Horacio Zorreguieta. Het is het tweede huwelijk van Máxima's vader. Uit zijn eerste huwelijk met Marta Lopez Gil heeft hij drie kinderen: Maria, Angeles en Dolores. Eerlijk gezegd zijn op het moment van de geboorte van Máxima haar moeder Maria en haar vader Jorge niet getrouwd. In Argentinië is het in die tijd niet mogelijk om een eerder huwelijk uit te schrijven. Jorge heeft Máxima wel erkend zodat zij zijn achternaam krijgt. Pas in 1992 is het in Argentinië mogelijk een huwelijk wettelijk te ontbinden. Op verzoek van koningin Beatrix zijn Maria en Jorge in 2000 in het geheim voor de wet getrouwd.

Verleden vader Zorreguieta
Boven haar wiegje hangt een speeldoosje waaruit een Argentijns slaapliedje klinkt. De woorden van dit liedje kent Máxima al uit het hoofd als zij nog geen twee jaar oud is. Van jongs af aan weet Máxima de aandacht op zich te vestigen. In de eerste plaats natuurlijk door haar uiterlijk, maar zeker ook door haar intelligentie. Máxima wil het allerhoogste bereiken, zij is leergierig en wordt daarin gestimuleerd door haar ouders. Máxima is opgevoed met plichtsbesef, maar vooral met heel veel warme Argentijnse liefde.
Na Máxima worden in korte tijd nog drie andere kinderen geboren, Martin, Juan en Inès. Een groot gezin dus waarin Máxima wordt grootgebracht, want ook met haar halfzusters heeft zij geregeld contact. De jeugd van Máxima is onbezorgd en gezellig. Zij groeit op als een keurig katholiek meisje. Iedere zondag naar de basiliek van Onze Lieve Vrouwe van Pilar bij het grote kerkhof van Recoleta, waar onder andere de legendarische Eva Perón ligt begraven. Het enige wat aan het geluk van Máxima ontbreekt is dat zij haar vader heel erg weinig ziet. Na de coup door de militaire junta van generaal Videla bezet Jorge Zorreguieta de post van staatssecretaris, later minister van Landbouw. De vijfjarige Máxima kan niet beseffen wat zich politiek allemaal afspeelt, dit in tegenstelling tot haar zusje Dolores, die nog steeds last heeft van het verleden van haar vader.

Op 4-jarige leeftijd gaat Máxima naar het Malinchrot, een meisjesschool van Duitse nonnen in de Calle Juncal, een straat een paar honderd meter van haar huis. Een particuliere en vooral dure school; de totale opleiding kost zo'n 100.000 euro. Het onderwijs wordt in zowel Engels als Spaans gegeven en van jongs af aan is Máxima dus tweetalig opgevoed. Op school, waar zij een uniform moet dragen, gelden strenge regels. Evenals thuis trouwens. 's Morgens moet zij haar eigen bed opmaken, haar kamertje opruimen, afwassen en boodschappen doen. Na de middelbare school gaat Máxima in 1988 bedrijfskunde en economie studeren aan de particuliere Universiteit van Argentinië. Behalve studeren is er ook veel tijd voor ontspanning. Máxima is een graag geziene gast op allerlei jetsetfeesten. Verder houdt zij van tennissen, paardrijden en skiën. Haar eerste vriendje is de Italiaanse zakenman Tiziamo Yacchetti. In 1994 studeert zij af en gaat naar Boston om daar een graduaat-opleiding aan de universiteit te volgen. Inmiddels is haar relatie met Tiziamo bekoeld en valt zij voor de charmes van de graficus Dieter Zimmerman. Met hem gaat zij samenwonen in de wijk Soho. Ook loopt zij stage in het New Yorkse bankwezen waar zij later ook een baan krijgt. Eerst werkt zij bij de Dresdner Bank op Wall Street maar later gaat ze naar de Deutsche Bank. Toch heeft Máxima een carrière bij een bank nooit geambieerd, het liefst had zij een eigen kunstgalerie geopend. Vlak voordat Máxima de kroonprins leert kennen verbreekt zij de relatie met Dieter. Totdat hij zelf woonruimte heeft gevonden blijft deze jongeman nog wel even bij Máxima inwonen.

Aanpassen valt niet mee
Na haar verloving met Willem-Alexander verhuist Máxima vanuit Brussel naar Paleis Huis ten Bosch om zo onder de hoede van koningin Beatrix verder in te burgeren en tegelijkertijd ook aan de slag te gaan als toekomstig prinses. De officiële verplichtingen gaan Máxima goed af, maar er zijn toch nog wel wat twijfels. Is Willem-Alexander wel de ware voor haar? Past zij wel in het koninklijk keurslijf? Is zij geschikt als toekomstig koningin van Nederland? Vragen waarop Máxima niet direct het antwoord weet. En dan komt het duidelijke Zuid-Amerikaanse temperament om de hoek kijken. Op dat soort momenten is het verstandig om even uit haar buurt te blijven. Zo is Máxima razend op de kroonprins als hij een onverwacht bezoek brengt aan zijn ex-vriendin Emily Bremers. Máxima heeft die avond een etentje met een aantal Argentijnse vriendinnen en de prins vertelt op stap te gaan met een aantal vrien-

den. Een leugentje achteraf, zo blijkt, want Alexander gaat in het diepste geheim naar het huis van Emily Bremers in de Nieuwe Schoolstraat in Den Haag. Daar blijft hij bijna de hele avond en hij eet samen met Emily. De ex-vriendin van de kroonprins heeft bij de Chinees een portie nasi en bami besteld en dat eten zij samen knus op. Willem-Alexander heeft er geen rekening mee gehouden dat hij, terwijl hij op de stoep afscheid neemt van Emily, gezien zou worden. De prins schrikt zich een hoedje en besluit direct naar het huis van zijn moeder te gaan om Máxima van zijn onverwachte bezoek aan Emily te vertellen. De temperamentvolle Argentijnse is razend en Alexander krijgt er behoorlijk van langs. Zij begrijpt niet waarom hij gelogen heeft. Zij is ziedend. Niet uit jaloezie, maar voornamelijk uit onbegrip. Hij moet beloven voor eens en altijd de waarheid te vertellen en geen smoesjes te verzinnen om bij Emily langs te gaan. De volgende dag roept de plicht weer. Er volgt een kennismakingsbezoek in Zuid-Holland. Máxima is die dag niet echt in haar nopjes. Zij lacht als het moet, maar van binnen is zij nog steeds razend op haar aanstaande echtgenoot. Zij negeert hem en op deze dag straalt er geen enkele liefde van de twee uit. De boosheid is van haar gezicht af te lezen en er klinkt geen aardig woord richting Alexander.

Andersom gebeurt het ook wel dat Willem-Alexander razend wordt op zijn verloofde. Zo irriteert het hem mateloos als zij urenlang met haar moeder belt. Niet zozeer vanwege de kosten, maar vanwege het feit dat hij geen woord kan verstaan. Máxima en haar moeder praten in het Spaans en dan op zo'n rappe manier dat het voor iemand die de taal niet goed beheerst, niet te begrijpen is. Uiteindelijk heeft Willem-Alexander besloten om een spoedcursus Spaans te gaan volgen, dan weet hij tenminste waar zijn aanstaande vrouw en haar moeder over babbelen.

Ruzies
Ruzies, ze komen in de beste families voor, dus ook bij Máxima en Willem-Alexander. Máxima ergert zich bijvoorbeeld weer mateloos aan het gedrag van Willem-Alexander. Hij heeft de gewoonte om in de auto

urenlang met zijn computer bezig te zijn. Geen interessante briefwisseling, nee gewoon leuke computerspelletjes. Veelvuldig is er dus ruzie tussen Willem-Alexander en Máxima in deze stressvolle verlovingstijd. Máxima met haar Zuid-Amerikaanse temperament heeft het hart op de tong en kan zich ontzettend kwaad maken als Willem-Alexander dan stug zijn mond houdt. Zij flapt alles eruit en is het dan kwijt. Willem-Alexander is een binnenvetter, maar als hij kwaad wordt, berg je dan maar. Beiden zijn koppig – tenslotte zijn ze niets voor niets Stier – en kunnen moeilijk hun ongelijk toegeven. Zij zijn verliefd, dat wel, maar de ruzies en kiftpartijen blijven. Vrienden maken zich soms zorgen en vragen zich af of dit wel goed gaat. En het gaat gelukkig goed. Ondanks alle ruzies kunnen Máxima en Willem-Alexander niet buiten elkaar.

Vaak zijn er momenten dat de verloofde van Willem-Alexander twijfelt of zij wel de juiste keuze heeft gemaakt. Zij heeft veel last van heimwee en zou het liefst iedere maand naar Argentinië vliegen. Maar dat laat haar officiële programma niet toe, Máxima heeft nu verplichtingen. Zo zijn de voorbereidingen voor het huwelijk in volle gang en staan er bezoeken gepland aan maar liefst 12 provincies en 4 grote steden. Máxima heeft zich in voorgaande maanden al een beetje kunnen voorbereiden. Zo plant zij samen met Willem-Alexander een koningslinde op de Keukenhof en al gaat Koninginnedag vanwege de mond- en klauwzeerepidemie niet door, toch verschijnt Máxima op 30 april op Paleis Soestdijk. Met de hele familie gaat zij op bezoek bij de dan 92-jarige prinses Juliana. Het publiek is uitzinnig en Máxima wordt luid toegejuicht. Enkele dagen eerder, op de 34ste verjaardag van Willem-Alexander, nemen zij het eerste exemplaar van de verlovingsmunt in ontvangst. De trouwdag van prins Constantijn en prinses Laurentien is voor Máxima wel heel bijzonder. Op de dag van het burgerlijk huwelijk is zij jarig en zij krijgt juist op deze dag de Nederlandse nationaliteit.

Ongelukkige val
Het zilveren huwelijksfeest van koning Carl Gustav en koningin Silvia

van Zweden begint voor Máxima en Willem-Alexander als een leuk uitstapje. Maar tijdens een wandeling glijdt Máxima uit op een rotspad en breekt haar rechterenkel. Zij wordt teruggebracht naar Nederland en in het Haagse Rode Kruis Ziekenhuis wordt er een plaatje in haar enkel gezet. Minstens acht weken moet zij in het gips en Máxima komt tijdens het kennismakingsbezoek aan de Rijksministerraad in de Trêveszaal op 22 juni 2001 op krukken binnenstrompelen. Een dag hiervoor is de bij de Staten-Generaal ingediende Toestemmingswet voor het prinselijk huwelijk behandeld. Op 3 juli komen de leden van de Eerste en Tweede Kamer bijeen en is een overgrote meerderheid het eens met de partnerkeuze van Willem-Alexander. Met vijftien tegenstemmers wordt de Toestemmingswet aangenomen. Máxima en Willem-Alexander horen het resultaat van de verkiezing tijdens een zonnige vakantie in Italië.

Na een ontspannen dagje tijdens de Sneekweek in Friesland en de festiviteiten in Oslo ter gelegenheid van het huwelijk van de Noorse kroonprins Haakon met het burgermeisje Mette-Marit, begint een reeks van kennismakingsbezoeken. Máxima is behoorlijk gespannen, zij heeft nog veel last van haar geblesseerde enkel. Al snel merkt ze dat heel Nederland uit zijn dak gaat voor haar. In iedere provincie waar zij komt is het feest, het lijkt wel Koninginnedag in het klein. Haar populariteit groeit en Máxima is een graag geziene gast. Toch is het opvallend dat zij gaandeweg de tour steeds afstandelijker wordt. Tijdens de eerste bezoeken neemt zij tijd voor iedereen, gaat op iedere vraag uitgebreid in en blijft handen schudden. Bij de laatste bezoeken merk je dat Máxima al behoorlijk in het keurslijf zit en goed nadenkt over haar spontane reacties. Maar met haar ontwapenende glimlach en haar vrolijkheid weet zij iedere Nederlander in te pakken.

Intussen werkt Máxima hard om zich zo snel mogelijk in te burgeren en te wennen aan het hofleven. Zij woont bij koningin Beatrix op Paleis Huis ten Bosch en maakt van zeer nabij de dagelijkse gang van zaken mee. Vrijwel iedere dag is er wel een deskundige uit de samenleving te gast op het hof om Máxima wegwijs te maken. Een belangrijke rol is weggelegd voor het oud PSP-Tweede Kamerlid Andrée van Es. Zij adviseert en begeleidt Máxima in haar nieuwe rol. Een van de hofdames van koningin Beatrix, mevrouw drs. Ottoline (Lieke) Antoinette Gaarlandt-van Voorts van Beest, krijgt als taak Máxima wegwijs te maken in koninklijke kringen en haar in te wijden in de leefregels voor een prinses.

Bizar

Af en toe moet Máxima even ontspannen om zich weer op te laden voor een volgende missie. De kennismakingstour valt haar niet mee, al die aandacht en publiciteit is niet altijd gemakkelijk voor haar en zij heeft er moeite mee om de beperking van haar privé-leven te aanvaarden. Willem-Alexander is trots op zijn toekomstige vrouw. Zo zegt hij: 'Máxima werkt heel hard, de manier waarop zij bezig is de Nederlandse taal te leren en gesprekken voert met allerlei deskundigen is echt bewonderenswaardig. Ik ben heel trots op haar. Ik heb al 34 jaar ervaring, maar voor haar is alles nieuw. Daarom geef ik Máxima maar een klopje op de schouders en een bemoedigend woord als het even tegenzit.' Zodra Máxima na een kennismakingsbezoek thuiskomt belt zij direct met haar moeder en doet uitgebreid verslag. Ook worden videobanden en televisiebeelden opgestuurd. Haar ouders zijn verbaasd over de enorme populariteit van hun dochter. Máxima zegt daarover: 'Zij vinden het heel bizar. Zij genieten ervan dat alles zo goed gaat en dat ik alles zo mooi en positief vind. Mijn ouders hebben de eerste bezoeken op filmbeelden en foto's gezien en ze kunnen het niet geloven. De laatste keer dat ik in Argentinië was heb ik wat Oranje-souvenirs voor ze meegenomen. Wat mij overkomt is voor hen heel apart. Voor mijn ouders ben ik toch gewoon Máxima.'

Bij de keuze van haar trouwjapon laat Máxima zich adviseren door koningin Beatrix. De toekomstige prinses wil geen enkel risico lopen dat zij een verkeerde keuze maakt. Máxima heeft twee favoriete ontwerpers, Edouard Vermeulen van Modehuis Natan uit Brussel en de grote couturier Valentino uit Rome. Máxima's eerste keuze is Valentino, tenslotte heeft hij de trouwjapon van Jackie Kennedy ontworpen. Bij Edouard Vermeulen hebben ook Máxima's schoonzusje Laurentien en prinses Mathilde van België hun trouwjurk laten ontwerpen en Máxima wil hen niet imiteren. De koningin stemt in met Valentino en begin november gaan Máxima en de vorstin samen naar Rome, waar zij een afspraak hebben gemaakt met de bekende ontwerper. Op zijn hoofdkantoor bespreken zij de wensen van Máxima en wordt er goed geluisterd naar de adviezen van koningin Beatrix. Zij vindt het wel een eer dat zij mee mag denken met Máxima. In deze periode komen schoondochter en schoonmoeder dichter bij elkaar. 'Ach,' zegt Máxima tegen een vriendin, 'wij hebben een gezamenlijk iets, mijn schoonmoeder en ik houden beiden van dezelfde man.' Met deze uitspraak heeft zij het hart van koningin Beatrix totaal veroverd.

Vlak voor het huwelijk gaan Máxima en Willem-Alexander naar Argentinië om de jaarwisseling te vieren. Het zijn emotionele dagen die Máxima zich haar hele leven zal blijven herinneren. Samen met haar ouders gaat zij haar bruidsdagen in. Er wordt veel gepraat, gelachen, maar ook gehuild. Jorge Zorreguieta doet nog één poging om toch nog een plaatsje te bemachtigen in de Nieuwe Kerk. Hij vraagt zijn dochter en schoonzoon nog één keertje te bemiddelen om zodoende, desnoods incognito, bij het huwelijk aanwezig te kunnen zijn. Niemand durft het risico te nemen en zo moeten de ouders van Máxima het huwelijk van hun dochter via de televisie volgen. Wel zijn verschillende familieleden, zoals de broer en zussen van Máxima, en veel Argentijnse en Amerikaanse vrienden uitgenodigd om bij alle huwelijksfestiviteiten aanwezig te zijn. Het afscheid in Argentinië valt Máxima zwaar. Als ongetrouwde vrouw en burgermeisje verlaat zij het land, als getrouwde vrouw en prinses zal zij terugkomen.

Prins Willem-Alexander en Máxima Zorreguieta gaan op 8 januari 2002 in ondertrouw. Er is geen enkele festiviteit aan gekoppeld. Op 10 januari is de eerste feestelijkheid ter gelegenheid van het huwelijk. Een optreden van het Nederlands Danstheater in Den Haag. De voltallige Oranjefamilie is aanwezig. Opvallend is hoe zwak prins Claus is. Hij moet worden ondersteund bij het lopen, maar krijgt een ovationeel applaus als hij de zaal binnentreedt. Het televisie-interview op 18 januari wordt door ruim vier miljoen Nederlanders bekeken. Weer komt het verleden van Jorge Zorreguieta ter sprake. Máxima en Alexander doen het onderzoek naar de betrokkenheid van Jorge Zorreguieta bij het Videla-regime door professor Baud af als een mening. Wel veroordelen zij het regime: 'Alle Zuid-Amerikaanse dictatoriale systemen waren per definitie slecht,' zegt Willem-Alexander. Ook komt in dit interview naar voren dat de kroonprins onvoorwaardelijk voor Máxima heeft gekozen. Als zijn voorgenomen huwelijk bij de volksvertegenwoordiging op onoverkomelijke bezwaren was gestuit, had hij zijn persoonlijk geluk zwaarder laten wegen. Dat wil zeggen dat hij afstand had gedaan van de troon en toch was getrouwd met de vrouw van zijn dromen.

Máxima bezoekt enkele dagen voor haar huwelijk de Beurs van Berlage en de Nieuwe Kerk. Niets wordt aan het toeval overgelaten. De balie bij de ingang van de Beurs wordt verwijderd en de toch al niet smalle gangpaden van de beurs worden verbreed tot maar liefst drie meter. Tot grote hilariteit van de toevallige aanwezigen oefent Máxima enkele dagen voor haar huwelijk zonder gêne haar entree in de Beurs. Haar bruidsjurk blijft natuurlijk thuis, maar de spontane Argentijnse toont maar weer eens niet voor één gat te vangen te zijn. Een groot omgeslagen gordijn mag even de rol van haar trouwjurk vervullen.

2-2-2002

Het feest kan beginnen! Op 25 januari krijgt het bruidspaar in de Ridderzaal een diner aangeboden door de regering. Zij krijgen – hoe toepasselijk – twee zilveren kemphanen aangeboden. In het weekend voorafgaand aan het huwelijk is er een besloten feest voor ruim driehonderd vrienden. Zelfs Emily Bremers is aanwezig en zij babbelt genoeglijk met de koningin terwijl ze in de regen door het miniatuurstadje Madurodam lopen. 's Avonds is er een groot feest in het paleis aan het Noordeinde. Máxima leeft zich helemaal uit, haar woorden 'Ik ben Latijns en ik blijf Latijns, ik dans en ik zal blijven dansen en zingen' komen deze avond behoorlijk tot uiting op de mooie klanken van een speciaal uit Cuba overgekomen dansorkest. De volgende dag is er een brunch in het Kurhaus. In de loop van de week arriveren de eerste koninklijke gasten die ondergebracht worden in het Amstel Hotel. Uitgenodigd zijn koningin Noor, prins Hassan Bin Talal en prinses Sarafath El Hassan van Jordanië; koningin Sofia en kroonprins Felipe van Spanje; koningin Margarethe en prins Frederik van Denemarken; prins Albert en prinses Caroline van Monaco en Carolines echtgenoot Ernst August von Hannover; prins Charles, Sophie Rhys-Jones en prins Edward van Engeland; uit Noorwegen prins Haakon en prinses Mette-Marit, koningin Sonja en koning Harald V; koningin Silvia, koning Carl XVI Gustaf van Zweden en hun dochters Madeleine en Victoria; de verbannen koningin Anne-Marie en koning Constantijn, prins Pavlos en prinses Marie Chantal van Griekenland; prins Moulay Rachid van Marokko; kroonprins Naruhito van Japan; groothertogin Maria-Teresa en groothertog Henri van Luxemburg; groothertogin Josephine-Charlotte en groothertog Jean van Luxemburg; erfprins Alois en erfprinses Sophie van Liechtenstein; koningin Paola en koning Albert, prinses Mathilde en Prins Filip van België; vorst Ferdinand von Bismarck van Duitsland en zijn vrouw, en vorst Wittekind van Waldeck-Pyrmont van Duitsland met zijn vrouw Cecilia. Maar ook Nelson Mandela, Graca Machel en Kofi Annan en zijn vrouw zijn uitgenodigd. De overige gasten – familieleden en vrienden – logeren in het Krasnapolsky Hotel op de Dam. Zij hebben een vol programma met onder andere een tocht met de Willem-Alexander-rondvaartboot door de Amsterdamse grachten, een bezoek aan een diamantair, een concert en een groot Oranjefeest in de Amsterdamse Arena. Hier nemen Máxima en Willem-Alexander het nationale geschenk in ontvangst. Het is een Oranje Fonds, dat zich richt op de onderlinge verbondenheid tussen de verschillende culturen in Nederland. Eén deel van het opgehaalde geld wordt gebruikt om het feest in de Arena te bekostigen, dit tot groot ongenoegen van de gulle gevers. Na afloop van het feest in de Arena gaan Máxima en Willem-Alexander nog even een kijkje nemen in het Amstel Hotel. Het is daar zo gezellig, dat zij ruim na middernacht pas naar huis gaan. De kringen onder de ogen van Máxima op haar trouwdag zijn getuige van een behoorlijk langdurig, maar vooral supergezellig feest.

Ondanks de tientallen camera's willen Máxima en Willem-Alexander een privé-trouwdag. Zo mogen er geen camera's of microfoons in de Gouden Koets en zijn de camera's in de kerk op afstand bedienbaar en bedekt met zwarte doeken. Het moet een dag zijn voor Willem-Alexander en Máxima, stralend, verliefd en helemaal vol van elkaar. Máxima heeft alles om een voorbeeld te zijn voor veel jonge vrouwen. Zij is de populairste Oranje, op de voet gevolgd door prins Claus. Omgeven door veel mensen die haar lief zijn, behalve haar ouders, is zij klaar om haar jawoord te geven aan de toekomstige koning van Nederland. Een gebeurtenis die de geschiedenisboekjes zal halen.

Het is onvoorstelbaar mooi weer op 2 februari 2002. Zo'n vijftien graden Celsius, een prachtige strakblauwe hemel en een stralende zon. Er gaat een golf van ontroering door het duizendkoppige publiek als een stralende Máxima Zorreguieta aan de arm van de trotse Willem-Alexander uit de imposante Rolls Royce Silver Wraith Limousine Landaulette stapt. Zo ziet een koninklijke bruid eruit! De bruidsmeisjes zijn Juliana Guillermo (dochter van prinses Christina), Inès Zorreguieta (zus van Máxima), Theresa, barones van der Recke (dochter van de jongste zus van prins Claus) en Valeria Delger, jeugdvriendin van Máxima. De bruidskinderen zijn jonkheer Paulo Alting von Geusau, Johann-Caper, Freiherr von dem Bussche-Haddenhausen, Alexandre Frieling, Floris ter Haar, gravin Leonie zu Waldburg-Zeil-Hohenems en prinses Pauline zu Sayn-Wittgenstein-Hohenstein. Koningin Beatrix is getuige van Máxima bij de voltrekking van het burgerlijk huwelijk. Verder zijn Máxima's peettante Marcela Cerruti en haar broer Martin haar getuigen. Prins Constantijn, Marc ter Haar, jaarclubgenoot en schaatsvriend, en Frank Houben, de commissaris van de koningin van Noord-Brabant en bevriend met de ouders van de prins, zijn de getuigen van Willem-Alexander.

Het lijkt begeerlijk om Prinses der Nederlanden te worden, maar het besef dat het Máxima ook pijnlijke beperkingen oplegt is op haar huwelijksdag wel duidelijk zichtbaar. Zij heeft haar handen innig ineengestrengeld en kan de tranen van geluk voor het jawoord nauwelijks bedwingen. Máxima mist op dit moment haar ouders meer dan ooit. Dat zij er niet bij zijn is voor haar een groot offer. Weliswaar heeft zij de steun van de kroonprins en zijn familie, maar het gemis is overduidelijk aanwezig. Máxima en Willem-Alexander laten elkaar geen moment los. Teder en liefdevol kijken zij elkaar tijdens de huwelijksplechtigheid in de Beurs van Berlage continu diep in de ogen. Na het jawoord laat Máxima haar tranen de vrije loop. Haar spontaniteit zorgt niet alleen voor een ontspannen sfeer, maar krijgt duidelijk ook de goedkeuring van koningin Beatrix, die haar nieuwe schoondochter herhaaldelijk geruststellend en bemoedigend toeknikt. Burgemeester Job Cohen van Amsterdam, die pas zijn tweede huwelijk sluit, steekt de huilende bruid een hart onder de riem. 'Ik hoop dat u net zoveel gaat houden van dit lastige, maar ook zo lieflijke lapje grond als van uw kroonprins. En ik wens u toe dat u zich als moderne jonge vrouw kunt voortbewegen in een zelfgekozen tempo en niet steeds in het tempo van een gouden koets. Aan het eind van zijn toespraak citeert de Amsterdamse burgervader de Argentijnse dichter Borges: 'De liefde laat de ogen stralen, de lippen zingen en de voeten dansen. Geniet vandaag, straal, zing en dans!'

Echte liefde
Als prinses der Nederlanden schrijdt Máxima Zorreguieta aan de arm van haar echtgenoot kroonprins Willem-Alexander de Nieuwe Kerk van

Amsterdam binnen. De getuigen zijn Tijo baron Collot D'Escury en jonkheer Frans de Beaufort, twee vrienden van de prins, en Samantha Deane en Florencia Di Cocco, twee vriendinnen van de prinses. Alles werkt mee. De ambiance van de Nieuwe Kerk van Amsterdam, de stralende zon, het enthousiasme van de genodigden en het uitzinnige publiek dat zich buiten voor de kerk heeft verzameld. De kerkdienst onder leiding van dominee Ter Linden met zijn indringende teksten, de emotionele tango van Carel Kraayenhof en het Avé Maria, gezongen door Miranda van Kralingen, maakt deze huwelijksinzegening wel heel bijzonder. Een hoofdrol is er voor prinses Máxima en prins Willem-Alexander. Wie durft er op dit moment nog te twijfelen of er tussen deze twee mensen sprake is van echte liefde? Ondanks alle obstakels die zij in hun prille relatie op hun weg vinden en ondanks de offers die vooral Máxima moet brengen, zijn deze twee mensen overtuigd van hun liefde voor elkaar. In tegenstelling tot vele voorgaande koninklijke huwelijken hebben we hier toch overduidelijk níet te maken met een verstandshuwelijk, maar overtuigen Willem-Alexander en Máxima met hun vele liefdevolle blikken en hun tedere aanrakingen in één klap heel Nederland en de rest van de wereld van hun innige liefde voor elkaar.

'Je zult gedacht hebben: moet ik dit wel doen? Met hem meegaan naar een vreemd land. Een keuze die pijn moet hebben gedaan. Er moeten stemmen in je op zijn gekomen die zeiden: keer terug naar je eigen land, keer terug naar je eigen volk. Kán en mág ik Máxima wel vragen het grootste deel van haar zelfstandige leven op te geven? Een bijna onmenselijk offer, dat ik mijn toekomstige vrouw vraag te brengen. Want ze trouwt niet alleen met mij, maar met een heel land.' 'Maar,' zo schrijft Willem-Alexander ook in zijn brief aan dominee Ter Linden: 'zij is een grote steun voor mij. Ik hoop met heel mijn hart dat Máxima haar vrolijke karakter, talenten, brede visie en vermogen tot relativeren blijft behouden. En niet te vergeten haar spontaniteit en levensplezier, die haar zo eigen zijn.' Tevens vraagt Máxima zich in haar brief af: 'Hoe kan deze wereld van God vandaan komen? Deze wereld met al haar schoonheid en menselijke goedheid, maar ook met haar pijn, haar zonde en haar kwaad. Voor mij is God liefde. De liefde die mensen tot elkaar drijft.'

Kritiek

Was het slechts één enkel traantje tijdens het burgerlijk huwelijk, de kerkelijke inzegening overspoelt de kersverse prinses met emoties. Speciaal voor haar is dr. Rafael Braun, een huisvriend van de familie Zorreguieta, overgekomen. Even is er kritiek op de komst van Braun omdat hij het Videla-regime gesteund zou hebben. Pater Braun heeft zijn werk uitgeoefend tijdens het regime, maar nooit het regime openlijk gesteund. Op het moment dat dr. Rafael Braun aan zijn schriftlezing begint, trilt Máxima's onderlip emotioneel. Zij sluit haar ogen, luistert intens naar de tekst van Braun en koestert de Spaanse woorden. De tekst uit het zeer toepasselijke bijbelboek Ruth brengt haar op dat moment voor de eerste keer terug naar Argentinië. Het gemis van haar ouders valt haar zwaar, de pijnlijke uitdrukking op Máxima's gezicht verraadt haar emoties. Zij zoekt steun bij Willem-Alexander die als antwoord haar hand stevig vasthoudt. Dit moment zal vast en zeker ook altijd op het netvlies van haar ouders gebrand blijven. Zij zijn er niet bij, op afstand moeten zij de belangrijkste dag in het leven van hun oudste dochter volgen. Een enorme kwelling voor zowel de ouders als de bruid.

De huwelijksinzegening is stijlvol en het jawoord van beiden is overtuigend. Op het moment dat zij het uitspreken wordt er buiten luid gejoeld en geapplaudisseerd. Even verschijnt er een brede glimlach op het gezicht van Willem-Alexander. Vervolgens knielen zij neer op de bankjes om de zegen te ontvangen. Juan Zorreguieta reikt het zilveren schaaltje aan met daarop de trouwringen. Het kost de kroonprins enige moeite om de ring aan de vinger van zijn vrouw te schuiven, door de spanning zijn haar vingers wat opgezwollen. Na het wisselen van de ringen neemt bandoneonspeler Carel Kraayenhof vlak bij het bruidspaar plaats. Hij speelt de beroemde Argentijnse tango Adios Nonino. Máxima breekt, de tranen stromen over haar wangen. Alle aanwezigen in de kerk, maar ook de miljoenen televisiekijkers, raken geëmotioneerd. Het burgermeisje Máxima Zorreguieta is nu Prinses der Nederlanden, prinses van Oranje-Nassau, Ridder Grootkruis in de orde van de Nederlandse Leeuw en natuurlijk ook 'gewoon' mevrouw Van Amsberg.

Na afloop van de inzegening wacht de Gouden Koets voor de triomftocht der liefde. Deze keer geen rookbommen en protesten, maar een uitzinnige menigte die het bruidspaar luid toejuicht. Even is er een klein incident. In de nabijheid van het Koningsplein wordt een plastic zakje met een verfsubstantie naar de koets gegooid. Een accurate lakei veegt met zijn handschoen de vlek snel van het raam van de Gouden Koets. De verfgooier zou later veroordeeld worden tot een werkstraf en een boete. Bijna honderdduizend mensen proberen langs de route een glimp op te vangen van hun nieuwe prinses. Het bruidspaar doet alle moeite om aan de verwachtingen te voldoen. Uitbundig zwaaiend en schijnbaar onvermoeibaar legt het bruidspaar de drie kilometer lange route vrolijk lachend af. En dan de balkonscène met als hoogtepunt DE KUS. Niet één, maar wel vijf keer geeft het kersverse echtpaar elkaar een zoen. De bekroning van deze zo fantastische huwelijksdag: 2 februari 2002, een datum om nooit te vergeten.

Traditie
Met zijn sabel snijdt Willem-Alexander, geassisteerd door zijn kersverse echtgenote, de bruidstaart aan. Dat de zoete smaak van het gebak symbolisch moge zijn voor de rest van hun leven. Eerder die middag is het bruidspaar het stralende middelpunt van ruim tweehonderd gasten. Met elkaar genieten zij in het Paleis op de Dam van een feestelijk vijfgangenmenu. Er wordt gestart met een frisse cocktail van langoustines, gevolgd door een tarbottaartje met witte-wijnsaus. Het hoofdgerecht bestaat uit hertenbiefstukjes met tijmsaus, rode kool, gebakken appel en gefrituurde torentjes van aardappelpuree. Het huwelijksdessert is een verrassing van de kok! In de bruidstaart is namelijk een ring verstopt,

dat is een traditie in Argentinië. Het meisje dat aan het touwtje trekt met de ring wordt de volgende bruid. Een van de bruidsmeisjes, wie dat is geheim gebleven, zou de volgende bruid zijn. Was het soms toch Mabel Wisse Smit die het touwtje met de ring uit de taart heeft getrokken?

Na alle feestelijkheden vertrekken Willem-Alexander en Máxima naar Zwitserland. In Sankt Moritz, het huis van biermagnaat Freddy Heineken, komt de complete familie Zorreguieta bij elkaar. Een verrassing van Willem-Alexander voor zijn bruid. Het is een emotioneel weerzien. De ouders van Máxima zijn trots op hun dochter maar hebben moeite dat zij het mooiste moment van haar leven niet in haar nabijheid hebben meegemaakt. Máxima raakt niet uitgepraat deze dag en haar ouders hangen aan haar lippen. Na enkele dagen vervolgen Máxima en Willem-Alexander hun huwelijksreis. Zij gaan naar Bali, logeren ruim een week in het gerenommeerde Huka Lodge in Tampon in Nieuw Zeeland en sluiten hun vijf weken durende huwelijksreis af in Salt Lake City, waar zij de Paralympics bezoeken.

In Nederland gonst het direct van de geruchten. Máxima zou zwanger zijn. Maar voorlopig blijft het bij geruchten en neemt het paar genoeg tijd voor zichzelf. Regelmatig reist Máxima naar haar familie in Argentinië, maar ook zijn haar ouders vaak in Nederland bij hun dochter. Voorlopig blijven Máxima en Willem-Alexander op Paleis Noordeinde wonen in afwachting van de verbouwing van De Horsten, hun toekomstig paradijs. Het eerste jaar van hun huwelijk is niet makkelijk, de ziekte en het overlijden van prins Claus hangt als een schaduw over hun huwelijksgeluk. Voor het eerst in jaren blijven zij met de feestdagen thuis om koningin Beatrix te steunen. De familie viert kerst op Het Oude Loo. Net nadat zij in 2002 hun nieuwe huis hebben betrokken maken zij op 18 juni het nieuws bekend: Máxima verwacht een baby. Het paar vertelt het blijde nieuws tijdens een bijeenkomst met een groep journalisten. Diezelfde dag is ook een e-mailbericht van Máxima uitgelekt, waarin zij haar vrienden op de hoogte stelt van haar zwangerschap. Er wordt enthousiast gereageerd op het bericht van de zwangerschap en de eerste cadeautjes stromen binnen.

De baby

Direct na Prinsjesdag komt het nieuws dat Máxima op advies van haar behandelend artsen haar werkzaamheden moet neerleggen. En al wordt gezegd dat er geen reden is voor ongerustheid, er blijkt wel degelijk gevaar voor de baby te zijn. Zes weken volledige bedrust krijgt de prinses voorgeschreven, een zware opgave voor de temperamentvolle prinses. Haar moeder en haar zus komen naar Nederland om haar te steunen. Willem-Alexander maakt zich zorgen en let erop dat zijn vrouw de adviezen van de artsen nauwgezet blijft opvolgen. De prinses vermaakt zich met het lezen van allerlei opvoedkundige boeken en het chatten met vriendinnen over de hele wereld. Intussen vervult prins Willem Alexander zijn officiële taken. Hij moet alleen op staatsbezoek naar St. Petersburg. In de weekenden is hij bij zijn zwangere vrouw en vaak worden er gasten op Villa Eikenhorst ontvangen. Op maandag is landgoed De Horsten altijd gesloten voor publiek, de prins en zijn vrienden vermaken zich dan tijdens het jachtseizoen met jagen op klein wild. Op 7 december is het dan zover. Máxima gaat na een gelbehandeling om de weeën op te wekken naar het Bronovo Ziekenhuis in Den Haag. Daar wordt 's middags om vijf uur via de natuurlijke weg dochter Catharina-Amalia Beatrix Carmen Victoria geboren. Vier uur na haar geboorte wordt zij al getoond door haar trotse vader Willem-Alexander. Enkele uren later gaat het gelukkige gezinnetje naar Villa Eikenhorst op De Horsten. Koningin Beatrix, prins Johan Friso en Mabel Wisse Smit zijn dan al op kraamvisite geweest. Maria del Carmen Cerruti, de moeder van Máxima, is bij de bevalling geweest en blijft nog enkele weken in Nederland. Enkele weken later bedanken Willem-Alexander en Máxima het Nederlandse volk voor de cadeautjes en attenties. Prinses Amalia is inmiddels een flinke baby van enkele maanden oud. Zij huilt weinig volgens de moeder, alleen als zij honger heeft en dan eet ze ook voor tien. Het geluk straalt af van de trotse moeder prinses Máxima en de misschien nog wel trotsere vader kroonprins Willem-Alexander.

Hoofdstuk 18

Mabel Wisse Smit:
de omstreden schoondochter

De geschiedenis lijkt zich te herhalen als er wederom commotie ontstaat rond een Bruid van Oranje. Het gaat dit keer om Mabel Wisse Smit. Zij is de ideale schoondochter. Tenminste, dat denkt koningin Beatrix op het moment dat zij op 30 juni 2003 de verloving van haar middelste zoon prins Johan Friso met Mabel Wisse Smit bekendmaakt: 'Ik ben blij in Mabel een lieve en begaafde schoondochter te krijgen, die haar plek in ons gezin al op een natuurlijke manier heeft veroverd.' Een plekje veroveren kan Mabel als de beste, maar of zij ook het hart van prins Johan Friso heeft veroverd…?

Van de drie zonen van koningin Beatrix en prins Claus is prins Johan Friso degene die meestal als eerste verstek laat gaan op Oranjehoogtijdagen. Van kinds af aan is Friso al een buitenbeentje, dat graag zijn eigen gang gaat en het liefst zo min mogelijk in de publiciteit treedt. Hij is nog heel jong als hij tegen een vriendje van zijn oudste broer Willem-Alexander roept: 'Je mag Alexander wel in elkaar slaan, maar zorg dat hij niet doodgaat, want dan moet ik koning worden.' Als tweede zoon draagt hij inderdaad het juk van reserve-troonopvolger op zijn schouders.

Johan Friso Bernhard Christiaan David, prins der Nederlanden, prins van Oranje-Nassau, jonkheer Van Amsberg wordt geboren op 25 september 1968 in het Academisch Ziekenhuis in Utrecht. Evenals zijn oudere broertje Willem-Alexander komt hij langs operatieve weg ter wereld. Zijn naam is afgeleid van de in 1711 bij Moerdijk verdronken stadhouder van Groningen en Friesland, Johan Friso. De tweede naam spreekt voor zichzelf en Christiaan is afgeleid van Christina. Daarmee zijn de zussen van zowel Beatrix als Claus vernoemd. David is gekozen omdat Beatrix grote bewondering heeft voor de bijbelse figuur koning David. De prins wordt op 28 december 1968 gedoopt in de Utrechtse Domkerk. Zijn jonge jaren brengt hij door op Drakensteyn in Lage Vuursche, met zijn ouders en zijn twee broers Alexander en Constantijn. Deze tijd, waarin Beatrix nog prinses is, wordt later vooral door de hele familie Van Amsberg als 'het verloren paradijs' gezien. Er is veel tijd voor het gezin, veel tijd voor de opvoeding en er zijn weinig officiële verplichtingen. Friso gaat in Baarn naar school: eerst de kleuterschool, daarna de Nieuwe Baarnse School voor basisonderwijs en zijn middelbareschoolopleiding begint op het Baarns Lyceum.

Studiebol
De verhuizing naar Den Haag betekent een nieuwe school. De prins gaat naar het Eerste Vrijzinnig Christelijk Lyceum, kiest er de B-kant en haalt zijn vwo-diploma met gemak. De zeer intelligente prins is een uitmuntende leerling met een goed stel hersens. Logisch dus dat hij verder gaat studeren. Hij neemt de grote stap naar de andere kant van de Atlantische Oceaan en volgt een technische opleiding aan het College of Engineering in Berkeley in Californië. Ver weg van huis, ver weg van het protocol en ver weg van alle verplichtingen. Toch komt de prins in 1994 terug naar Delft om aan de Technische Universiteit lucht- en ruimtevaarttechnieken te studeren. Hij kiest luchtvaarttechnische bedrijfskunde en schrijft een scriptie onder de titel: 'Doorlooptijdverkorting van vliegtuigleverantie'. Tijdens de uitreiking van zijn bul krijgt hij de welgemeende felicitaties van Wubbo Ockels, een van zijn hoogleraren. En alsof één studie niet genoeg is, volgt hij tegelijkertijd aan de Erasmus Universiteit Rotterdam een studie bedrijfseconomie. In de jaren 1994

en 1995 studeert hij af en treedt daarna in dienst bij het onderzoeksbureau McKinsey in Amsterdam.

Het liefst blijft prins Johan Friso zoveel mogelijk buiten de schijnwerpers, al opent hij wel eens een golfbaan en gaat hij in 1992 met het hele gezin mee voor een officieel bezoek aan de Antillen. Heel af en toe verschijnt er een foto van hem, zoals in januari 1984 als de prins zitting heeft in de Jeugd Verenigde Naties. Hij en zijn klasgenoten vertegenwoordigen het oliestaatje Oman. Ze hebben zich in stijl uitgedost, compleet met hoofddoek. Verder laat hij zich alleen zien op Koninginnedag en Prinsjesdag, maar zelfs dat lukt hem niet altijd. In 1996 ziet hij van deze beide evenementen af, want hij heeft het te druk met zijn werk. Tenminste, zo luidt de verklaring van de Rijksvoorlichtingsdienst. In 1998 is Johan Friso wel van de partij op Koninginnedag. Hij weet direct alle aandacht op zich te vestigen als hij spontaan een kleine rol op zich neemt in een kindermusical. Als een echte prins kust hij Sneeuwwitje wakker, een gebeurtenis die alle kranten haalt.

Opvallend is de goede band met zijn vader prins Claus. Als Johan Friso in Nederland is gaat hij steevast met zijn vader op stap. De prins is een verwoede golfer, een hobby die hij deelt met zijn vader. Iedere wedstrijd tussen vader en zoon op de golfbaan eindigt in een overwinning voor Johan Friso. Claus zegt dan spottend: 'Ach, je kunt het toch niet maken om te winnen van je eigen zoon. Stel je voor dat hij niet tegen zijn verlies kan. Ik gun hem die eer.' De waarheid is dat Johan Friso een veel lagere handicap heeft dan zijn vader en gewoon veel beter is. Behalve golfen gaat hij met zijn vader traditiegetrouw iedere zondag een rondje rijden met zijn Porsche en brengen zij regelmatig bezoeken aan musea en tentoonstellingen. Echte gezondheidsproblemen heeft de prins niet, wel is hij enigszins astmatisch en heeft snel last van rugklachten.

Na enkele jaren bij McKinsey houdt Friso het wel weer voor gezien in Nederland en in januari 1996 gaat hij studeren in Frankrijk. Hij volgt er de postdoctorale opleiding Master of Business Administration. Dit levert hem in 1998 een baan op in de Londense bankwereld. Hij wordt 'associate' op de afdeling 'investment banking' van de prestigieuze zakenbank Goldman Sachs. Goldman staat bekend om de enorme salarissen, maar ook om de hoge eisen die de bank aan haar personeel stelt. Johan Friso kan er aardig mee leven, hij stort zich op zijn werk en heeft weinig tijd over voor leuke dingen. Van 's morgens vroeg tot 's avonds laat is hij in het kantoor van Goldman Sachs in hartje Londen te vinden, met tussen de middag slechts een halfuurtje pauze om even snel een broodje te halen.

Soort ballast
De prins is in Nederland nog steeds vrij onbekend, maar wel duiken er regelmatig verhalen op dat hij wel eens homoseksueel zou kunnen zijn. Als hierover steeds vaker publicaties verschijnen wordt het de prins, die zich gruwelijk ergert aan die verhalen, te veel. In februari 2001 komt hij met een verklaring waarin hij laat weten geen homoseksueel te zijn. Een zeer uitzonderlijke stap in de geschiedenis van het Oranjehuis. Ook laat de prins tegelijkertijd weten zichzelf toch te beschouwen als kandidaat voor de troon als zijn broer daarvan afziet. In een interview zegt hij: 'Ik hoop uiteraard dat het zo ver nooit komt, maar je moet er rekening mee houden. Daarom heb ik ook privé-lessen genomen, onder meer Nederlands recht en parlementaire geschiedenis, om toch enigszins voorbereid te zijn. Ontzettend interessant was dat, maar het is niet zo dat de mogelijkheid dat ik mijn moeder of broer moet opvolgen constant als een schaduw over mijn leven hangt. Kijk, voor iedereen in mijn familie is het een soort ballast. Het heeft voor- en nadelen en ik kan ook de positieve kanten ervan zien. Ik ontmoet veel interessante mensen. Er is nooit sprake van geweest dat ik onder mijn rechten en plichten zou willen uitkomen.'

Prins Johan Friso, die dus verklaard heeft hetero te zijn, wil dit nog eens extra benadrukken door plotseling met een vriendin aan zijn zijde te verschijnen. De eerste keer dat Mabel Wisse Smit in het openbaar verschijnt is tijdens het huwelijk van prins Constantijn en prinses Laurentien. Mabel Wisse Smit is een van de leden van het bruidspersoneel en zij is een goede vriendin van prinses Laurentien. Deze laatste is ook degene die Mabel Wisse Smit en Johan Friso aan elkaar heeft voorgesteld of misschien mag je het zelfs wel koppelen noemen. Of Laurentien gehandeld heeft in opdracht van haar schoonmoeder koningin Beatrix is nog maar de vraag. Het zou zo maar kunnen zijn dat de vorstin haar op pad gestuurd heeft om op zoek te gaan naar een geschikte huwelijkskandidaat voor Johan Friso om zo alle geruchten helemaal uit de wereld te helpen. De missie is geslaagd: Mabel en Johan Friso krijgen een relatie. Mabel ziet het wel zitten met Johan Friso en voelt zich snel thuis bij de Oranjes. Zij wordt regelmatig ontvangen op paleis Huis ten Bosch en raakt ook op goede voet met prins Claus. Opvallend is dat er absoluut niet geheimzinnig wordt gedaan over de relatie tussen Mabel Wisse Smit en prins Johan Friso. De Rijksvoorlichtingsdienst is vrij open, het paar speelt geen verstoppertje voor de pers en Mabel wordt al snel gezien als een lid van de koninklijke familie. Zo is zij gast op de Jumbo VI, het jacht van prins Bernhard in Porto Ercole en logeert ze bij koningin Beatrix in haar vakantiebungalow in het Italiaanse Tavernelle.

Tot zover niets aan de hand. Mabel lijkt een slimme jonge vrouw die goed met haar toekomst bezig is. Mabel Wisse Smit wordt op 11 augustus 1968 geboren in Pijnacker. Zij is de dochter van Henk Los en Flos Kooman. Al op jonge leeftijd maakt zij een afschuwelijk drama mee als haar vader tijdens een schaatstochtje op de Loosdrechtse plassen in een wak rijdt en verdrinkt. Moeder Flos, Mabel en haar jongere zusje Nicoline blijven achter. De 9-jarige Mabel maakt het verdriet van haar moeder en het gemis van haar vader bewust mee. Haar moeder hertrouwt met bankdirecteur Peter Wisse Smit en Mabel krijgt er ook nog een zusje bij: Eveline. Mabel en haar zus Nicoline nemen de naam van hun stiefvader aan. Zij groeit op in een vrij harmonieus gezin in het Gooi en al snel blijkt dat Mabel een behoorlijke studiebol is. In 1968 behaalt zij haar diploma aan het Gemeentelijk Gymnasium in Hilversum en in 1993 studeert zij cum laude af aan de Universiteit van Amsterdam in economie en in politieke wetenschappen.

Omstreden vrienden

Tijdens haar studie volgt zij diverse stages: bij het secretariaat van de Verenigde Naties in New York, bij Shell in Maleisië, bij het ministerie van Buitenlandse Zaken in Den Haag en bij de ABN-AMRO in Barcelona. Begin 1994 is zij betrokken bij de oprichting van European Action Council for Peace in the Balkans, een non-gouvernementele organisatie die zich inspant voor vrede, democratie en stabiliteit op de Balkan. Tot 1997 is zij directeur van deze organisatie. Diezelfde functie bekleedt zij tot nu toe bij het Open Society Institute in Brussel. Dit instituut vertegenwoordigt in West-Europa het Soros Foundations Netwerk ter bevordering van democratie, mensenrechten en de promotie van de onafhankelijke rechtsstaat. In 1995 is zij medeoprichter van de Nederlandse Stichting War Child, een baan die zij later opgeeft omdat zij dit niet kan combineren. In december 2002 staat Mabel als veelbelovende jongere op de lijst van het World Economic Forum, dat goed wereldburgerschap probeert te bevorderen. De organisatie komt jaarlijks met een lijst van honderd jongelui met wie in de toekomst rekening dient te worden gehouden.

Er lijkt dus helemaal niets mis met Mabel Wisse Smit. Integendeel, zij is de ideale schoondochter voor koningin Beatrix. Een jonge, keihard werkende vrouw die duidelijk weet wat zij wil en daar alles voor doet. De eerste kennismaking begin januari 2001 met koningin Beatrix en prins Claus, kort na de verloving van prins Constantijn en Laurentien Brinkhorst, verloopt dan ook vlekkeloos. Sterker nog, de vriendin van prins Johan Friso wordt op handen gedragen door de koningin en haar man. Er ontstaat een zeer hechte, warme en vriendschappelijke band en al snel wordt Mabel gezien als een volledig lid van de koninklijke familie. In het homocircuit blijft het echter gonzen van de geruchten: Johan Friso heeft

Mabel alleen gekozen als een alibi voor zijn homoseksuele geaardheid. De geruchten worden gebaseerd op het feit dat Johan Friso nog wel degelijk gesignaleerd wordt in homobars en homoclubs in Londen. Het blijven geruchten, want niemand heeft hem daar ooit kunnen fotograferen.

Intussen is koningin Beatrix wel heel erg in haar nopjes met haar aanstaande schoondochter. Mabel is ook gast op het huwelijk van prins Willem-Alexander en prinses Máxima. Dan, zeer bijzonder, meldt de AIVD uit eigen beweging dat Mabel een verhouding heeft gehad met de zeer omstreden Bosnische oud-VN-ambassadeur Muhamed Sacirbey. Hij zit in New York in de gevangenis omdat hij 2,4 miljoen dollar aan hulpgeld verduisterd zou hebben. Mabel verklaart dat zij, nadat hij door mogelijke verduistering in opspraak is gekomen, afstand van hem heeft genomen. Mabel is overigens nog altijd erg betrokken bij de ontwikkelingen in het voormalige Joegoslavië en zij zou zelfs ook een beetje Slavisch spreken. Ook wordt aan toenmalig premier Kok en oud-minister De Vries van Binnenlandse zaken melding gemaakt van 'incidentele zeilcontacten' met topcrimineel Klaas Bruinsma. Zij zien op dat moment geen enkele reden om een diepgaand onderzoek te plegen. De relatie tussen Mabel en Johan Friso is nog pril en ook de informatie geeft er geen aanleiding toe.

Mabel is de steun en toeverlaat van de hele familie als prins Claus ernstig ziek in het AMC in Amsterdam ligt. Vrijwel dagelijks bezoekt zij de prins en ze steunt koningin Beatrix als een echte liefhebbende dochter. Juist omdat Mabel toch nog steeds buiten de familie staat kan zij er op een minder emotionele manier mee omgaan. Daarbij komt dat zij zelf in haar familie twee keer het overlijden van een vader heeft meegemaakt. Eerst is het haar eigen vader Henk Los die verdrinkt, en in 1999 overlijdt haar stiefvader Peter Wisse Smit aan de gevolgen van een hartinfarct. Zij kan als geen ander aanvoelen hoe iemand zich voelt die zijn vader moet missen en is daarom een grote steun voor Johan Friso, maar ook de overige Oranjes staat ze bij in de moeilijke tijd van de ziekte en het overlijden van prins Claus.

Opmerkelijke actie

Op 15 oktober maakt Mabel deel uit van de rouwstoet tijdens de uitvaart van prins Claus. Zij gaat zelfs mee de grafkelder in. Premier Balkenende is vooraf ingelicht en gaat akkoord. Toch is er veel verbazing over het feit dat een vriendin van Johan Friso, met wie hij zelfs nog niet verloofd is, mee de grafkelder in gaat. Goede vrienden van de familie zijn er toch te over? En Margriet en Pieter dan? Zij hebben Beatrix en Claus zo vaak bijgestaan, maar moeten boven wachten tot na de bijzetting. Zelfs prins Bernhard gaat niet mee op de laatste tocht van zijn schoonzoon prins Claus. Waarom mogen zij niet mee en Mabel Wisse Smit wel? Het is op deze trieste dag overduidelijk dat Mabel Wisse Smit de vrouw van Johan Friso wordt. Hiermee laat koningin Beatrix weer eens zien dat zij op dit soort momenten zelf wel bepaalt wat goed is of niet. De koningin laat met deze zeer opmerkelijke actie zien dat zij in Mabel alle vertrouwen heeft. Vertrouwen, dat bij de vorstin op geen enkele manier geschaad kan worden, zo blijkt later.

Premier Balkenende vraagt de AIVD een maand na de begrafenis 'naslag' te doen naar Mabel en te kijken of een onderzoek nodig is, omdat zij nadrukkelijk binnen het Koninklijk Huis aanwezig is. De AIVD neemt een kijkje in haar eigen bestanden en vindt daarin geen enkele aanleiding voor een onderzoek. Intussen is Mabel nog steeds regelmatig gast op Huis ten Bosch. Zij is er voor koningin Beatrix om haar te steunen in deze moeilijke weken na het overlijden van prins Claus. Mabel gaat met de hele familie mee naar Tavernelle waar ieder op zijn eigen manier het verdriet probeert te verwerken. Weer is Mabel de steun en toeverlaat van de hele familie. Als prins Johan Friso huilend van een terras in Florence wegloopt gaat zij hem achterna en probeert hem te troosten. Op Koninginnedag 2003 is Mabel weliswaar nog niet aanwezig, maar wel is zij op deze dag gast op Paleis Soestdijk waar zij prins Bernhard en prinses Juliana gezelschap houdt.

Nu zij elkaar ruim twee jaar goed hebben leren kennen nemen Mabel

Wisse Smit en prins Johan Friso een belangrijke stap voor de toekomst. Op 16 juni 2003 melden zij aan de regering dat zij zich willen verloven en verzoeken dat op 30 juni publiekelijk bekend te maken. De zegen van koningin Beatrix hebben zij. De vorstin is maar wat blij dat haar middelste zoon de keuze van zijn leven heeft gemaakt en verder wil met Mabel Wisse Smit. Vanzelfsprekend vraagt premier Balkenende de AIVD nogmaals onderzoek te doen. Weer komen er geen belastende feiten voor Mabel boven tafel. Ook doet de Dienst Koninklijke en Diplomatieke Beveiliging (DKDB) een antecedentenonderzoek en komt tot de conclusie dat er echt niets mis is met de verloofde van prins Johan Friso. Daarop besluit premier Balkenende nog enkele gesprekken te voeren met het paar. Er volgen twee ontmoetingen met Johan Friso en Mabel en een met Mabel alleen.

Helemaal gerust is Balkenende er niet op en hij vraagt om een nader AIVD-onderzoek naar de contacten die Mabel heeft gehad met Sacirbey en Bruinsma. De voorzitter van de procureurs-generaal laat de dossiers van het parket Amsterdam naspeuren op contacten met Bruinsma. De AIVD vraagt een buitenlandse zusterdienst en de Militaire Inlichtingen- en Veiligheidsdienst (MIVD) naar informatie over de relatie met Sacirbey. Na elf dagen onderzoek meldt de AIVD aan Balkenende dat er geen risicovolle gegevens naar voren zijn gekomen. Prins Johan Friso, Mabel en Balkenende komen bijeen en in dit gesprek krijgen ze te horen dat er geen beletselen zijn voor de indiening van een goedkeuringswet. Het kabinet stemt hiermee in.

Schijn?

Op 29 juni 2003 is er 's avonds op Paleis Huis ten Bosch een intiem diner met koningin Beatrix, prins Johan Friso, Mabel Wisse Smit en de adjudant van de koningin. Alle details voor de verloving worden besproken en Mabel mag eindelijk haar moeder het heuglijke nieuws vertellen. Flos Wisse Smit was weliswaar op de hoogte van een op handen zijnde verloving, maar de exacte datum hoort zij slechts één dag van tevoren. Op maandagmiddag 30 juni 2003 wordt de verloving bekendgemaakt. Een ongebruikelijke dag, meestal wordt er bij de Oranjes op zaterdag of vrijdag verloofd. Er zijn meer opvallende zaken tijdens de bekendmaking van de verloving. Want wie herinnert zich niet het enthousiasme tijdens het bekendmaken van de verloving van Laurentien en Constantijn, Máxima en Willem-Alexander, Marilène en Maurits en zelfs de enigszins overdonderde Annette en Bernhard jr.? De verliefdheid straalde van deze gelukkige en pasverloofde stelletjes af. Bij Mabel en Johan Friso is dat wel iets anders. Het Nederlandse volk ziet een verloofd paar met aan weerszijden een gelukkige moeder. Maar van enige verliefdheid, laat staan hartstocht, is op dat moment weinig te merken. Mabel en Johan Friso staan er in de ontvangstruimte van Paleis Huis ten Bosch als twee houten klazen bij en geven antwoord op vragen van de toegestroomde pers. Zijn ze echt verliefd of is het schijn?

Verliefd zijn ze zeker niet, tenminste, dat stralen zij niet uit. Mevrouw Wisse Smit zal later tegenover een vriendin verklaren: 'Het is wel heel bijzonder om je kind zo gelukkig te zien.' Maar stralen doet dit pas verloofde stel zeker niet. Friso heeft Mabel in Mexico ten huwelijk gevraagd, gewapend met rozen en champagne. Formeel meldt hij dat Mabel zo bijzonder voor hem is vanwege haar energie, die zij steekt in het helpen van anderen en in het bijzonder maken van haar leven. Mabel zegt ongelooflijk blij te zijn dat zij haar leven met Friso gaat delen en dat zij bij zijn familie gaat horen. Even is er emotie als koningin Beatrix het woord neemt en zegt: 'Ik ben ook zo dankbaar dat mijn man de kans heeft gekregen om Mabel te leren kennen. Hij heeft haar met heel veel waardering en liefde in zijn hart gesloten.' Mabel reageert daarop: 'Ik ben ongelooflijk blij dat ik prins Claus toch nog heb gekend. Hij hield veel van zijn zonen en was heel erg trots op Friso.'

Toestemming
Mabel is Nederlands-hervormd, net als Johan Friso, dus dat levert geen enkel probleem op. Zij wil haar werk in Brussel voortzetten, maar zegt

samen met Friso in Londen te gaan wonen. Friso heeft weliswaar zijn baan bij de bank opgezegd, maar hij is niet van plan om in Nederland te gaan wonen. Wel wil hij in voorkomende gevallen zijn moeder en broer bijstaan tijdens officiële verplichtingen. Mabel zegt de laatste twee jaar al een beetje gewend te zijn aan alle belangstelling voor haar persoon en is niet bang dat het haar te veel zal worden. Zij denkt een gewone professionele loopbaan te kunnen combineren met haar lidmaatschap van het Koninklijk Huis. De prins vraagt wel toestemming, dat vindt hij heel normaal. Mabel ziet de monarchie in Nederland nog wel zitten. Die is volgens haar een voorbeeld van hoe een koningshuis en een democratische samenleving toch goed samen kunnen gaan. Tot zover worden de vragen eerlijk beantwoordt. Maar dan, als er vragen komen over haar antecedentenonderzoek en over haar vroegere relatie met de omstreden Muhamed Sacirbey, houdt Mabel haar lippen stijf op elkaar. Niemand is daar nog echt verontrust over, de commotie komt pas enige maanden later.

Allereerst meldt het tijdschrift *Quote* dat Mabel enkele jaren geleden met topcrimineel Klaas Bruinsma op een feestje is geweest. Het is een regeltje in een artikel en niemand raakt er echt verontrust over. De Rijksvoorlichtingsdienst bevestigt de omgang van Mabel Wisse Smit met de in 1999 vermoorde topcrimineel Klaas Bruinsma. Tijdens haar studentenperiode zou Mabel korte tijd tot de bekenden van Bruinsma hebben gehoord. Zij kwamen elkaar bij zeilwedstrijden tegen. Maar op het moment dat Mabel beseft wie Bruinsma is verbreekt zij direct het contact. Tot zover de verklaring van de Rijksvoorlichtingsdienst.

Op het matje
Dan volgt de veelbesproken televisie-uitzending van Peter R. de Vries, waarin oud-lijfwacht Charlie Da Silva meldt dat er wel degelijk een maandenlange intieme relatie is geweest tussen Mabel Wisse Smit en Klaas Bruinsma. 'Mabel, ken je me nog? Nou, ik jou wel', zijn woorden die bij Mabel waarschijnlijk de rillingen over haar rug laten lopen.

Direct na de uitzending wordt Mabel op het matje geroepen door minister-president Jan-Peter Balkenende. In het Haagse regeringstorentje geeft zij nieuwe feiten over haar contacten met Bruinsma. Balkende is ziedend, zijn vertrouwen is geschaad. Hij trekt de conclusie dat de Toestemmingswet niet zal worden ingediend. Toch blijft Mabel bij haar bewering dat zij geen liefdesrelatie heeft gehad met Klaas Bruinsma en dat zij zich geen Charlie weet te herinneren. Wel geeft zij toe enkele keren te hebben overnacht op de Neeltje Jacoba, de boot van Klaas Bruinsma. Opvallend is dat koningin Beatrix zich niets aantrekt van alle commotie. Integendeel, de zondag na de uitzending neemt zij Mabel gewoon mee naar de Kloosterkerk in Den Haag. Alsof er niets aan de hand is! Koningin Beatrix heeft alle vertrouwen in Mabel, nu en voor altijd!

Op 10 oktober maakt premier Balkenende bekend dat de Toestemmingswet niet wordt ingediend. Dit is besloten na een aantal heftige gesprekken in de villa Eikenhorst op De Horsten. Daarbij aanwezig zijn prins Willem-Alexander, prinses Máxima en koningin Beatrix. Tot diep in de nacht wordt er gesproken en uiteindelijk wordt besloten dat het beter is als er geen Toestemmingswet wordt ingediend. Koningin Beatrix is aangeslagen, zij had niet verwacht dat het zover zou komen. Johan Friso verdwijnt na zijn huwelijk uit de lijn van troonopvolgers. Hij was derde in die lijn, na Willem-Alexander en prinses Catharina-Amalia. Prins Constantijn neemt nu de derde plaats in, zijn dochtertje gravin Eloïse de vierde. Financiële consequenties heeft het niet voor Friso, hij valt toch al buiten het Financieel Statuut, dat bepaalt dat Juliana, Bernhard, Beatrix, Alexander en Máxima een uitkering van de staat krijgen.

Ondanks alle commotie en verdachtmakingen zetten Mabel Wisse Smit en prins Johan Friso hun trouwplannen door. In haar kersttoespraak zegt koningin Beatrix zich te verheugen op het huwelijk van Johan Friso en Mabel Wisse Smit. Hiermee laat zij nog eens overduidelijk blijken het absoluut eens te zijn met de keuze van haar zoon. Het huwelijk vindt plaats op 24 april 2004 in de Oude Kerk van Delft. Burgemeester Van Oorschot van Delft voltrekt het burgerlijk huwelijk en de kerkelijke inzegening wordt voltrokken door ds. Carel ter Linden. Het paar heeft voor Delft gekozen wegens 'de historische banden tussen het Huis van Oranje en deze stad'. Verder hebben Friso en de vader van de bruid aan de Technische Universiteit van Delft gestudeerd. Prins Johan Friso, die in 2003 ontslag had genomen bij Goldman Sachs in Londen, is per 1 maart 2004 directeur bij TNO Space in Delft. Toch blijft hij in Londen wonen. De deeltijdbaan van 60 procent kan hij grotendeels vanuit huis doen.

Eetstoornis

Alle commotie rondom haar huwelijk is niet zomaar aan Mabel Wisse Smit voorbijgegaan. Zij lijdt eronder en heeft vaak getwijfeld of zij haar prins Friso wel verdient. Dat uit zich bij Mabel in een slechte gewoonte, namelijk nauwelijks of niets eten. Haar superslanke lijn verraadt het al. Gezien alle kritiek en de grote druk waaronder zij de laatste tijd heeft geleefd, is het niet verwonderlijk dat Mabel Wisse Smit lijdt aan een eetstoornis. Mabel is een slechte en vooral kieskeurige eter die hiermee de traditie van de koninklijke lekkerbekken doorbreekt. Voordat zij aan tafel gaat haalt zij haar neus al op voor de gerechten die op het menu staan. Eten wat de pot schaft is er echt niet bij. Van ieder gerecht neemt zij slechts één of twee hapjes om daarna de rest van het eten onder de garnering te schuiven zodat het lijkt alsof zij goed gegeten heeft. Sinds kort heeft Mabel een eigen kok in dienst die precies kookt wat zij wil eten. Van haar privé-kok wil ze ook nauwgezet weten hoeveel calorieën ieder gerecht bevat en zodra het meer is dan zij zichzelf toestaat, weigert Mabel haar bord leeg te eten. Haar eetprobleem begint steeds grotere vormen aan te nemen en baart het hof grote zorgen. Met angst en beven denken de Oranjes aan hun koninklijke collega's overzee, tenslotte heeft prinses Diana ook een eetprobleem gehad. Alle spanningen van de afgelopen maanden en de huwelijksstress doen het eetprobleem van Mabel geen goed. Onbegrijpelijk voor Johan Friso, de smulpaap van de familie.

Op 24-4-2004 stappen Johan Friso en Mabel in het huwelijksbootje. De vier staat in de numerologie voor organisatie en eerlijkheid. Hoe toepasselijk! Maar is het wel zo eerlijk als het lijkt? Is dit Oranjehuwelijk er wel een van liefde, of is er toch weer sprake van een gearrangeerd huwelijk, zoals gebruikelijk in de geschiedenis van de Oranjes? Zijn toekomst als lid van het koninklijk huis heeft prins Johan Friso opgegeven. Het homo-imago is hij nog niet kwijt, ondanks zijn Mabel Wisse Smit. Er blijven twijfels bestaan over de echte ware liefde van deze Bruid van Oranje. Kan zij gelukkig worden met prins Johan Friso?

Eén ding is zeker, koningin Beatrix geeft haar volledige goedkeuring aan deze omstreden schoondochter. En alleen dat al is zeer opmerkelijk voor iemand die zoveel waarde hecht aan status en normen en waarden. Koningin Beatrix, die het huwelijk van haar zus Margriet met de burgerjongen Pieter maar niets vond. Die Emily Bremers niet goed genoeg vond voor haar zoon Willem-Alexander. Prinses Irene, die koos voor de Spaanse Carlos Hugo, kon in de ogen van koningin Beatrix geen goed doen en met Jorge Guillermo, de echtgenoot van prinses Christina, had zij al helemaal niets. Laat staan Edwin de Roy van Zuydewijn, de omstreden echtgenoot van prinses Margarita. De zeer omstreden Mabel Wisse Smit is de ideale schoondochter voor koningin Beatrix. En niet alleen vanwege haar intelligentie, maar zeker ook vanwege het feit dat zij gaat trouwen met haar middelste zoon en zo een einde maakt aan alle geruchten over de homoseksuele geaardheid van Johan Friso. Tijdens haar wintersportvakantie in het Oostenrijkse Lech krijgt koningin Beatrix in februari 2004 onverwacht bezoek van prins Johan Friso. Hij is alleen, Mabel blijft in Nederland achter. De prins geniet van zijn favoriete winterhobby snowboarden, maar er is ook voldoende tijd om met zijn moeder te spreken. Gesprekken van moeder tot zoon, voor niemands oren bestemd. De prins is ontspannen na deze mooie momenten met zijn moeder, hij verklapt zelfs de bestemming van zijn huwelijksreis: IJsland. Daar wil hij zijn wittebroodsweken met Mabel doorbrengen. Dat mag nog niemand weten; het is een verrassing voor Mabel!

Vijf dagen voor het huwelijk geven Johan Friso en Mabel in een televisie-interview met Maartje van Weegen en Paul Witteman te kennen dat ze niet hebben gelogen, maar ze bekennen wel dat het onverstandig was om feiten over de 'zeilcontacten' met Bruinsma achter te hebben gehouden. Het zou nooit hun bedoeling zijn geweest premier Balkenende op het verkeerde been te zetten. Een meerderheid van de Nederlanders vindt dat prins Friso en Mabel Wisse Smit wel hebben gelogen over Mabels relatie met drugsbaron Klaas Bruinsma, zo blijkt uit een enquête. Ruim 42 procent van de Nederlanders gelooft het paar helemaal niet, 16 procent vertrouwt het verhaal gedeeltelijk en 18 procent weet het niet, slechts 23 procent gelooft het paar wel.

Mabel en Friso bereiden zich intussen voor op hun feest, ze houden een dag voor het huwelijk een generale repetitie in de Oude Kerk en in het stadhuis. De bloemen in de kerk zijn aangeboden door de Vereniging van Bloemenveilingen Nederland. Het monogram van prins Friso en Mabel staat op de voorkant van de liturgie en is ontworpen door Friso en Hans Kruit.

Waarschijnlijk om de buitenlandse koningshuizen niet in verlegenheid te brengen, wordt slechts een select gezelschap royalty uitgenodigd. Aanwezig zijn koning Harald V en koningin Sonja van Noorwegen, sheik Salman en zijn vrouw Halaa Al-Khalifa van Bahrain, prins Hassan bin Talal en prinses Sarvath El Hassan van Jordanië en prins Kyril en prinses Rosario van Preslav van Bulgarije. Duidelijk is dat Mabel en Friso gekozen hebben voor gasten met wie zij zelf een hechte band hebben, vrienden en vriendinnen uit hun studietijd, collega's en goede bekenden. De avond voor het huwelijk is er een intiem diner op Paleis Noordeinde, vanwege het overlijden van Koningin Juliana zijn er geen grootse festiviteiten.

Precies om tien uur zaterdagmorgen vertrekken de bruid en bruidegom vanaf Paleis Noordeinde naar Delft in de klassieke Rolls Royce Silver Wraith Limousine Landaulette uit 1958. In het stadhuis memoreert burgemeester Hein van Oorschot aan de emotionele periode voorafgaande aan het huwelijk. 'Dit huwelijk is een markering van de afsluiting van een emotionele periode', zo spreekt de burgervader. 'Daarbij doel ik op de gevoelens van verdriet en onmacht die u had op weg naar deze mooie dag.' Mabel knikt instemmend, Friso laat de woorden langs zich heen gaan. Op de vraag of hij Mabel als zijn vrouw wil, blijkt hoe moeilijk Friso het heeft. Eerst even een trillende kin en onderlip en pas dan komt er een voorzichtig 'ja' uit zijn mond. Mabels 'ja' klinkt krachtig en dan zijn zij in de echt verbonden.

De eerste stap is gezet, nu nog de kerkelijke inzegening door dominee Carel ter Linden. Even lijkt het emotioneel te worden als de dominee herinnert aan degene die er niet bij zijn. 'Wij gedenken hen die er niet meer zijn, maar met wie wij op deze dag toch in de geest verbonden zijn. Friso's vader, Friso's grootmoeder, de vader van Mabel en hem die voor haar en haar zusje een dierbare vader is geworden.' Menigeen van de ruim 1400 gasten pinkt een traantje weg, het bruidspaar weet de emotie goed te verbergen. Geen enkel traan laat Mabel, niet bij de mooie woorden van Ter Linden, niet bij de muziek van de Laurenscantorij en het Laurens-Bachorkest uit Rotterdam en sopraan Nienke Oostenrijk. Zelfs het speciaal door Huub Oosterhuis geschreven Trouwlied kan het paar niet ontroeren. Heel even trilt Mabels lip als vriendin Willemijn Verloop een liefdesverhaal voordraagt. Opvallend is dat Mabel gedurende de plechtigheid vaak oogcontact zoekt met Friso, hij reageert niet en is in gedachten verzonken. Zelfs als zij met haar hand steun zoekt bij zijn handen reageert hij nauwelijks. Zowel in het stadhuis als in de kerk ondergaat de strenge en ernstig kijkende prins Johan Friso de huwelijksplechtigheid gelaten, romantiek en verliefdheid zijn soms ver te zoeken. Is dit nu het happy end van een wel heel bijzonder en vooral spraakmakend koninklijk huwelijk? Van een prins die trouwt met het gewone burgermeisje Mabel? Zij mag zich na haar jawoord prinses Mabel noemen. Prins Friso is na zijn jawoord geen lid meer van het Koninklijk Huis en valt dus ook niet meer onder de ministeriële verantwoordelijkheid. Het paar duikt onder in de anonimiteit van Londen en daar zal hopelijk de liefde alles overwinnen.

Bibliografie

Ditshuyzen, R.E. van, *Oranje-Nassau, een biografisch woordenboek.* Uitgeverij J.H. Gottmer/H.J.M. Becht b.v., 1992.

Herenius-Kamstra, A. *Vier vorstinnen, kroniek van een eeuw.* Zomer & Keuning, Ede/Antwerpen, 1990.
Herenius-Kamstra, A. *Juliana, mens en majesteit.* Kosmos-Z&K Uitgevers, Utrecht/Antwerpen, 1999.

Jong, L. de, *Het koninkrijk der Nederlanden in de Tweede Wereldoorlog,* deel 3, SDU Uitgeverij, 's-Gravenhage.

Kikkert, J.G., *Wilhelmina, Vorstin tussen leven en toekomst.* De Haan. 1987.
Kikkert, J.G., *Prins Bernhard, 80 jaar.* Uitgeverij Het Spectrum 1991.
Kikkert, J.G., *Juliana 80 jaar.* Bosch & Keuning, Baarn, 1989.
Kikkert, J.G. *Oranje bitter, Oranje boven.* Uitgeverij Aspekt, Soesterberg, 2001.

Klooster, van der, L.J. *Oranje in Beeld.*

Lammers, F.J., *Koningin Beatrix, een instituut.* Bosch & Keuning, De Bilt.
Lammers, F.J., *Emma van Waldeck-Pyrmont.* La Rivière & Voorhoeve, Kampen, 1989.

Onderwater, J., *Prinses Irene, een prinses als geen andere.* La Rivière & Voorhoeve, Zwolle, 1982.

Prinses Wilhelmina, *Eenzaam maar niet alleen*. W. ten Have, Amsterdam, 1959.

Santegoeds, E., *Juliana Moeder Majesteit*. A.W. Bruna Uitgevers, B.V. Utrecht 1994.

Tamse, C.A. *Koningin Wilhelmina*, A.W. Sijthoff, Alphen aan de Rijn, 1981.

Div. auteurs, *Nassau en Oranje in de Nederlandse geschiedenis*. A.W. Sijthoff, Alphen aan de Rijn, 1979.

Diverse publicaties uit *De Telegraaf*, *HP/De Tijd* en *Weekblad Privé*.